Mi awn draw, myned yr wyf,
Nid er oedi da'r ydwyf,
I dir Môn er dŵr Menai
Dros y traeth – ond aros trai.

(Rhys Goch Glyndyfrdwy,
un o Feirdd yr Uchelwyr)

Llyfrau Llafar Gwlad

Croesi i Fôn
Fferïau a Phontydd Menai

J. Richard Williams

Gyda diolch i
Mavis am fod mor amyneddgar
O. J. Huws
yr Athro Robin Grove-White
a Dr O. Arthur Williams am atgofion a
lluniau.

Argraffiad cyntaf: 2017

ⓗ J. Richard Williams/Gwasg Carreg Gwalch

Rhif rhyngwladol: 978-1-84527-611-9

Mae'r cyhoeddwr yn cydnabod cefnogaeth ariannol
Cyngor Llyfrau Cymru

Cynllun clawr: Sion Ilar

Cyhoeddwyd gan Wasg Carreg Gwalch,
12 Iard yr Orsaf, Llanrwst, Conwy, LL26 0EH.
Ffôn: 01492 642031 Ffacs: 01492 641502
e-bost: llyfrau@carreg-gwalch.com
lle ar y we: www.carreg-gwalch.com

Argraffwyd a chyhoeddwyd yng Nghymru.

CROESI I FÔN

Cynnwys

Cyflwyniad

Ymysg cwestiynau rhethregol mawr y byd mae hwn: pwy, tybed, oedd y cyntaf i groesi'r Fenai? Yr oedd yn gam eithriadol o fawr i'w gymryd ond, hyd y gwyddom, pan osododd yr unigolyn hwnnw ei draed (neu ei thraed) ar ddaear yr ynys ni lefarwyd unrhyw air cofiadwy fel rhai Neil Armstrong pan gamodd ar y lleuad – ond roedd y croesi hwnnw hefyd yn naid enfawr i ddynoliaeth. Tybed ai un o frodorion Oes y Cerrig oedd wedi gwneud ymdrech fwriadol, a llamu o garreg i garreg ac o fanc tywod i fanc tywod, i fod y cyntaf i osod ei draed ar dir Môn? Efallai mai damweiniol oedd y cyfan ac i rywun fentro ar foncyff coeden a nofiai ar wyneb y dŵr wedi rhyw storm enbyd, a chael ei gario ar draws gan y llanw. Yn ôl Henry Rowlands, awdur *Mona Antiqua Restaurata*, dewisodd y rhai cyntaf groesi y

... shortest and narrowest passage ... in their wicker-corrachs, or other expedients of that time, wafted over to take their premier possession of this Vôn-wlâd, or utmost land, on which by their first footing was sealed unto them the best claim, right, and title.

Gallai'r cyntaf hwn fod yn dianc rhag gelyn ac yn chwilio am seintwar ar dir sanctaidd Môn. Waeth pwy ydoedd, erys yn ddienw. Oedd o tybed yn sylweddoli yr hyn a wnaeth? Oedd y coedwigoedd derw, tywyll a'i wynebai yn codi ofn arno, ynteu a welodd bosibiliadau i gadw anifeiliaid neu fagu teulu ar yr ynys? Mae'n rhaid bod yr ymdrech wedi bod o werth gan i eraill ei ddilyn fesul un ac un, fel bod, erbyn hyn, sawl dull o groesi un o gulforoedd peryclaf y byd.

Heddiw, gellir llithro dros y pontydd yn ddidrafferth o Fôn i'r tir mawr heb wlychu troed, ond roedd y daith gyntaf honno yn un a adawodd effaith oesol. Heb iddi gael ei gwneud, byddai'r byd wedi bod yn dlotach lle o lawer heb yr oll a allforiwyd o ynys Môn. Afraid fyddai dechrau rhestru'r cyfan, ond diolch i un dienw am fentro ar y fath daith. Honno, does dim dwywaith, ohonynt i gyd, fu'r daith bwysicaf ar draws y Fenai ac iddo ef, neu hi, y cyflwynir y gyfrol hon.

Yn ôl trigolion Gwynedd, un o'r pethau gorau am ynys Môn yw'r ffaith y gellir gweld gogoniant Eryri ohoni. Yn ôl trigolion Môn, wedyn, un o'r pethau gorau amdani yw bod y Fenai yn gwahanu'r ddwy sir! Ond mewn gwirionedd, ymysg y pethau gorau am Fôn a Gwynedd yw'r pontydd sydd yn croesi'r Fenai. Dyma, heb os nac oni bai, drysorau pensaernïol a pheirianyddol y dylai trigolion y ddwy sir ymfalchïo ynddynt. Wrth gwrs, rhaid cofio nad y pontydd fu'r unig ddull o groesi'r Fenai. Bwriedir i'r gyfrol hon daflu ychydig oleuni ar wahanol ddulliau o groesi'r culfor sy'n gwahanu'r ddwy sir.

Mwyn yw Myned tua Môn

A ddowch chwi' rwyfo ar yr afon,
   A ddowch chwi' ganu yno'n gôr?
I weld hynawsed ydyw noson,
   A mwyned murmur tonnau'r môr?
A gawn ni fyned ar y Fenai heno,
   I Ynys Môn a rhwyfwn gyda'r don;
O dowch i ganu, dowch i nofio,
   Dowch i rwyfo gyda'r don;
Mae croeso annwyl ini yno,
O mwyn yw myned tua Môn.

Mae'r bad yn nofio ar yr afon,
   A nos o fwyniant ydyw hon.
Mae'r sêr a'r lleuad yn dryloewon,
   A'r côr yn canu ar y don;
Wel ar y Fenai, ar y Fenai heno,
   Yn llawen ganwn, rhwyfwn gyda'r don,
A dyma'r canu, dyma'r nofio,
   Dyma'r rhwyfo gyda'r don;
Mae aelwyd lawen inni yno,
O mwyn yw myned tua Môn.

Ceiriog

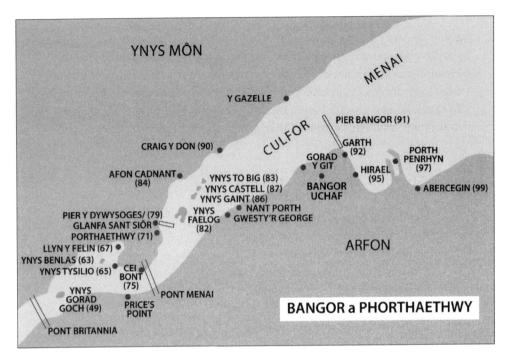

YNYS MÔN

MENAI

Y GAZELLE

PIER BANGOR (91)

CRAIG Y DON (90)

CULFOR

GARTH (92)

GORAD Y GIT

PORTH PENRHYN (97)

HIRAEL (95)

AFON CADNANT (84)

YNYS TO BIG (83)

YNYS CASTELL (87)

YNYS GAINT (86)

BANGOR UCHAF

ABERCEGIN (99)

PIER Y DYWYSOGES/ (79)
GLANFA SANT SIÔR
PORTHAETHWY (71)

YNYS FAELOG (82)

NANT PORTH
GWESTY'R GEORGE

LLYN Y FELIN (67)

YNYS BENLAS (63)
YNYS TYSILIO (65)

CEI BONT (75)

ARFON

YNYS GORAD GOCH (49)

PRICE'S POINT

PONT MENAI

BANGOR a PHORTHAETHWY

PONT BRITANNIA

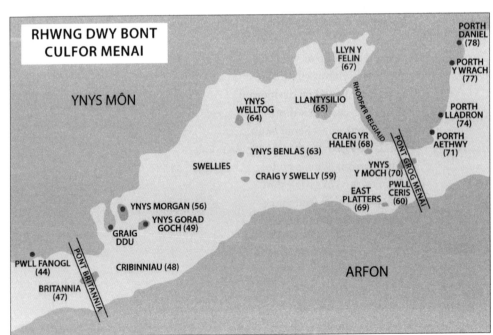

**RHWNG DWY BONT
CULFOR MENAI**

PORTH DANIEL (78)

LLYN Y FELIN (67)

PORTH Y WRACH (77)

YNYS MÔN

YNYS WELLTOG (64)

LLANTYSILIO (65)

RHODFA'R BELGIAID

PORTH LLADRON (74)

CRAIG YR HALEN (68)

PORTH AETHWY (71)

YNYS BENLAS (63)

PONT GROG MENAI

SWELLIES

CRAIG Y SWELLY (59)

YNYS Y MOCH (70)

EAST PLATTERS (69)

PWLL CERIS (60)

YNYS MORGAN (56)

YNYS GORAD GOCH (49)

GRAIG DDU

PWLL FANOGL (44)

CRIBINNIAU (48)

PONT BRITANNIA

ARFON

BRITANNIA (47)

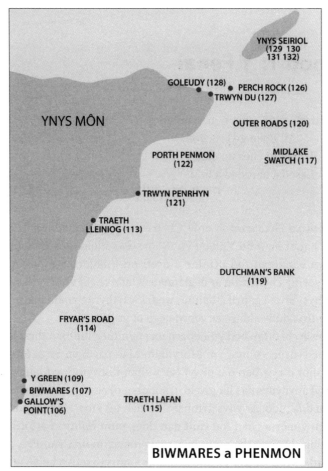

YNYS SEIRIOL
(129 130
131 132)

GOLEUDY (128) ● PERCH ROCK (126)
             ● TRWYN DU (127)

YNYS MÔN

OUTER ROADS (120)

PORTH PENMON
(122)

MIDLAKE
SWATCH (117)

● TRWYN PENRHYN
(121)

● TRAETH
LLEINIOG (113)

DUTCHMAN'S BANK
(119)

FRYAR'S ROAD
(114)

● Y GREEN (109)
● BIWMARES (107)
●GALLOW'S
POINT(106)

TRAETH LAFAN
(115)

BIWMARES a PHENMON

TRAETH LAFAN

LLANFAIRFECHAN

GORED OGWEN

● GLAN Y MÔR ELIAS

● CWRTIAU
● BRYN GWYLAN ● ABER
● COED CYFYNYS

CASTELL
PENRHYN
(101)
●

GLAN Y MÔR ISAF

ABER OGWEN

O ABER OGWEN I LANFAIRFECHAN

Pennod 1: Y Fenai

Paradwys i Fonwysion, a hudol
Ail Eden gwŷr Arfon;
Is nef, nid oes un afon
Lased a hardded â hon.
Gruffydd o Fôn

Pan ofynnwyd i lythyrwr o'r enw 'CE' baratoi ysgrif neu ddwy ar y Fenai a'u hanfon i bapur newydd *Y Dydd* yn 1869, sylweddolodd yn syth fod y testun braidd yn eang gan fod cynifer o drefi porthladdol a phlasau, cestyll a choedwigoedd a hynodion ar ei glannau, a bu'n rhaid iddo gywasgu'r cyfan i ddau lythyr. Bron i ganrif a hanner wedi i'w lythyrau ymddangos yn y wasg, dyma fentro i ddiweddaru ac ychwanegu at yr hanes.

Fedrwch chi ddim bod ymhellach na phymtheg milltir a thrigain o'r môr, waeth ble rydych yn byw ym Mhrydain. Mae pawb yn Ynys Môn yn gallu gweld y môr o ryw ben o'u plwyf (ar wahân i blwyfolion Llangwyllog – yr unig blwyf ar yr ynys na ellir gweld y môr ohono) ac yn byw felly o fewn tafliad carreg go dda iddo. Ar ynys gymharol fechan fel Ynys Môn, anodd yw dianc oddi wrth y môr a chan fod cant dau ddeg pum milltir o arfordir iddi, pa ryfedd iddo chwarae rhan mor bwysig yn hanes 'mam Cymru'?

Un ardal sydd yn sicr yn apelio'n fawr i amrywiaeth o bobl yw'r Fenai a'i glannau, sy'n ymestyn ar hyd deunaw milltir o arfordir yng nghantref Rhosyr a'i ddau gwmwd, Menai a Dindaethwy, o Abermenai i Drwyn Du, Penmon.

Rhwng Môn ac Arfon y mae sianel o fôr a elwir Afon Menai; cul iawn yw hon ger Porthaethwy ond ymlêd rhwng Caernarfon a Thalyfoel ac fe fesur yno tua milltir a hanner ar ei thraws. Culheir hi drachefn gan fraich Abermenai, rhimyn cul o dywod a gyrraedd bron i dir Arfon.
Hanes Môn yn y 19eg Ganrif, E.A.Williams

Er mai fel afon y cyfeirir ati gan amlaf, rhaid cofio mai culfor o ddŵr heli yw'r Fenai – sianel gul sydd wedi gwahanu Môn a'r tir mawr ers cyn cof. Rhoddodd, ar hyd y canrifoedd, fodd i fyw i drigolion y glannau: pysgod a physgota; cychod a llongau; twristiaeth a hamdden; diwydiannau bach a mawr a chyfoeth i'r llygad o fyd natur – yn cynnwys hyd at 1,000 o wahanol rywogaethau o anifeiliaid a phlanhigion ar y lan ac o dan ei dŵr. Oherwydd lliw llwyd y dŵr yn y culfor, nid yw golau yn gallu treiddio i waelod y môr, a dyna pam fod llawer mwy o anifeiliaid i'w cael yn y Fenai na phlanhigion.

Y mae'r Fenai yn bum cilometr ar hugain (15 milltir) o hyd, a'i lled yn amrywio o 400 metr yn Aber Menai i 1,100 metr o'r Traeth Gwyllt at Gastell Caernarfon. Cul hefyd yw ei lled lle saif Pont Menai (tua 500 metr). Erbyn cyrraedd at Bier Bangor, mae wedi lledu i 900 metr, ac o Ynys Seiriol, yn y pen dwyreiniol, i Benmaenmawr, mae ar ei lletaf – tua 7.5 km. Mewn rhai mannau, mae dyfnder y dŵr yn bymtheg metr a chyflymdra'r llanw yn saith milltir môr.

Er bod Syr Ifor Williams yn ei lyfr *Enwau Lleoedd* yn ein hatgoffa fod yr enwau 'Menai' a 'Môn' yn cael eu defnyddio mewn cân cyn A.D. 600, yn Llyfr Taliesin, defnyddiwyd yr enw Menai yn fwy eang yn ystod y nawfed ganrif.

Ymysg chwedlau brenhinoedd Norwy, efallai mai *Heimskringla* (Chwedlau Cylch y Byd) yw'r enwocaf. Fe'u cofnodwyd yn iaith yr Hen Norwyeg yng Ngwlad yr Iâ gan y bardd a'r hanesydd Snorri Sturluson (1178–1241) tua'r flwyddyn 1230. Fe'u cedwir yn Llyfrgell a Phrifysgol Genedlaethol Gwlad yr Iâ. Ymysg chwedlau'r casgliad mae un am y Northmyn Echmarcach mac Ragnaill a'i gyfaill Guttorm Gunnhildsson yn ysbeilio yng Nghymru yn yr unfed ganrif ar ddeg. Cododd ffrae rhwng y ddau ynglŷn â'r ysbail – ffrae a ddatblygodd yn frwydr ac a gofir heddiw fel Brwydr y Fenai. Gweddïodd Guttorm ar Sant Olaf (995–1030, a laddwyd ym Mrwydr Stiklestad ac a ddyrchafwyd yn sant gan y Pab Alexander II yn 1164) am gymorth a lladdwyd Echmarcach. Un arall a laddwyd yn y frwydr honno oedd William, Arglwydd Audley, deilydd Maenor Endon yn Swydd Stafford.

Cofnodir ymosodiad a brwydr ffyrnig arall a ddigwyddodd ar y Fenai yn y ddeuddegfed ganrif yn *Saga Orkneyinga* – un a chwaraeodd ran bwysig ym mywyd Magnus Erlendson, Iarll Ynysoedd Erch (Sant Magnus yn ddiweddarach). Yr oedd iddo enw da fel gŵr crefyddol a thyner. Gwrthododd ymladd yn ystod yr ymosodiad ar Ynys Môn. Gwell oedd ganddo aros ar fwrdd ei long a chanu salmau. Y mae'r digwyddiad hwn yn cael ei grybwyll yn y nofel *Magnus* (1973) gan George Mackay Brown, yr awdur o Ynysoedd Erch, ac yn yr opera *The Martyrdom of St Magnus* (1977) gan Peter Maxwell Davies. Teitl y rhan gyntaf o'r naw sydd yn yr opera yw *The Battle of Menai Strait*.

Mae 'Menai' yn enw gweddol gyfarwydd yng Nghymru ond ni ellir bod yn sicr o'i darddiad. Credir ei fod yn deillio o'r gwreiddyn 'men' (h.y. 'myned') sy'n cyfleu dŵr yn llifo. Ansicrwydd mawr arall ynglŷn â'r Fenai yw sut yn union y cafodd ei ffurfio. Credir bod dau ddyffryn afon ar wahân, yn y cyfnod cyn yr Oes Iâ ddiwethaf (18,000 o flynyddoedd yn ôl); un yn llifo i'r gogledd-ddwyrain a'r llall i'r de-orllewin. Lluniwyd sianel orlif a chyfunwyd y ddau ddyffryn. Tua 10,000 o flynyddoedd yn ôl, cododd lefel y môr yn sylweddol a ffurfio'r culfor. Mae damcaniaeth arall yn awgrymu bod y Fenai wedi ei chafnio gan rew mewn cyfnod cynharach, y cyfnod Pleistosenaidd. Y mae gogwydd y sianel yn dilyn y patrwm Caledonaidd a ddaeth i fodolaeth ar ddiwedd y cyfnod Silwraidd. Damcaniaeth arall na ellir rhoi llawer o goel arni yw yr un sy'n awgrymu mai daeargryn a ffurfiodd y culfor.

Mae rhyw ddeuoliaeth ynglŷn â daeareg yr ardal o ystyried y creigiau hynaf a ieuengaf a geir yno. Dyddia'r rhai hynaf o tua 570 miliwn o flynyddoedd yn ôl ac maent i'w cael ar ddwy ochr y sianel, ond mae creigiau llawer ieuengach yno hefyd e.e. carreg galch yn dyddio o tua 330 miliwn o flynyddoedd yn ôl. Ceir siâl a thywodfaen yng nghyffiniau Penmon, Biwmares, Caernarfon a'r Foryd.

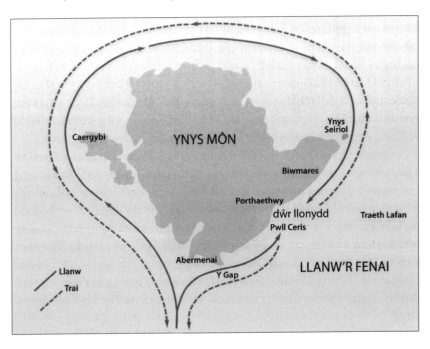

Un o nodweddion amlwg y Fenai yw'r llanw. Cymaint yw ei ddrysni a'i gymhlethdod fel i neb llai na'r Llyngesydd Nelson gyhoeddi ei fod yn llawn ymddiried yn unrhyw gapten llong a allai hwylio drwy'r Fenai ac y byddai'n hyderus y gallai'r capten hwnnw hwylio unrhyw un o foroedd y byd pe gallai fordwyo rhwng Abermenai a Thrwyn Du. Tipyn o ddweud! Ddwywaith y dydd, fwy neu lai, daw'r llanw i mewn a ddwywaith y mis, fwy neu lai, ar leuad newydd a lleuad llawn, ceir 'llanw mawr' neu'r 'gorllanw', a 'llanw bach isel' pan fo'r lleuad yn llenwi ac yn gwanio. Ar lanw mawr, mae'r penllanw ar ei uchaf a llinell y distyll ar ei hisaf ac ar lanw bach, mae'r penllanw ar ei isaf a llinell y distyll ar ei huchaf.

Rhwng Porth Lladron a Phorth y Wrach ar y Fenai mae Craig Hanner Llanw. Cyfeirio mae ei henw at yr hyn a welir ohoni ar amser arbennig yng nghyflwr y llanw. Nid yw'r môr byth yn berffaith llonydd:

Weithiau'n drai ac weithiau'n llanw,
Weithiau'n felys, weithiau'n chwerw

meddai un hen bennill sy'n sôn am y symudiad diddiwedd yma yn y môr pan fo'n mynd a dod 'i mewn' ac 'allan'. Effaith disgyrchiant yr haul a'r lleuad ar y ddaear sy'n gyfrifol am y llanw ac, er bod yr haul yn llawer mwy o ran maint na'r lleuad, effaith y lleuad sydd gryfaf oherwydd ei bod yn llawer agosach at y ddaear.

I eigionegwyr, mae patrwm llanw'r Fenai yn un tu hwnt o gymhleth. Yn ôl y drefn a osodwyd o ddechreuad y byd, mae'r llanw'n teithio drwy Sianel Sant Siôr tua Bae Lerpwl. Yn hytrach nag amgylchynu Ynys Môn yn llwyr, mae'r môr yn gwahanu a chyfran yn llifo i'r Fenai a chyfran yn parhau â'r daith o amgylch yr ynys. Disgrifia Beryl Stafford Williams y llanw fel a ganlyn;

... tywallt ei hun gydag asbri ar gyflymdra o bum milltir fôr drwy dwmffat Abermenai, ar frys mawr i gyrraedd y pen arall bron i ddeunaw milltir ar hugain i ffwrdd ger Ynys Seiriol. Yn y cyfamser y mae'i ran arall yn rhedeg y ddeng milltir ar hugain o amgylch gweddill Ynys Môn i gyrraedd yr un man. Ras anghyfartal o edrych ar y map.

Yn ystod llif llanw (o'r distyll i benllanw) daw'r môr i mewn i'r Fenai drwy'r pen de-orllewinol yn Abermenai. Gan fod Y Gap yno'n gul, delir y dŵr yn ôl rhag llifo'n rhwydd, ac mae'r môr, sydd bellach wedi cyrraedd Trwyn Du, yn llifo i lawr heibio Penmon tua Bangor a'r Borth (Porthaethwy). Oherwydd fod graddiant uwch i'r môr ym Mhenmon (pum troedfedd ar hugain) nag yn Abermenai (pymtheg troedfedd), mae'r llif yma yn cryfhau wrth fynd am i lawr. Wrth lifo a magu nerth gall wrthsefyll llif y Fenai. Yng nghyffiniau Bangor a'r Borth ceir llecyn neu gyfnod o ddŵr llonydd neu osteg. Ym Mhwll Bangor mae'r ddau lif yn gallu bod yn hollol gytbwys ac am gyfnod o tua hanner awr ceir llonyddwch, pan fo lefel y dŵr yn dal i godi ond pan na welir symudiad ar yr wyneb.

Roedd Lewis Morris, does dim dwywaith, yn gyfarwydd â'r Fenai gan iddo hwylio'r glannau, eu mesur a'u mapio yn fanwl yn *Plans of Harbours, Bays, Bars and Roads in St. George's Channel* (1748). Yr oedd o hefyd yn un digon hirben;

At low Water Spring-tides there is not above seven or eight Foot deep in the best of the Channel in that Spot; so that it would not be impossible to make a Bridge there, to join the two Counties.

Ceir cryn amrywiaeth yn nhymheredd dŵr y Fenai – tua dwy radd ar bymtheg Celsiws yn yr haf ond dim ond tua pedair gradd Celsiws yn y gaeaf. Mae dyfnder y dŵr yn amrywio hefyd. Yn gyffredinol, dŵr bas sydd yn y Fenai – tua deg metr – ond ym Mhwll Fanogl, rhwng Plas Newydd a Phont Britannia, mae'r pyllau dyfnaf yn un metr ar hugain o ddyfnder. Rhwng Trwyn Abermenai a Chaer Belan, ceir dyfnder o ugain metr gan fod llif y dŵr yn clirio llawer o waddod a thywod. Ger Trwyn Penmon ceir un o'r pyllau dyfnaf – chwe metr ar hugain – a chan fod mesur pyllau o'r fath yn cael ei wneud ar lanw isel iawn, gall pob un fod yn llawer dyfnach.

Gall y Fenai fod fel drych neu'n gynhyrfus ac yn berwi. Ceir gan CE (*Y Dydd* 12 Tachwedd 1869) ddisgrifiad blodeuog iawn o ddŵr y Fenai;

yn debycach i bair berwedig na dim byd arall. Rhuthra y llif gwyrdd, trochionog rhagddo, gan droi o amgylch a chrych-ferwi yn ofnadwy. Edrycha fel pe wedi digio wrth bawb a phopeth, 'Chwyrna wrth edrych arnom.' Gall 'y gwyrdd-lif ym man eithaf ei wylltineb,' meddai, 'ferwi ac ymgynhyrfu ac fe fydd yr olwg ar ei ryferthwy yn arswydol o fawreddog. Ysguba y dyfroedd trochionog ymlaen gyda grym a gorwyllter rhuadwy, fel pe baent am ysgubo hen greigiau duon am byth o'r golwg i rywle.'

Fel un a dreuliodd gyfran helaeth o flwyddyn golegol y Coleg Normal yn edrych ar y Fenai, gwn hynny o brofiad, a phleserus iawn oedd gwylio'r wendon a phrofi'r tawelwch. Yn anffodus, yr oedd gwaith i'w wneud hefyd ac er i mi gofio'r lleuad yn ariannu'r lli, chefais i mo'r cyfle, bryd hynny, i grwydro'i glannau a'i chymharu â'r fynedfa i borthladd San Francisco, fel y mae llawer un arall wedi gwneud – yn arbennig y rhannau rheini ger Tal-y-Foel, gyferbyn â Chaernarfon. Rhwng y llanw a'r tywydd, gall ymddangos yn heddychlon ar rai adegau a thro arall yn ffyrnig.

> Un noswaith ddrycinog mi euthum i rodio
> Ar lannau y Fenai, gan ddistaw fyfyrio;
> Y gwynt oedd yn uchel, a gwyllt oedd y wendon,
> A'r môr oedd yn lluchio dros waliau Caernarfon.
>
> Ond trannoeth y bore mi euthum i rodio
> Hyd lannau y Fenai, tawelwch oedd yno;
> Y gwynt oedd yn ddistaw, a'r môr oedd yn dirion,
> A'r haul yn tywynnu ar waliau Caernarfon.
>
> Traddodiadol

Symbylwyd llawer bardd gan yr hyn a welodd ar lannau'r Fenai.

Mi Fûm ar Lan y Fenai

> Mi fûm ar lan y Fenai,
>   Pan oedd yr heulwen fad
> Yn gwenu wrth oreuro
>   Urddasol fryniau'n gwlad;
> Pob awel yn ymddawnsio
>   Ar war y nwyfus don;
> Tra deuai i gusanu
>   Heirdd lannau Gwynedd lon.

> Mi fûm ar lan y Fenai,
>   Pan oedd llaw ddu y nos,
> Yn cau amrantau'r blodau
>   Ar fynwes bryn a rhos;
> A sain telynau'r adar,
>   Ddiweddodd ym mhob man,
> A'r goedwig aeth mor drymllyd
>   Â mynwent oer y llan.
>
> Menaifab, 8 Mehefin 1877

Gan fod cymaint i dynnu'r sylw, pa ryfedd fod angen gofal wrth groesi'r Fenai?

Afon Menai

Detholiad o englynion o'r ddwy gadwyn englynion gyd-fuddugol yn
Eisteddfod Genedlaethol Cymru Sir Fôn 1957.

... Hon a fu'n gaer i Fôn gynt, fe'i noddai'n
   Feunyddiol â'i cherrynt;
   Ymholai am ei helynt
   Aeaf a haf ar ei hynt ...

... Rhydd i mi yw rhoddi 'mhwys ar y Bont
   A gâr byd, cyn gorffwys
   Yng ngolau y glannau glwys,
   A brydio ar Baradwys!
               Gruffydd o Fôn

Afon hallt yn llyfn hollti dau dir hoff,
   Di-dor hyd o lesni,
   Swnt araul sy'n eu torri,
   Gloywa'n llafn rhwng glannau lli ...

... Ei dau fôr yn agoryd, ac arwain
   I gyrrau'r llydanfyd,
   A'i glanfa'n galw i wynfyd
   Ei llan a'i chastell o hyd ...

... O hyd ei theg wlad a'i thon a unodd
   I ennill fy nghalon;
   A fu byth yn fab i hon,
   Gŵr yw ef a gâr afon.
               T. Evans

Afon Menai

Mae'r afon gul yn llydan
   I ddeuddyn brwd eu bron,
Pan fyddo'r naill yr ochr draw,
   A'r llall yr ochr hon.

A môr o'et tithau Fenai
   Dod gennad i mi sôn,
Pan oeddwn i ym Mangor gynt,
   A'm cariad draw ym Môn.
                    Crwys

Môn a Menai

Llon y gwenai
Afon Fenai
Gyda glennydd Môn;
Coedydd tirion,
O mor irion
Ddechrau haf y tron' ...

... Mwy y'm denai
Môn a Menai
Nag y gallaf sôn ...
                John Morris Jones

The Menai Steam Boat

While summer spreads its gorgeous robes
O'er vale and mountain side,
And scarce a ripple now is seen
On Menai's heaving tide
Without the aid of wearying oars,
Or aught of human toil,
Swift as a sea-gull on her flight,
Go, speed for Mona's Isle.

See, Arvon's range of giant hills
In native glory drest,
Where Snowdon lifts his sun-clad peak
Peerless, above the rest.
So sweet the vales among those hills,
As olden legends tell,
Shunning the grosser haunts of life,
Fairies went there to dwell.

Mona was termed, in ancient lore,
The Island of the blest;
Nature forbids that Man should be
By constant care opprest.
Enjoy the life so kindly given,
Ere life from life begone
Though Man has duties to fulfil,
'Tis not to toil alone.

To make it like primeval Earth
Ere sin and sorrow came,
Seek a companion for thy youth,
To light a kindred flame.
The thrush his bridal master-song
Will pour from every spray,
To aid the lover's gentle suit

Throughout the livelong day.
And when less sunny hours shall come,
As come they will on all,
The happy time of guileless youth
You can with joy recall.
Although your heads should then be strown
With tints of wreathed snow,
You'll recollect the gipseying
Enjoyed long ago.

       Caernarvon

Pennod 2: O Abermenai i Drwyn Du

Dyma restr o enwau arfordirol o Abermenai ym mhen de-orllewinol y Fenai hyd at Drwyn Du ym Mhenmon yn y gogledd-ddwyrain. Sylwch nad oes angen eglurhad ar rai o'r enwau, ond mewn achosion eraill, ni chanfyddais eglurhad o gwbwl.

G – ar lannau Gwynedd
M – ar lannau Môn

1. **Sianel Gwŷr Nefyn (G)** Y llwybr byrraf rhwng Nefyn a'r Fenai yn arwain i harbwr Caernarfon ac a ddangoswyd ar siart Lewis Morris (1748).
2. **Muscle Bank (M)** Filltir tu allan i Abermenai. Sillafiad Saesneg gwallus yn nodi lle da iawn am gregyn gleision ac a ddangosir ar Siart Lewis Morris (1748).
3. **Morfa Dinlle (G)** Penrhyn isel o gors heli (*saltmarsh*) yn amgáu y Foryd.
4. **Abermenai (M)** Aber = ceg afon; man cyfarfod dwy neu fwy o afonydd; lle llifa'r llanw; hafan.
5. **Traeth Abermenai (M)** '*A formed bank of beach*'.
6. **Braich Abermenai (M)** Abermenai yw'r hen enw ar y rhimyn cul o dwyni tywod yng ngheg orllewinol y Fenai sy'n ymestyn i'r môr cyn terfynu 1,100 o droedfeddi i ffwrdd o dir Arfon (ar lanw uchel). Enw ar y bwlch cyfyng (rhwng Môn ac Arfon) i basio trwyddo yw **Y Gap**. I swyddogion a chartograffwyr Edward Iaf, **South Croke** neu **South Crook** oedd yr enw. Er mai tywodlyd yw gwneuthuriad y tir, y mae wedi gwrthsefyll effeithiau erydiad y môr i gadw'i siâp fel pen ffon fugail, lle mae'n plygu yn ôl arno'i hun. Cadwodd ei siâp yn bennaf am ei fod yng nghysgod Bar Caernarfon hyd at chwedegau'r ugeinfed ganrif, ond yn dilyn stormydd enbyd, fe'i bylchwyd gan y môr. Llwyddodd Ymddiriedolaeth Porthladd Caernarfon i gau'r bwlch yn ddigon llwyddiannus fel bod y rhimyn cul yn dal ei dir hyd heddiw.

Yn ôl y chwedl, oddi yma y cychwynnodd y tair llong ar ddeg fu'n hebrwng Matholwch a Branwen i Iwerddon. Yma hefyd, yn 1142, y glaniodd Cadwaladr ap Gruffydd ap Cynan gyda byddin o hurfilwyr Albanaidd a Gwyddelig gan ymosod ar ei frawd, Owain Gwynedd. Gorchfygwyd Cadwaladr a bu heddwch rhwng y ddau yn dilyn gornest eithriadol o waedlyd. Yr oedd cymaint o waed, meddai'r bardd Gwalchmai, nes bod llanw'r Fenai wedi ei droi yn ôl;

A Menei heb drai a drallanw gwaedryar
A lliw gwyar gwŷr yn heli.

Cyfieithwyd y disgrifiad byw gan y bardd Seisnig Thomas Gray;

Checked by the torrent tide of blood
Backward Menai rolls his flood.

Ymysg golygfeydd anghyffredin a welwyd ar y Fenai roedd dwy golofn ddŵr (*water spout*). Gwelwyd un ym mis Hydref 1892 yn teithio gyda'r gwynt o Abermenai i gyfeiriad Porth Dinorwig. Casglodd tyrfa i edrych ar yr olygfa oddi ar y lan a chredid i'r golofn ddŵr fod yn teithio ar gyflymder o tua hanner can milltir yr awr. (*Y Drych*, 20 Hydref 1892). Gwelwyd y llall ar fore Mercher, 22 Awst 1900, gan nifer o bobl yn sefyll ar y Cei tua un ar ddeg o'r gloch. Cododd colofn o ddŵr tua hanner can troedfedd o uchder o'r môr yng nghyffiniau Abermenai a theithio i fyny'r arfordir nes ei bod gyferbyn â Chaernarfon. Diflannodd yn sydyn ac fe'i dilynwyd gan law trwm eithriadol. (*North Wales Chronicle*, 25 Awst 1900).

7. **Porth y Gilfach (M)** Lle cedwid y cwch fferi, yn ôl hen adroddiadau.
8. **Trwyn Abermenai (M)** Un o ddeugain 'trwyn' sydd wedi eu lleoli a'u henwi ar arfordir Môn.
9. **Tŷ Powdwr (M)** Lle i gadw powdwr gwn a ffrwydron ar gyfer chwareli llechi Arfon.
10. **Golau Abermenai (M)** Golau gwyn dros y sianel ddofn a golau coch dros y dŵr bas.
11. **Caer Belan (G)** Adeiladwyd gan Thomas Wynn, Plas Glynllifon (Arglwydd Newborough a Chwnstabl Castell Caernarfon yn ddiweddarach) yn 1775 am £30,000. Enw arall arni oedd **Abermenai Barracks**. Ystyr 'belan' yw twyn, torlan afon neu forglawdd. Dyma'r unig gaer i'w hadeiladu yr ochr yma i Fôr Iwerydd rhag peryglon Rhyfel

Cartref America a rhyfeloedd Prydain yn erbyn Napoleon a Ffrainc. Yn ystod yr Ail Ryfel Byd, bu'r tri prif wasanaeth milwrol – y Fyddin (gan gynnwys yr Home Guard), yr Awyrlu a'r Llynges – yn ei defnyddio.

Belan a'r llanw'n isel

Daliwyd pysgodyn anghyffredin iawn gan griw cwch pysgota o Gaernarfon ger y Belan, yn agos i Abermenai, ar 14 Medi 1881. Mesurai bron i bum troedfedd o hyd a chwe throedfedd o led a phwysai dros bum can pwys. Credid mai un o deulu pysgod yr haul (*sunfish*) ydoedd. Talodd cannoedd o bobl y dref geiniog y pen i weld y creadur yn y Bulkeley Arms. (*Y Genedl Gymreig a'r Dydd*).

12. **Y Foryd (G)** I'r de-ddwyrain o Gaernarfon ger Trwyn Dinlle (din = caer neu amddiffynfa; 'lle' o'r enw Lleu e.e. Lleu Llaw Gyffes). Bae cysgodol ond ar lanw isel, mae 250 hectar o fwd a thywod yn gynefin i lawer o adar y dŵr a chreaduriaid môr. Mae morfa heli yma hefyd. Yn y Foryd mae aber afon Gwyrfai.

13. **Tŷ Calch (G)** Hen enw disgrifiadol i annedd ar lan y Fenai.

14. **Penrhyn Mulfran (G)** Un o adar y glannau yw'r mulfran. Enwau eraill arno yw Bilidowcar, Morfran, Llanc Llandudno neu Wil Wal Waliog. Mae tuedd yn yr aderyn, wedi iddo godi o'r dŵr, i sefyll ar ben craig amlwg.

15. **Coed Helen (G)** Merch i arweinydd llwyth lleol oedd (H)Elen a hi oedd y ferch a welwyd gan Macsen Wledig (Magnus Maximus, 335– 388 O.C.; Ymerawdwr Rhufeinig) mewn breuddwyd. Teithiodd i ogledd Cymru ac fe'i gwelodd yn y cnawd am y tro cyntaf yn Aber Saint.

16. **Caer Saint (G)** Yma roedd Bendigeidfran pan gyrhaeddodd y ddrudwy o Iwerddon efo neges Branwen 'dan fôn ei esgyll'.

17. **Cei Llechi, Caernarfon (G)** Rhan o borthladd Caernarfon yr allforiwyd llechi ohono.

18. **'Rabar (G)** Aber Afon Seiont. Gellir ei chroesi dros Bont 'Rabar, pont droi (*swing bridge*) a'r gyntaf i'w chodi dros geg yr afon, yn 1900, fel bod llongau yn gallu mynd a dod o'r porthladd a'r cyhoedd yn gallu croesi'r afon. Nid y bont wreiddiol sydd i'w gweld yno bellach.

19. **South of France (G)** Cornel heulog ger yr Anglesey Arms a than furiau'r castell ar lan y Fenai, lle gellir mwynhau cryn dipyn o heulwen ar dywydd braf neu hufen iâ a llymaid i dorri syched, os dymunir.

20. **Doc Fictoria (G)** Adeiladwyd yn 1870 pan oedd lle wedi mynd yn brin yn y Cei Llechi. Marina sydd yno bellach i gychod pleser. Drwy gyfrwng clwyd arbennig rhwng y Fenai a'r doc, cedwir digon o ddŵr yn y doc bob amser er mwyn i'r cychod drudfawr fod yn arnofio yn hytrach na sefyll ar fwd.

21. **Tywyn Ceinwen (M)** 'The very utmost point to the landward of that bay, just where the river Breint goes into the marsh.'

22. **Traeth Melynog (M)** Ar Draeth Melynog yr abera un o lednentydd afon Braint – un o brif afonydd Ynys Môn. Cymer yr afon ei henw oddi wrth y dduwies Geltaidd Brigantia.

23. **Ynys Llwn / Llwyn (M)**

24. **Y Gwter Wen, Afon Rhyd y Valley, Afon Sarn Goch (M)** Tair o lednentydd afon Braint. Y mae Aberbraint bellach yn cael ei adnabod fel Dwyran; Dwyran Esgob a Dwyran Beuno oedd hen raniadau'r plwyf.

25. **Y Mermaid (M)** Tŷ tafarn a adwaenid fel y 'Menai' a'r 'Ring' yn yr hen oes.

26. **Tal-y-Foel (M)** Lle tebyg iawn i fynedfa harbwr San Francisco, yn ôl ambell hen forwr llongau hwyliau.

27. **Sw Môr Môn (M)** Atyniad i dwristiaid o bob oed. Yr un cwmni sy'n prosesu halen o ddŵr y Fenai.

28. **Traeth Gwyllt (M)** Ardal o fanciau tywod yn y Fenai, rhwng **Cwter y Foel/Foel Swatch** ac Abermenai, sy'n cael eu symud a'u hailffurfio gan y llanw. Gall y gwynt chwipio'r tonnau yma. Enwau eraill arno yw **Anglesey Bank** a'r **Traeth Cocos**.

29. **Môr Huw Puw (M)** I lawer o Gymry, efallai mai cymeriad dychmygol fu Huw Puw, ond yr oedd yn gymeriad go iawn o gig a gwaed. Cafodd ei eni yn Princess Basin, Lerpwl, yn 1794/5 a bu farw ar 10 Awst 1865 a'i gladdu ym mynwent Eglwys Llanidan ar lannau'r Fenai efo'i wraig, Catherine, a Margaret, ei ferch.

Wrth ei alwedigaeth, perchennog a chapten llong oedd Huw; capten y fflat *Ann*, ond *Fflat Huw Puw* fu hi i lawer o Gymry. Anfarwolwyd y fflat a'i chapten gan J. Glyn Davies yn ei *Gerddi Huw Puw*. Llong wedi ei hadeiladu yn Frodsham yn 1799 oedd *Ann*, a gofrestrwyd yn Lerpwl yn wreiddiol ac a ailgofrestrwyd yng Nghaernarfon yn 1848. Cymharol fychan oedd ei maint: 60 tunnell, un mast, un llawr, criw o dri; 61.8 troedfedd o hyd, 15.1 troedfedd o led a 6.6 o ddyfnder, maint oedd yn ei galluogi i hwylio afonydd Merswy, Dyfrdwy a Chonwy. Ond yn bennaf, rhwng Runcorn, Lerpwl a Chaernarfon yr oedd yn hwylio, yn cario coed, glo, haearn a llechi. Bu Huw yn byw yng Nghaernarfon am gyfnod cyn symud i'r Barras ger Brynsiencyn, ar lan y Fenai. Cafodd y fflat ei dryllio a'i cholli ar Ynysoedd Sant Tudwal ar 18 Hydref 1858, tra oedd ar fordaith yn cario coed o Borthaethwy i Abermaw.

Rhaid iti frysio, 'machgen bach; mae bellach yn dop llanw;
Rhaid inni fynd ar flaen y trai; ni sai' mo'r teitie garw;
Mae'r gwynt yn chwythu dros y tir, a'r sêr yn glir i'w gweled;
Bydd Fflat 'rhen Huwcyn yn y man, o dan ei hwylie'n cerdded:
Tyrd ar Fflat Huw Puw.

J. Glyn Davies

Boddwyd John, mab deunaw oed Huw Puw, pan gafodd ei gwch hwylio ei daro i lawr gan y slŵp *Diligence* o Fangor ar 15 Awst 1845. Fe'i claddwyd ym Mynwent Eglwys Seiriol, Penmon. Ar ei garreg fedd, naddwyd y geiriau:

The dormitary of
JOHN PUGH who was
drowned near Beaumaris
August 15th 1845
aged 18 years.
Consider man well weigh thy frame
The King, the beggar is the same
Dust form'd us all, each breathes this day
Then sinks into his native clay.
From waves and tempests of the deep
I'm safe in harbour laid to sleep.

30. **Buwch a Llo (M)** Dwy graig o wahanol faint.
31. **Waterloo Port (G)** Yng Nghaernarfon. Wedi ei enwi ar ôl y frwydr enwog (dydd Sul, 18 Mehefin 1815) rhwng lluoedd unedig Prydain a'r Iseldiroedd (arweinydd: Dug Wellington) yn erbyn Ffrainc a Napoleon. Enwyd pont ar ôl y frwydr ym Metws-y-coed.
32. **Llanfair-is-gaer (G)** (neu Bryn Llanfair) Plwyf yng nghantref is-Gwyrfai, Caernarfon, 2 filltir i'r gogledd-ddwyrain o Gaernarfon a 7 milltir o Fangor. Y mae ar lan y Fenai ac yn cynnwys trefedigaeth Brynffynnon a phorthladd Dinorwig. Oddi yma y croesodd y cadfridog Rhufeinig Agricola i Fôn. Ceir yma gopr a llechi i'w hallforio o'r porthladd. Cysegrwyd yr eglwys ar lan y dŵr i'r Santes Fair. Cymer y lle yr is-deitl 'Caer' oddi wrth yr hen gaer neu wersyll Rhufeinig yn yr ardal. (*The National Gazetteer of Great Britain and Ireland, 1868*).
33. **Plas Menai (G)** Canolfan gweithgareddau morol.
34. **Felinheli (G)** Pentref sydd wedi colli sawl enw Cymreig yw'r Felinheli; enwau fel Aberpwll, Aber y felin a Thafarngrisiau, ond mae'r pentref wedi cadw ei Gymreictod. Mae'n un o'r porthladdoedd mwyaf diddorol ar y Fenai gan fod yno ddoc sych, pont a chamlas i'w gysylltu a'r môr. Bu'r porthladd, a adeiladwyd yn 1828, yn un prysur gyda hyd at 400 o longau yn mynd a dod mewn blwyddyn, yn masnachu llechi o Chwarel Dinorwig (o eiddo Assheton-Smith o'r Faenol), a nwyddau eraill. Perchennog y chwarel fynnodd fod yr enw Port Dinorwig yn cael ei ddefnyddio, ond pan gafodd y chwarel ei chau tua 1950 bu llai o ddefnydd ar yr enw Saesneg. Bellach, harbwr ar gyfer cychod pleser sydd yn y Felinheli.
35. **Cerrig Duon (M)** Enw disgrifiadol.
36. **Moel y Don (M)** Croniclodd Tacitus hanes y Rhufeiniaid yn croesi ar draws y Fenai i Fôn. Disgrifiodd sut y bu i'r Cadfridog Suetonius Paulinus a'i filwyr gyrraedd safle'r Felinheli, yn barod i groesi'r culfor. Croesodd y milwyr mewn cychod a glanio ger Moel y Don, ond roedd y Derwyddon a'u cefnogwyr yn aros amdanynt. Rhuthrent yn ôl ac ymlaen gan annog y gwŷr a'r gwragedd arfog i ymosod ar y Rhufeiniaid. Gan gymaint oedd dychryn ac ofn y milwyr, dechreuasant droi'n ôl a bu'n rhaid i'w harweinwyr eu hatgoffa am y dull Rhufeinig o gosbi llwfrdra (dienyddio un o bob deg) cyn yr aethant ymlaen i ymladd a choncro'r Monwysion.

Yma, yn ail chwarter yr unfed ganrif ar ddeg, roedd trefedigaeth Wyddelig wedi ei sefydlu gan ddinas Dulyn dan ddylanwad Cynan ab Iago (oedd yn byw yn Nulyn mewn alltudiaeth) a'i wraig, Ragnhilda (Rhagnell).

Gyferbyn â Moel y Don, ym mis Hydref 1805, hwyliodd y llong fechan *Robert Ellis* i fyny'r Fenai. Mae'r hyn a welodd y sawl oedd ar ei bwrdd wedi ei gofnodi gan George Borrow yn ei lyfr *Wild Wales*. Yn nofio'n braf, ac yn dilyn y llong, roedd llyngyren neu neidr fôr anferth. Dringodd y creadur ar ei bwrdd drwy agendor yn y starn, llithrodd ar hyd y dec a lapio'i hun am y mast. Ar ôl dod dros y sioc o weld y fath beth, ymosododd rhai o'r teithwyr ar y llyngyren â rhwyfau a'i gyrru yn ôl i'r dŵr. Dilynodd y creadur y llong am beth amser eto cyn diflannu dan y tonnau. Welwyd na chlywyd am ddim byd tebyg fyth wedyn, ond yn ôl Borrow, yr oedd y digwyddiad yn destun siarad yn nhafarndai'r Felinheli ymhen hanner can mlynedd.

Adeiladwyd llongau bychan ym Moel y Don. Yn eu mysg roedd y *Countess of Uxbridge* a bwysai 100 tunnell, a'r *Earl of Uxbridge* a bwysai 120 tunnell. Gwelir yno heddiw adfeilion cwch eithaf mawr, sy'n arwain llawer i gredu mai un o hen gychod y fferi ydoedd, ond mewn gwirionedd, adfeilion un o gychod afon Tafwys sydd yno.

Hen enw ar Foel y Don oedd Bôn y Dom, hynny yw, gwaelod y domen. Credir i'r enw gyfeirio at y domen yng nghaer Porthamel, Llanidan neu Fryn y Beddau.

37. **Pwll y Fuwch (M)** Man cychwyn y fferi i'r Gardd Fôn, Felinheli.
38. **Dinas (G)** Yn 1877, yn Iard Gychod Dinas, Y Felinheli yr adeiladwyd y llong goed fwyaf yng Ngwynedd, sef *Ordovic*.
39. **Y Faenol (G)** hen gartref teuluoedd Assheton-Smith a Duff.
40. **Porth Edwen (M)** Porth = *porta*; gair Lladin = porth, drws, clwyd, giât. Daw *portus* o'r gair Lladin am borthladd. Mae 165 o enghreifftiau o'r enw yma i'w cael o amgylch arfordir Ynys Môn.
41. **Tŷ Glo (G)** Lle i ddadlwytho cyflenwadau glo ar gyfer stad y Faenol.
42. **Porth Fair (M)** Rhwng Eglwys Llanedwen a Phlas Newydd.
43. **Plas Newydd (M)** Cartref Ardalydd Môn ond sy'n dyddio yn ôl i'r 15fed ganrif. Hen enw arno oedd Llwyn Moel, a daeth yn gartref i'r teulu Griffiths o Fangor ac yn ddiweddarach yn eiddo i'r teulu Bayly drwy briodas. Addaswyd y tŷ gan y pensaer James Wyatt yn y 18fed ganrif a

daeth yn eiddo i un o arwyr mawr Brwydr Waterloo – Henry William Paget – yn 1815. Gellir crwydro'r tŷ a'r gerddi, sydd heddiw dan ofal yr Ymddiriedolaeth Genedlaethol.

44. **Pwll Fanogl (M)** Enw arall arno yw **Pool of the Reeds**. Ffenigl = *fine grass*. Un o byllau peryclaf y Fenai. Dyma hefyd lle glaniwyd llwythi o lechi o'r Felinheli i wneud llechi ysgrifennu i ysgolion Môn. Efallai mai dyma'r cof diweddaraf sydd gan drigolion hynaf yr ardal gyfagos am y lle, ond mae ei hanes yn dyddio'n ôl cyn belled â'r unfed ganrif ar bymtheg, pryd y nodir enw'r cei a phentref bychan Aber Pwllfanogl mewn dogfennau.

Gan ei fod mewn man cysgodol, datblygodd llawer math o ddiwydiant yno, yn eu mysg ffatri fargarîn, ffatri gig moch, gwaith sychu a rhostio chicori, gwaith trin llechi, gwaith nwy, iard lo, odyn galch, siop, tafarn y Pilot Boat a diwydiant ymwelwyr. Yr ysbrydoliaeth tu ôl i nifer o'r busnesau bychan yno oedd Cyrnol Cotton, gŵr ariannog oedd yn byw yn lleol, ond pan fu farw yn y 1920au daeth diwedd ar lewyrch yr ardal. Rheolwr y ffatri lechi a thafarnwr ym Mhwll Fanogl oedd Thomas Dafydd Thomas, awdur 'Hen Ffon fy Nain'.

Codwyd dau forglawdd bychan i ffurfio'r cei yno.

Ym Mhwll Fanogl y bu'r arlunydd Kyffin Williams yn byw, ac yma hefyd yr abera un o lednentydd afon Braint.

45. **Carreg Giniog (M)** Craig guddiedig, beryglus, yn llechu dan y dŵr.

46. **Cofgolofn Nelson (M)** Yr Arglwydd Clarence Paget, Plas Llanfair, a luniodd ac a gododd y gofgolofn i'r llyngesydd Seisnig, a gafodd gofgolofn arall ar Sgwâr Trafalgar yn Llundain ac un arall, a chwalwyd, yn Nulyn. Ei fwriad oedd codi'r golofn goncrid ddeugain ac un o droedfeddi o uchder, fel tirnod i forwyr ar lan

Cofgolofn Nelson

un o rannau peryclaf y Fenai. Fe'i dadorchuddiwyd ddydd Mawrth, 9 Medi 1873.

47. **Craig Britannia (M)** Noda'r graig ffin orllewinol Pwll Ceris (y Swellies). Ar y graig hon y codwyd piler canol pont Stephenson. Yr oedd yn 230 troedfedd o uchder a'i waelod yn mesur 50' x 60'. Mesurwyd y pwysedd ar ei waelod a darganfod fod hwnnw'n mesur un tunnell ar bymtheg ar bob troedfedd. Rhoddwyd yr enw Britannia i'r graig gan y gobeithiwyd codi cerflun mawr o Fritannia ar ben y bont, ond oherwydd y gost bu raid anghofio'r cerflun a'r cynllun ond cadwyd yr enw.

Eglurhad arall, llawer mwy synhwyrol, i'r enw yw mai Carreg y Frydain oedd ei henw Cymraeg gwreiddiol, ac iddo gael ei nodi felly gan Lewis Morris yn 1748. Gwreiddyn y gair 'Frydain' yw 'brwd' yn golygu *turbulence* neu *effervescence* ac mae'r enw disgrifiadol yma'n cyfeirio at natur wyllt y dŵr yn y Fenai yn y culfor lle adeiladwyd y bont. Fel mewn sawl achos arall, camynganwyd a chamsillafwyd yr enw gan rai nad oeddynt yn gyfarwydd â'r ardal na'r iaith.

Yr oedd Lewis o'r farn y dylid chwalu'r graig â ffrwydron:

... which would widen the Channel, straighten the Current, and consequently lessen the Velocity, and would prevent Vessels sticking on the Rocks, and oversetting.

48. **Cribiniau (M)** Yn ôl Lewis Morris, '*Half-tide, and Three-quarter-tide rocks*' oedd y rhain.

49. **Gorad Goch (M)** Byddai'r enw llawn, Ynys Gorad Madog Goch (cyn-esgob Bangor), yn cael ei ddefnyddio ar un adeg. Ystyr y gair 'cored' yw dalfa bysgod ac fe'u ceir mewn sawl lle ar hyd glannau'r Fenai. Credir bod yr enw'n deillio o'r Lladin *gurgites* a'i fod wedi ei lafareiddio i 'gorad'. (Ar ochr Arfon o arfordir y Fenai mae 'Gorad y Git' a allai yn hawdd fod yn llafareiddiad o'r Lladin *gurgites*. Y Gorad Goch yw'r ynys fwyaf ei maint (un erw, tair rhwd, pedair perc ar bymtheg, un llath ar ddeg), ar wahân i Ynys Seiriol, yn y Fenai. Mae tystiolaeth bod annedd wedi ei godi arni ers o leiaf 1590 pan oedd yr ynys yn berchen i Esgob Bangor. Bryd hynny, rhoddodd yr esgob yr ynys ar brydles i Thomas Fletcher o Dreborth am bris o £3 a chasgennaid o benwaig. Yn y tŷ mae ystafell a elwir yn Ystafell yr Esgob gyda'r llythrennau IR, y dyddiad

1808 a meitr esgob wedi eu cerfio uwchben un o'r ffenestri. Cyfeiriad yw hyn at Esgob Bangor ar y pryd, John Randolph.

Bu'r Gorad Goch yn un o'r pysgodfeydd pwysicaf ar y Fenai. Daliwyd gwrachod, penfras, penci, penwaig, macrell, lledod, eog a gwyniad yno, ac yn nechrau'r ugeinfed ganrif yr oedd yn arferiad i groesi i'r ynys i gael te prynhawn a *whitebait*. Erbyn hyn, mae'r gorad wedi dirywio – er y gellir gweld ei holion yn glir ar lanw isel.

50. **Sarnau (M)**
51. **Wal y Gorad (M)**
52. **Cerrig Arwyddion (M)**
53. **Carreg Drillath (M)** Ceir hanner can enghraifft o'r enw 'carreg'/ 'cerrig' o amgylch arfordir Môn.
54. **Carreg yr Ebol (M)**
55. **Carreg Gaws (M)**
56. **Ynys Morgan (M)** Daw 'ynys' o'r gair Gwyddelig am 'sefyll mewn dŵr'. Ceir trigain ynys o amgylch arfordir Môn.
57. **Wal Ddu (M)**
58. **Gorad Ddu (M)**
59. **Carreg y Pwll / Craig y Swelly (M)** Meddai Lewis Morris;

> This is a dangerous Part of the Straits of Menai, an arm of the Sea between Anglesey and Caernarvonshire. It is called by the Welsh, Pwll Keris, a name borrow'd (it is likely) from the Roman Charybdis, such another dangerous place as this on the coast of Sicily ... Two Thousand Pounds would make a great Improvement here if properly applied; the Chief of the Expense being men's Labour, which is very reasonable in this plentiful Country. Which is also a Three-quarter-Tide Rock, and makes the worst part of the Swelly.

60. **Pwll Ceris (M)** Un arall o byllau peryclaf y Fenai.

> Pwll Ceris, pwll dyrys, drud – pwll yw hwn
>   Sy'n gofyn cyfarwyddyd;
>   Pwll annwfn yw, pwll ynfyd,
>   Pella o'i go' o'r pyllau i gyd.
>
> Syr John Morris Jones (*Y Genhinen*, 1889)

Data a gasglwyd yn 1872 a ddefnyddir ar siartiau cyfredol y Pwll. Mae amgylchiadau unigryw nas gwelir yn unlle arall o amgylch arfordir Prydain ym Mhwll Ceris, lle mae cyflymdra'r llif yn gallu bod yn wyllt iawn a cherrynt cryf yn ogystal â rhai llecynnau cysgodol yn creu amgylchedd anarferol ac unigryw iawn.

61. **Llygaid y Pwll (M)** man peryglus iawn, lle mae angen i gychod gymryd gofal.

62. **Price's Point (G)** oherwydd perygl i gychod, gosodwyd arwydd yma.

63. **Ynys Benlas (M)** ynys fechan garegog heb fod ymhell o'r lan. Gellir ei gweld o Rodfa'r Belgiaid neu Ynys Tysilio.

64. **Ynys Welltog (M)** Ynys fechan garegog, yn debyg iawn i'r uchod.

65. **Llandysilio (M)** Deil traddodiad mai ar ynys Llandysilio y pregethwyd Cristnogaeth am y tro cyntaf ar Ynys Môn. Sefydlwyd Eglwys Tysilio ar yr ynys fechan hon yn 630 O.C. Dewisodd Tysilio fyw yma am ei fod yn Gristion ac yn heddychwr ac o'r herwydd yn gwrthod ymladd ym myddin ei dad – Brochwel, brenin Powys. Er mai ym Mhengwern ger Amwythig y'i ganwyd, roedd ganddo gysylltiadau teuluol â Môn gan fod ei fam, Arddun, yn ferch i Pabo a gysylltir â phlwyf Llanbabo yng ngogledd yr ynys. Wedi saith mlynedd, gadawodd Tysilio yr ynys a dychwelyd adref i Feifod ym Mhowys. Oddi yno, aeth ar bererindod i Lydaw ac yno, ger San Malo, y bu farw. Cysegrwyd eglwysi i'w enw yn Lloegr, Llydaw a Chymru.

Ynys Benlas

32

Mae'r eglwys bresennol, a godwyd ar safle'r gell wreiddiol, yn dyddio o'r 15fed ganrif. Hyd at 1926, Eglwys Llandysilio oedd eglwys plwyf Llanfairpwll.

Emyn i Sant Tysilio

Molwn Arglwydd Sant Tysilio
Ufudd was dy deyrnas di.
Er ei mwyn yng nglas ei ddyddiau
Cefnodd ar y byd a'i fri;
Troes o lwybrau rhwysg a rhyfel-
Cerddodd lwybr Calfarî.

Ar ei grwydr maith fel mynach
Daeth i'r ynys fechan hon,
Cododd groes ar graig yn uchel
Cododd gell ar lan y don;
Yna plygodd lin mewn gweddi,
Canodd salm o ddiolch llon.

Naws y greadigaeth newydd
Ddaeth i'r glannau trwyddo ef;
Ac o'i gell goleuni dreiddiodd
Fel pelydryn haul o'r Nef;
Llifodd llanw cryf y Deyrnas
Megis llanw'r Fenai gynt.

Yn ei eglwys ar yr ynys
Pery'r moliant glan o hyd,
Wedi'r oesoedd daw'r ffyddloniaid
Megis gynt yn deulu clyd;
Ac o fewn ei muriau cadarn
Cânt dangnefedd mwy na'r byd.

                    R. Glyndwr Williams

Ynys Tysilio ym Mai

Deunod y gerdd adeiniog – bywioceir
Pob cainc mewn llwyn deiliog,
Ym mangre werdd main y grog
Hun y tadau tawedog.
Glyndwr Thomas

66. **Hen Felin (G)** Lle llwytho cynnyrch Melin Treborth.
67. **Llyn y Felin (M)** Melin heli oedd yma a dwy rod yn troi – un ar y llanw a'r llall ar y trai.
68. **Craig yr Halen (M)**
69. **East Platters (M)** Un o dair llong hyfforddi fu ar y Fenai oedd y *Conway* (y *Clio* a'r *Indefatigable* oedd y ddwy arall), hen long ryfel hwyliau (*H.M.S. Nile* gynt). Wrth ei symud tua Phont Menai, ar ei ffordd i afon Merswy i gael ei thrin yn 1953, aeth ar y Platters. Fe'i difrodwyd yn arw ac yno y'i gadawyd hyd 1956. Wrth ei pharatoi i geisio'i symud bryd hynny, aeth y llong ar dân ac fe'i difethwyd yn llwyr.
      Mae craig arall o'r enw Platters yng ngogledd Ynys Môn. Enw Cymraeg ar honno yw Cerrig Seddu.
70. **Ynys y Moch (M)** Craig yng nghanol y Fenai yw Ynys y Moch. Arni, yn ôl un gred, y gorffwysai anifeiliaid pan nofient ar draws y culfor ond anodd credu hynny pan sylwir ar siâp a natur y graig. Arni hi, hefyd, y cododd Telford un o dyrau Pont Menai.

Cost anifeiliaid yn croesi'r Fenai:

Dyddiad	Anifail	Nifer	Cost
1772	Ceffyl		2 geiniog
	Buwch		2 geiniog
	Defaid	20	4 ceiniog (grot)
	Moch	20	2 swllt

71. **Porth Aethwy (M)** Pan ddefnyddir '...wy' ar ddiwedd gair, mae hynny'n dynodi enw llwyth e.e. Daethwy. Un o'r mannau a ddefnyddid i groesi'r Fenai gan longwyr mentrus y llwyth hwnnw oedd Porth

Ddaethwy, a ddaeth yn ddiweddarach yn Porthaethwy. Y mae Melville Richards yn y llyfr *Enwau Tir a Gwlad* yn rhybuddio rhag defnyddio'r ffurf anghywir a ffug Aethwy, fe y gwna llawer. Yr oedd yr enw yn bodoli ganrifoedd cyn codi'r bont a llunio'r enw Seisnig Menai Bridge i'r dreflan.

Gellir anwybyddu eglurhad Henry Rowlands o ystyr yr enw – Port–aeth–hwy: '*the passage which some before had passed over*', a'r ddamcaniaeth arall honno glywodd T. Hudson Williams, oedd yn awgrymu 'aeth wyth dros y môr i Fôn'!

Pentref bychan, digon disylw, oedd Porthaethwy ar y dechrau. Dim ond 55 tŷ oedd yno yn 1801, a 263 o boblogaeth, a hanner y rheini'n gweithio yn y diwydiant amaethyddiaeth. Erbyn 1831 roedd y boblogaeth wedi tyfu i 479 a 97 tŷ. Dim ond un ar bymtheg y cant oedd, erbyn hynny, yn amaethu. Parhau i dyfu wnaeth y pentref ar lan y Fenai ac erbyn 1851 roedd y boblogaeth wedi treblu i 1,243, a 172 o dai newydd wedi eu codi yno. Roedd dwy ran o dair o'r boblogaeth wedi symud yno i fyw a phum deg y cant o'r rheini'n fewnfudwyr o wahanol rannau o Sir Gaernarfon. Parhau i dyfu wnaeth y boblogaeth nes cyrraedd 1,600 erbyn 1890.

Porthaethwy

Dark be thy waters, O sorrowful river!
Mournful their music for ever and ever;
Tenderly, proudly, thy mem'ry be cherished,
Porthaethwy! Where Cambria's minstrels perished.
Here flash'd the last solemn gleams of her glory,
Here stood the Roman, triumphant and gory;
Dark be thy waters, O sorrowful river,
Mournful their music for ever and ever!

Earth, in its pity, look kindly upon her –
Heaven, in its justice, avenge her dishonour:
Here she fell bleeding – impurpled in slaughters,
Porthaethwy! The Roman pass'd over thy waters.
Where flowers on thy banks bloomed in sweet summer gladness,

Let the lone cypress wave – Nature's emblem of sadness;
Dark be thy waters, O sorrowful river,
Mournful their music for ever and ever!

J. P. Douglas, Bangor
North Wales Chronicle, 17 Mehefin 1853

Un teulu amlwg a gysylltir â Phorthaethwy yw'r Daviesiaid, er mai yn Llangristiolus y ganwyd Richard Davies. Symudodd oddi yno i Langefni a lledaenu ei ymerodraeth fusnes i Draeth Coch a'r Borth. Datblygodd y teulu i fod yn fasnachwyr a llong-feddianwyr. Yr oeddynt, yn ôl pob sôn, yn feistri caled i weithio iddynt ac fel 'llongau un wylan' yr adnabuwyd eu llynges am nad oedd digon o fwyd i'r llongwyr heb sôn am allu taflu sbarion i'r adar. Enw arall a roddwyd iddynt ar lafar oedd y 'Teulu Baw Adar' am i'w llongau gario giwana o dde America.

Ym Mhorthaethwy mae sawl adeilad sy'n gysylltiedig â'r teulu Davies yn dal i sefyll. Yn eu mysg mae'r ddau ganlynol:

72. **Y Warws** Adeiladwyd gan Richard Davies yn 1826 ar gyfer y busnes coed oedd yn digwydd yn yr iard gyfagos. Bu ei fab, John, yn byw yn y Warws a rhannu'r safle â masnachwr a Methodist o'r enw John Edwards, cyfanwerthwr bwydydd. Ymhen amser newidiodd ffocws y busnes a chanolbwyntiwyd ar gario glo i San Ffransisco a grawn neu giwana *(guano)* o America.

73. **Min y Don** Cafodd y tŷ ei adeiladu yn yr 1840au ar gyfer John Davies. Yn dilyn ei farwolaeth bu'n gartref i Richard Davies (1818–1896), aelod seneddol Rhyddfrydol yr ynys rhwng 1868 a 1886. Dywedir i'r teulu godi tai mawr ar ochr Arfon o'r Fenai er mwyn iddynt allu cadw llygad ar eu gweithwyr yn y Borth.

74. **Porth Lladron (M)** Arferai peilotiaid a physgotwyr y Borth gadw'u cychod yma.

75. **Cei Bont (M)** Cei bychan wrth droed un o bileri Pont Menai.

76. **Craig Hanner Llanw (M)**

77. **Porth y Wrach (M)** Llithrfa swyddogol Porthaethwy.

78. **Porth Daniel (M)**

79. **Pier y Dywysoges a Glanfa San Siôr (M)** Adeiladwyd y pier gan y teulu Davies ar gyfer eu llynges o longau (a enwyd ar ôl siroedd gogledd Cymru) i gario ymfudwyr i ogledd America a choed yn ôl i Ynys Môn.

Tywysog Madog, *llong ymchwil Prifysgol Bangor, ar angor ym Mhorthaethwy*

Fe'i cynlluniwyd gan John James Webster a'i adeiladu gan Alfred Thorne ar gost o £14,000 a £2,500 o gostau cyfreithiol ychwanegol. Cafodd ei agor ar 10 Medi 1904 gan David Lloyd George, a phan fu'n rhaid ei adnewyddu yn helaeth yn 1967–69, gwahoddwyd ei nai i'r ailagoriad.

Mae'n bur debyg i lanfa gerrig San Siôr gael ei henwi ar ôl y cwmni a oedd yn gyfrifol am deithiau stemars i'r Borth o Lerpwl rhwng 1822 a 1843, y St George Steam Packet Company. Yr oedd hyd at 70,000 o ymwelwyr yn dod i'r Borth ar deithiau pleser.

80. **Trwyn Llwyd (M)**
81. **Pistyll Coch (M)**
82. **Ynys Faelog (M)** Lleolir isadran weinyddol Labordai Morol Prifysgol Bangor ar Ynys Faelog, Porthaethwy.
83. **Ynys Tobig (M)** Ynys fechan, goediog, heb groesfan swyddogol iddi.
84. **Porth Cadnant (M)** Lle mae afon Cadnant yn llifo i'r môr. Ystyr yr enw Cadnant yw 'ffrwd gref' yn ôl Syr Ifor Williams. Yn aber yr afon yr arferai'r fferi lanio.
85. **Porth Phillip Ddu (M)** Un o hen, hen enwau'r Fenai sydd wedi mynd yn angof llwyr erbyn hyn ac nid oes sicrwydd am ei leoliad hyd yn oed.

86. **Ynys Gaint (M)** Ynys fechan yn y Fenai wedi ei chysylltu â Phorthaethwy gan sarn a phont goncrid a godwyd gan Syr William Fison (cyn-berchennog yr ynys) yn y 1930au. Rhwng 1942 a 1944 bu'r ynys yn angorfa i gychod cyflym uned achub y Llu Awyr Brenhinol. Mae dau dŷ preifat ar yr ynys ac mae rhan o un o'r gerddi wedi ei chynllunio gan Syr Clough Williams-Ellis.

Ynys Gaint a Phier Bangor yn y cefndir

87. **Ynys y Castell (M)**
88. **Ynys y Big (M)** Ynys fechan, breifat, yn y Fenai wedi ei chysylltu â Môn gan sarn. Rhed y sarn o ardd y tŷ preifat i'r ffordd rhwng Biwmares a Phorthaethwy. Er ei bod yn fechan, mae'r ynys yn goediog ac ar adegau bydd sawl crëyr glas yn nythu arni.
89. **Porthesgob (M)** Ymddangosodd yr enw ar siart o'r Fenai a baratowyd gan Capten Collins yn 1693 ond nis gwelwyd ar unrhyw fap wedi hynny.
90. **Craig y Don (M)** Rhwng Porthaethwy a'r Gazelle.
91. **Pier Bangor (G)** – Chwarter milltir o hyd, union hanner ffordd ar draws y Fenai. Agorwyd y pier ar 14 Mai 1896. Y Cyrnol Henry Platt gafodd y syniad o godi pier ym Mangor, ac mewn refferendwm o drigolion y ddinas, pleidleisiodd 1,342 o blaid a 545 yn erbyn. Y

cynllunydd oedd John James Webster ac fe'i hadeiladwyd ar gost o £25,000. Yn anffodus, ni chynlluniwyd glanfa ar gyfer llongau pleser yn y dyddiau cynnar a chollwyd cyfleoedd i Gyngor y Ddinas elwa o'r ymwelwyr i'r ardal. Yr oedd, ar y pryd, 70,000 o ymwelwyr yn glanio ym Mhorthaethwy ond dim ond 10,000 oedd yn mentro i Fangor yn flynyddol. Hyd yn oed wedi iddynt sylweddoli'r camgymeriad, yr oedd y dŵr yn rhy fas i longau allu glanio wrth y pier a bu'n rhaid agor sianel newydd o dan y dŵr i hwyluso pethau. Er hynny, perchnogion siopau a chiosgau'r pier oedd yn gwneud elw. Difrodwyd y pier yn 1914 pan drawodd y llong *SS Christiana* yn ei erbyn – un o'r llongau a ddefnyddiwyd, flynyddoedd ynghynt, i gario deunyddiau ar gyfer adeiladu'r pier.

Ger y pier angorwyd y llong hyfforddi *T.S. Clio* – neu ar lafar i lawer ym Môn, 'llong yr hogia drwg'. Er iddi fod wedi angori yn agos iawn i'r lan yn Arfon, yn ôl cofnodion swyddogol fel y Cyfrifiad, fe'i cofrestrwyd ym mhlwyf Llandegfan ym Môn, ac yn eglwys y plwyf hwnnw y beddyddiwyd rhai oedd ar ei bwrdd ac yn y fynwent yno y'u claddwyd.

92. **Y Garth (G)** Yn 1917, prynodd Cyngor Dinas Bangor stemar o'r enw *Cynfal* i hwyluso gwasanaeth y fferi, ond profodd y llong yn rhy ddrud i'w chynnal a'i rhedeg a daeth ei gwasanaeth i ben yn 1929 pan ddefnyddiwyd cwch modur llai o faint.

93. **Glyn Garth (M)** Un o dai mawr 'Millionaires' Row'!

94. **Borthwen/Borthwen Bach (M)** Man glanio'r fferi lle saif gwesty'r Gazelle erbyn heddiw. Cartref y cychwr oedd Borthwen Bach.

95. **Hirael (G)** Un o hen bentrefi Bangor.

96. **Bangor Flats (G)** Fel mae'r enw'n awgrymu, traeth mwdlyd ar lanw isel.

97. **Porth Penrhyn (G)** Porthladd dinas Bangor wedi ei leoli i'r dwyrain o'r ddinas, lle mae afon Cegin yn aberu i'r Fenai. Fe'i hadeiladwyd a'i ehangu gan deulu Pennant o Gastell Penrhyn i allforio cynnyrch y diwydiant llechi o Chwarel y Penrhyn, Dyffryn Ogwen. Bellach, cychod pysgota a llongau bychan y glannau, hyd at 3,000 tunnell, sy'n ei ddefnyddio yn bennaf.

98. **Doc Penrhyn (G)** Porthladd cysgodol, diwydiannol Bangor yn agos at ben dwyreiniol y Fenai.

99. **Abercegin (G)** Aber afon Cegin.

100. **Bath Point (G)** Dan Gastell Penrhyn a Chored Ogwen.

101. **Castell Penrhyn (G)** Adeiladwyd y castell rhwng 1820 a 1845 gan Thomas Hopper yn y dull ffug-Normanaidd ar safle hen faenor Ednyfed Fychan, i deulu Douglas Pennant wario cyfran o'u cyfoeth (£150,000) oedd wedi ei ennill yn Jamaica a Dyffryn Ogwen.

102. **Pen y Coed Point (G)** Tu draw i fferm Glan y Môr, Aberogwen.

103. **Aberogwen (G)** – Aber afon Ogwen. Y mae pont dros afon Ogwen o haearn bwrw a wnaed yng Ngwaith Haearn Penydarren, Morgannwg, yn 1824.

104. **Abergwyngregyn (Aber Garth Celyn) (G)** Man cychwyn y fferi ar draws i Fôn. Yma y trigai Llywelyn ap Gruffudd, ac yma y ganwyd ei ferch, Gwenllian, ac y bu farw ei wraig, Eleanor de Montford.

105. **Chwareli Penmaenmawr (G)** Yn dyddio o Oes y Cerrig pan oedd yno 'ffatri' gynhyrchu bwyelli.

106. **Gallows Point (Y Pwynt) (M)** Gall yr enw Gallow's Point ddyddio o'r cyfnod cyn bod carchar ym Miwmares. Hen enw Llychlynnaidd ar y trwyn yma o dir oedd Osmund's Eyre. Arweinydd llwyth oedd Osmund a thrwyn o dir neu fanc o dywod yw '*eyre*'. Amrywiaethau ar yr un enw yw: Osmond's heire, Osmondeseyre, Osmondesaire, Osmondseir ac Osmondeshey. O'r un cyfnod y daw yr enw **Penrhyn Safn yr Ast** neu **Benrhyn Safnes** hefyd.

Y Pwynt/Penrhyn Safnes

107. Biwmares (M)

Rêl gwin yw'r awel gynnes
Yn Ffrainc ar y traethau ffres.
Y mae môr ym Miwmares.
> Allan o *Teg Edrych Tuag Adref.*
> Rhan o Awdl Foliant i Gymru,
> Emrys Edwards.

108. Rhai enwau ar lefydd ar y Fenai o 'The Havyns Crickes Rooodes and Bays Within the Ile of Anglesey.' Dyma'r enwau fel y'u sillafwyd yn ystod cyfnod Harri VIII.

The Roodes all along and under the land of the Grey Cote
The entering of Sounde of prestolme (Ynys Seiriol)
The Ile of prestolme and the entering of penmon
The Cross Roode and so along by the shore
The haven of Bewmares
> *Calendar of State Papers (Domestic)* Henry VIII 1524.

109. Pier Biwmares (M) Ystyriwyd Biwmares gan George Borrow yn 1862 yn '... *second to none as a watering place.*' Yr oedd i'r dref bromenâd gyda thai a gwestai wedi eu cynllunio gan Joseph Hansom. Deuai stemars o Lerpwl a Llandudno (cost tocyn dosbarth cyntaf un ffordd: 2/-; cost tocyn mynd a dod: 3/-) er mwyn i ymwelwyr drochi eu traed yn nŵr glân y Fenai neu i gerdded y pier a adeiladwyd yn 1846 ac a adnewyddwyd yn 1873 ar gost o £5,000. Y bwriad gwreiddiol oedd i'r pier ymestyn am 563 troedfedd i'r Fenai. Chwalwyd rhan ohono mewn storm yn 1844, ac yn 1865 bwriodd y llong *Great Emperor* yn ei erbyn a'i ddifrodi'n sylweddol.

Cafodd y foneddiges Augusta Pearson Pearson (1829–1922, ail ferch Caroline a Henry Shepherd Pearson, un o deuluoedd blaengar Great Marlow, Swydd Buckingham) fwynhad mawr ar ei hymweliad â'r dref;

At 4 p.m. we went on board the Menai steamer which was to take us to Beaumaris, we had prepared our minds for a cold and rough passage, but it proved quite to the contrary, and we had nothing to complain of, but the thick mist which concealed the coast most effectually.

At 9 o'clock we touched the pier at Beaumaris and took up our quarters at the Bulkeley Arms just facing the sea with a pretty view of the Caernarfonshire coast.

We joined Cara on the pier and imbibed a good mouthful of fresh sea air, and diverted ourselves in observing a Scottish family with a boy in a kilt and beautiful long hair bowing about his shoulders.

109. **Y Green (M)** Tir wedi ei adennill o'r môr a safle hen lanfa i'r fferi.

110. **Glandŵr (M)**

111. **Gorad Trecastell (M)**

112. **Min y Don (M)**

113. **Traeth Aberlleiniog (M)** Afon fechan yn tarddu ger Mariandyrys, Llangoed, yw afon Lleiniog, yn llifo i'r Fenai yn Aberlleiniog, lle mae arwyddion o waddoli. Codwyd castell yn Aberlleiniog yn 1090 gan Huw o Avranches, Iarll Caer. Adeilad pren oedd y castell cyntaf a godwyd ar y safle ond fe'i dilynwyd gan adeilad o gerrig. Mae'r hyn a welir heddiw yn dyddio o gyfnod Rhyfel Cartref Lloegr, pan oedd Syr Thomas Cheadle yn geidwad ar y castell. Castell cymharol syml oedd y gwreiddiol efo ffos ddofn o amgylch y bryn yr adeiladwyd yr amddiffynfa arni (tomen a beili). Roedd yn amddiffynfa a chanolfan i filwyr Normanaidd oedd yn ceisio rheoli'r Fenai rhag i longau yn cario bwydydd hwylio allan o Gilfach Lleiniog a Biwmares. Gwnaed peth gwaith cynnal a chadw ar ddechrau'r ugeinfed ganrif, ac yn ystod yr Ail Ryfel Byd fe'i defnyddiwyd gan y Gwarchodlu Cartref. Yn negawd cyntaf yr unfed ganrif ar hugain gwnaed mwy o waith cynnal a chadw ar y safle yn y gobaith o adnewyddu llawer o'r castell.

Wedi 1066, rhoddodd William I diroedd i'w gefnogwyr gan eu hannog i ymestyn eu stadau i Gymru. Un o'r cefnogwyr hyn oedd Huw o Avranches, neu Huw Dew neu Huw'r Blaidd fel y'i gelwid. Cafodd ei urddo yn Iarll Caer yn 1070 – cyfnod cythryblus yn hanes Cymru pan oedd Gruffydd ap Cynan ab Iago yn casglu byddin at ei gilydd i ymosod ar ogledd Cymru o Iwerddon. Yn 1075, glaniodd ym Môn efo'i fyddin o Wyddelod a choncro rhan helaeth o Wynedd. Yn ei dro, concrwyd

Gruffydd gan Trehaearn a bu raid iddo ddychwelyd i Iwerddon. Pan oedd Gruffydd yn chwech ar hugain oed, glaniodd unwaith eto ym Môn a chyda chymorth Rhys ap Tewdwr daeth i reoli gogledd Cymru. Byr iawn fu ei gyfnod fel rheolwr gan iddo gael ei garcharu am chwe mlynedd gan Robert o Ruddlan. Wedi dianc o'r carchar yng Nghaer, ymosododd Gruffydd ar Gastell Rhuddlan a lladd Robert. Yn dilyn marwolaeth Robert, penderfynodd Huw Dew goncro gogledd Cymru ac i'r perwyl hwnnw yr adeiladodd gastell yn Aberlleiniog. Yn 1098, bu brwydr rhwng Gruffydd a Huw am y castell. Gorchfygwyd Huw a bu'n rhaid iddo ddianc ond ni allai Gruffydd lwyr goncro'r Normaniaid ac yn 1099 daeth i gytundeb â Huw iddo gael yr hawl i reoli Môn ac Arfon ac felly i Gastell Aberlleiniog fod yn nwylo'r Cymry.

114. **Friars Road (M)** Mynachod Ffransisgaidd oedd y mynachod dan sylw. Yn eu mynachlog yn Llan-faes y claddwyd Siwan, merch y brenin John a gwraig Llywelyn Fawr.

115. **Traeth Lafan (M)** Ehangder o dywod rhwng Môn ac Arfon. Cyn dyddiau'r pontydd dros y Fenai, rhaid oedd i'r goets fawr groesi'r tywod o gyfeiriad Abergwyngregyn. Ymysg peryglon y rhan hon o'r daith o Lundain i Gaergybi roedd niwl trwchus a llanw chyflym – bu'r rhain yn achos colli llawer o fywydau, ac oherwydd hynny gelwid y traeth a'r tywod yn **Draeth/Tywod Wylofain** gan rai. Yr oedd rhan o'r 'ffordd bost' ar draws y tywod wedi ei nodi â physt ond nid oedd y rheini fawr o ddefnydd pan na ellid gweld lawer pellach na blaen trwyn!

Traeth Lafan (Detholiad)

Mae anadl araf y lleuad
Yn anialu Traeth y lafan,
Yr hiraeth maith o draeth
Lle mae'r llanw,
Lle mae'r trai,
Yn llepian a sugno'r canrifoedd.
Saith canwaith saith can llanw
A olchodd i oerber beisdon
Drymder gosgordd Siwan
Rhwng Abergwyngregin yn Arfon

A Llanfaes ym Môn,
Yr hen, hen farw hwnnw
Pan oedd yr haul yn felyn gyfrinach ...

Harri Gwynn
(*Cerddi Heddiw*, Gwasg Gomer 1968)

Croesi Traeth Lafan
(rhaid oedd amseru'n ofalus rhag cael eich dal gan y llanw)

Yn nydd y lloer newydd ar naw – o'r gloch
   Y gwlych y llanw eithaw,
  Yn llawn ddydd y llanw a ddaw
I'r nod lle bu newidiaw.

Dafydd Nanmor

116. **Llac Mawr (M)** Traeth byw/ traeth gwyllt; '*Great Quicksand*'. Rhan o Draeth Lafan sy'n cael ei orchuddio gan lanw cyflym ac yn diflannu o'r golwg yn sydyn iawn. Yng nghyfnod y goets fawr, byddai'r ffordd ar ei draws yn cael ei goleuo gan ffaglau o dân.

117. **Midlake Swatch (M)** Stribed o dir neu fanc o dywod hir, efallai, yn yr achos hwn.

118. **Penmaen Swatch (M)**

119. **Dutchman's Bank (M)** Allan ym Mae Biwmares y mae'r banc hwn o dywod. Heb fanteision modern cychod hwylio, arferai fod yn beryglus iawn. Hen enw Cymraeg arno yw **Banc yr Hen Wyddeles**. Er bod tinc tramor i'r enwau hyn, mater cymharol hawdd yw eu hegluro. Yn anterth ei hamhoblogrwydd, gelwid Margaret Thatcher yn 'Hen Wyddeles' gan sawl un. Term o anfri yw hynny yn deillio o'r drwgdeimlad fu rhwng Iwerddon, y Gwyddelod a Phrydain. Ansoddair i ddifrïo rhywun oedd *Dutchman* hefyd, yn dyddio o'r ail ganrif ar bymtheg yng nghyfnod y rhyfela rhwng Prydain a'r Iseldiroedd. Doedd y naill ansoddair na'r llall yn cael ei ddefnyddio'n garedig – gan ddynodi rhywbeth neu rywun atgas, annymunol. Felly hefyd y banc tywod yn y Fenai, a fu'n gyfrwng distryw i sawl llong. Gwnaed ymgais gan gyngor tref Biwmares i ddiogelu'r fynedfa i'r bae drwy osod dau fwi ger Dutchman's Bank ac un arall ger Traeth Lafan yn 1816.

120. Outer Roads (M)
121. Trwyn y Penrhyn (M)
122. Porth Penmon (M)

'Capri a'i heli am hedd!'
– Dos am nef i dangnefedd
Sir Fôn, i Benmon fel bedd.

allan o 'Teg Edrych Tuag Adref',
Rhan o *Awdl Foliant i Gymru*,
Emrys Edwards

Penmon

'Run môr yw hwn ond nid y tonnau ga'dd
Osod y Brythoniaid ar dy draethau di,
'Run graig yw hon ond nid y cerrig nadd
Atseiniodd Ladin gyntaf ger dy li;
'Run ffynnon gyfrin ond nid hwn yw'r dŵr
Wlychodd wefusau pererinion gynt,
'Run Duw, 'run groes, 'run croeshoeliedig ŵr
Ond nid yr un paderau sy'n y gwynt.
Mae rhodio ar dy lwybrau cêl o hyd
Ac oedi torsyth wrth dy allor ddu
A chlywn acenion o bellafoedd byd
Ond nid yw'r hen ddwyfoldeb yn eu su.
Hanesion bellach yw y gell, y sant a'r wyrth
A'r g'lomen wen yn estron yn dy byrth.

Dewi Jones

Penmon

Yn hedd y saint ym Mhenmon
    Yr wy'n dymuno byw,
A sŵn yr adar gwylltion
    Bob dydd o fewn fy nghlyw.
Yng nghysgod y Priordy,
    Wrth ymyl Menai las,
Eisteddwn drwy bob orig,
    Heb neb i'm gwneud yn gas.

Wrth ochr Ynys Seiriol,
    A ffynnon yr hen sant
Yn profi o'r dyfroedd croyw
    I ddisychedu'm chwant.
Dan naws y colomendy
    A chennad adar hedd,
Dymunwn innau orffwys
    O sŵn y byd a'i gledd.

                    Eos y Felin, Amlwch

123. **Platters (M)**
124. **Maen Du (M)**
125. **Chwarel y Becyn (M)**
126. **Perch Rock (M)** Enwau eraill arni yw **Carreg Edwen, The Horse, Craig y Draenogiaid.**
127. **Trwyn Du (M)** Trwyn mwyaf dwyreiniol Ynys Môn.
128. **Golau Penmon (M)** Cynlluniwyd y goleudy du a gwyn gan James Walker ac fe'i codwyd rhwng 1835 a 1838 gan Gorfforaeth Trinity House ar gost o £11, 589. Diddymwyd swydd ceidwad y goleudy yn 1922.

Penmon a'r Goleudy

Ymhell bell o ddwndwr dinasoedd a thref,
Lle cwyd Ynys Seiriol o'r môr
Mae Penmon, hen le'r pererinion a fu
A'i gysegr leoedd yn stôr.

Ymorffwys 'rôl taith, a drachtio o'r dŵr
Yn sanctaidd o'r hen ffynnon fach;
A chaf finnau egwyl o flinder y dydd
 Yng nghwmni'r awelon iach.

Ymlaen yr af wedyn i olwg y môr,
Ble mae seiniau'r hen gloch yn y tŵr
Yn atsain, hyd heddiw, i arbed y rhai
Wynebant beryglon y dŵr.

Man hyfryd ymhell o ddwndwr y byd
Yw Penmon, y gaeaf a'r haf.
Ac yn ei dawelwch, rhyw falm o fwynhad
Ac iechyd i'm henaid a gaf.

J. C. Williams, Llanbedrgoch

Goleudy Penmon

O oleudy Penmon dirion,
Annwyl yw dy enw di,
Cymwynaswr digyffelyb
A dirwgnach ydwyt ti,
'Rydwyt ers blynyddau meithion
Yn llefaru gyda bri,
Gan rybuddio morwyr truain –
Dyna swm dy araith di.

Llawer storom a wrthsefaist,
Yrrwyd gan y gogledd-wynt
Tonnau mawrion Môr y Werydd
Fu'n dy fygwth ar eu hynt;
Ond tydi sy'n para' eto
Fel y seren fechan dlos,
A chan luchio mewn disgleirdeb
Oleu yn y dywell nos.

Beth a ddeuai pe diffoddid
Dy oleuni disglair, clir
un noson ddu ystormus?
Galar daenid dros ein tir,
Glannau Môn a chelaneddau
A orchuddid ar bob llaw,
Hanes llongddrylliadau gludid
Trwy holl Gymru yma a thraw.

Darlun wyt o'r Cristion cywir
Sydd yng nghanol 'stormydd byd,
Yn disgleirio mewn cadernid
Yn y dywell nos o hyd;
'E rybuddia rhag peryglon
Erchyll greigiau uffern ddu.
A chyhoedda ddiogelwch
Tawel hafan Canaan gu.
                    Llanfairfechan, J. D. Jones

Goleudy Penmon

48

Hen gychwr Moel y Don (manylyn o'r darlun trosodd)

Darlun o fferi Moel y Don a'i theithwyr gan Frances Williams, hen nain Kyffin Williams

Y Felinheli

Fferi Moel y Don

Un o hen gychod y Tafwys ym Moel y Don (Pwll y Fuwch)

51

Arwyddion tafarnau glannau Menai sy'n cadw'r cof am y fferïau

MENAI HOTEL, Foel Ferry, Brynsiencyn, Anglesey.
Proprietor, H. BERNARD.
ted Hotel in Wales for Scenery, Boating, and Fishing.

Menai Hotel, yr ochr draw i Gaernarfon

Hen jeti Tal-y-foel

Dolen yr hen fferi i'w gweld o hyd ar y Cei Bach, Caernarfon

Yr hen gei, Porthaethwy

Stemar y Le Marguerite *wrth bier Porthaethwy*

H.M.S. Conway, *ar ei 'last legs'!*

Porth Penrhyn, Bangor

Cerdyn Post o flynyddoedd cynnar yr ugeinfed ganrif

Cerdyn Post: Pont Menai

Cerdyn Post yn dangos tollborth Pont Menai

Giât patrwm pelydrau'r haul, sy'n nodweddiadol o'r A5.

Dyma'r lle i fyw!

Cerdyn Post yn dangos Pont Britannia a'r trên

Yr ochr draw i Ynys Tysilio

Plac ar Gofeb Gweithwyr Pont Britannia

Ynys y Moch

Hen lun o'r bont grog yn dangos y cadwyni canol

White Bait Island, Menai Bridge

Ynys Gorad Goch

Porth yr Aur,
Caernarfon

Porth Daniel,
Porthaethwy

Cei Bach, Caernarfon

Uchelgaer uwch y weilgi

Cofeb i'r pensaer a'r peiriannydd

Derbynnydd y cadwyni

Pont Britannia heddiw

Un o'r llewod tewion

Addurn ar Bont Britannia

Pont Menai

Pont Britannia

Myfyrdod ar Oleudy Penmon o Penmaen

Ar Benmon henafol y gwelir goleudy,
A deifl danbaid lewyrch ar donnau yr aig,
Gan bwyntio at lwybr naf sicr i'r hafan,
A orwedd ar fynwes brawychus y graig;
I'r morwr blinedig sy'n marchog yr eigion,
Pan egyr marwolaeth le bedd yn y don,
Pwy byth all fynegi i blentyn y cefnfor
Wir werth y ddarpariaeth a saif y fan hon?

Serchgolofn yw, geidw rhag bedd anamserol,
Trwy ddweyd am gilddannedd y creigiau sydd gudd,
Yn mynwes ddideimlad a chreulawn y weilgi,
Pan guddia y nos a'i hoer fantell y dydd
Ei lewyrch tanbeidiol ef chwery'n wastadol
Ar fwng ysgwydedig y don greulon, oer,
Tra cysga yr heulwen yn nghôl y gorllewin,
A mantell y cwmwl yn amdoi y lloer.

Pryd hwnnw yng nghanol unigedd y gwyllnos –
Pan rua'r elfennau mewn dig yn y nen,
Gan fygwth agoryd bob moment erch-ddorau
Y byd mawr ysbrydol a guddir dan len
Oleudy urddasol! hir oes it was'naethu
Meib dewrion y wendon, cenhadon y byd;
Tra saif yr hen ynys ar fynwes yr eigion
Dy enw naf blentyn, fendigir o hyd.

Maenan

129. **Ynys Seiriol (M)** Brawd Einion, brenin Llŷn, oedd Seiriol. Adeiladwyd mynachlog Seiriol ym Mhenmon tua 540 O.C. Y gred gyffredinol yw y byddai Seiriol yn neilltuo o'i fynachlog a threulio amser ar ei ben ei hun ar yr ynys. Fe'i claddwyd yno ond yn ddiweddarach symudwyd ei esgyrn i'r eglwys ym Mhenmon.

   Y mae i'r ynys sawl enw: **Ynys Seiriol, Ynys Glanawg** (tad Helig, tywysog Morfa Rhianedd), **Insular Glannauch, Ynys Lannog, Priestholme, Ynys Lenach** ac **Ynys y Llygod**. Er iddi hefyd gael ei bedyddio yn **Puffin Island**, ychydig yw'r niferoedd o adar y Pâl a welir arni bellach gan fod pla o lygod mawr wedi eu difa. Gwnaeth y llygod mawr cyntaf eu ffordd i'r ynys yn ystod y 1990au a buan y difawyd llawer o adar yr ynys, ond yn anffodus i'r pâl, oedd yn nythu mewn hen dyllau cwningod, yr oedd y llygod hwythau'n defnyddio'r un tyllau. Yn 1907, yr oedd 2,000 pâr o bâl yn nythu ar yr ynys ond erbyn 1991 dim ond ugain pâr oedd yno. Arferai'r pâl fod yn ddanteithfwyd ac fe'u piclwyd gan wragedd tŷ (gweler Atodiad 2). Ym mis Mawrth 1998, defnyddiwyd dwy dunnell a hanner o wenwyn wedi ei gymysgu â gwenith i geisio difa'r llygod. Erbyn mis Hydref yr un flwyddyn, nid oedd arwyddion o lygod i'w gweld yn unman ar yr ynys a hyderir y bydd yr adar arni yn cael llonydd i baru, cymharu a chodi mewn niferoedd yn y blynyddoedd sydd i ddod.

On Priestholme Island, as well as in some other Parts of Wales, they have migratory Birds, called Puffins, which are pickled and sold for the Tables of the Great.

This is the Anas Arctica of Clusius, and the Pica marina, or Fratercula, of Gesner and Aldrovandus; and hath many English Names, as Pope, Mullet, Coulterneb, Golden head &c.

N.B. This is not the same Bird as goes by the Name of Puffin in the Isle of Man.

Plans of Harbours, Bars, Bays and Roads in St. George's Channel,
Lewis Morris, 1748

Y mae hefyd wrth ystlys Môn, a bron yn un â hi, ynys fechan nad oes yn ei phreswylio ond meudwyaid yn byw ar lafur eu dwylo, ac yn gwasanaethu Duw. Testun rhyfeddod ynglŷn â hwy yw, pan gaffer hwynt weithiau, fel y digwydd ar dro, yn anghytûn â'i gilydd o achos nwydau dynol, ar unwaith, y mae llygod pitw bach, y mae'r ynys yn orlawn ohonynt, yn bwyta ac yn halogi eu holl fwydydd a'u diodydd. Ond pan beidio'r anghytundeb, yn ddiymdroi peidia'r molest yntau. Ynys Lannog, hynny yw, yr Ynys Eglwysig, y gelwir yn Gymraeg yr ynys uchod; oherwydd y llu saint y mae eu cyrff yn gorwedd yno. Ac nid â benywod i mewn i'r ynys hon.

Hanes y Daith trwy Gymru, Gerallt Gymro
(c.1145–1223) cyf. Thomas Jones

Ar yr ynys gwelir gweddillion un o'r dwsin o orsafoedd y system delegraff oedd yn ymestyn o Gaergybi i Lerpwl.

Ynys Seiriol

Unig barth o olwg byd – a daear
Y meudwyaidd fywyd;
Yno'r hen greiriau o hyd,
O oes arall a sieryd.
R. J. Rowlands (Myfyr Môn)

130. **Porth yr Ynys (M)** Ewin o draeth lle gellir glanio ar yr ynys. (Cofier bod angen caniatâd i lanio arni.)
131. **Ivy Cliff (M)** Ar Ynys Seiriol.
132. **Castle Rock (M)** Ar Ynys Seiriol.

Ynys Seiriol

Pennod 3: Y Lôn Bost

Pan ofynnwyd i un o drigolion gwamal gogledd Cymru am y ffordd i'r fan a'r fan, yr ateb a roddwyd oedd, 'No môr. No mynydd. Lôn Bost bob cam.' Gwyddai'r sawl oedd yn ateb mai dyna'r ffordd fyrraf, y sythaf a'r orau ei chyflwr. Fel ffyrdd y Rhufeiniaid gynt, yr oedd angen i ffordd y post fod yn llwybr mor syth â phosibl, fel bod pob neges a gariwyd arni yn cyrraedd pen y daith yn yr amser byrraf.

Y mae i bob ardal ei 'lôn bost' ei hun, ond roedd yr A5 ymysg yr enwocaf a'r bwysicaf yng ngogledd Cymru. Fel 'Ffordd Telford' y meddylir amdani gan lawer, a hon oedd y briffordd rhwng Llundain a Chaergybi. Cadwodd at lwybr yr hen ffordd Rufeinig – Stryd Watling – am gyfran helaeth o'i thaith cyn anelu am ogledd Cymru ac Ynys Môn. Mae ei thaith yn cychwyn o'r Bwa Marmor (Marble Arch) yn Llundain ac yn diweddu wrth Fwa'r Llynges (Admiralty Arch), Caergybi. Fe'i hystyriwyd yn ail o ran pwysigrwydd i'r ffordd o Lundain i Dover, yng Nghaint. Er hynny, ac er ei maint, a maint ei phorthladd, ni ellid erioed alw Caergybi yn brif dref yr ynys. I Fiwmares, ac yn ddiweddarach, i Langefni, y syrthiodd yr anrhydedd honno. Cyfleu 'pen draw'r byd' wnâi Caergybi i lawer un a rhyw le 'dinad-man' (gair Môn am anghysbell) a fu er gwaetha'r holl gyrchu yno oherwydd ei bwysigrwydd fel dolen gyswllt rhwng Prydain ac Iwerddon a rhwng Llundain a Dulyn.

Yn ystod teyrnasiad Harri VIII y sefydlwyd y system o gario post brenhinol gyntaf, a phenodwyd Syr Brian Tuke yn feistr y Post. Trwy borthladdoedd Caer a Lerpwl y gwnaed y cysylltiad â Dulyn ac Iwerddon er gwaetha'r ffaith y byddai'n rhaid disgwyl am wynt ffafriol, weithiau am bythefnos neu dair wythnos, i hwylio heibio arfordir gogledd Cymru, Ynys Môn a chroesi sianel Sant Siôr i gyrraedd yno. (Yr arhosiad hiraf oedd un o ddeunaw wythnos!) Yn nheyrnasiad Elizabeth I, oherwydd trafferthion yn Iwerddon, roedd cynnal cyswllt â'r Arglwydd Raglaw yn Nulyn yn fater o bwys, a sefydlwyd y drefn o fath o bost brenhinol i gario'r 'paced', sef bwndel o lythyrau a negeseuon brenhinol a seneddol, yn ôl ac ymlaen rhwng y ddwy brifddinas. Yn anffodus i'r sawl oedd yn cario'r post, gallai taith o Lundain i borthladd yn y gogledd gymryd bron i ddeuddydd o farchogaeth caled a brwydro yn erbyn cyflwr y ffyrdd, yr elfennau a lladron. Wedi cyrraedd gogledd Cymru, rhaid oedd wynebu peryglon croesi afon Conwy a'r Fenai cyn dechrau meddwl am y daith ar draws Môn ac ymlaen i Gaergybi i olwg y môr a'r llong baced. O gyfnod teyrnasiad Elizabeth I y daw'r cofnod cyntaf am y post yn croesi ar draws Ynys Môn ac ar 1 Hydref 1561 yr enwyd Richard Whyte yn bostfeistr Biwmares a John Aprice yn Nghaergybi. Talwyd iddynt 20c y dydd i gadw tri cheffyl a thri bag lledr cryf yn barod ddydd a nos i gario'r llythyrau brenhinol.

Yn 1675, cyhoeddwyd mapiau John Ogilby (1600–1676) yn dangos y ffyrdd post pwysicaf a'r trefi post yn Lloegr a Chymru ar y pryd. Dangoswyd y ffordd bost yn croesi Traeth Lafan, trwy Fiwmares ac ymlaen i Langefni, Bodedern a Chaergybi. Yn yr atodiad i Atlas Speed, a ymddangosodd yn 1695, dangoswyd 'The North West road from London to Holyhead'. Diddymwyd y gwasanaeth ar draws Traeth Lafan yn 1718 gan ddefnyddio, yn hytrach, Fferi'r Borth.

Ar 5 Hydref 1785, croesodd y goets lythyrau gyntaf o Lundain i Gaer ac ar draws y Fenai. Ymhen degawd, yn 1794, dangosodd John Cary y ffyrdd post ar ei fap, ac ar fap John Evans, yn 1795, dangoswyd y fferïau hefyd. Er bod y ffordd yn wybyddus i lawer, dim ond o anghenraid y'i defnyddid gan fod ei chyflwr gwael, mwdlyd, rhychog, tyllog yn gwneud ei theithio yn dasg araf iawn. Yr oedd y ffordd dros Benmaenmawr yn arswydus i deithwyr; yn eithriadol gul, yn garegog, a heb wal na chlawdd amddiffynnol ar ochr y môr! Cymerai saith niwrnod i deithio'r 180 milltir o Lundain i Gaer ar gyfartaledd o chwe milltir ar hugain y dydd. Yn oes aur y goets fawr, cymerai ddeugain a saith o oriau i wneud y daith o Lundain i Gaergybi. I groesi'r Fenai ym Mhorthaethwy clustnodwyd deugain munud i lwytho, croesi a dadlwytho. Ychwanegwyd awr a thri chwarter arall i gyrraedd i'r Gwyndy, Llandrygarn, lle newidid y ceffylau, ac awr a thri chwarter arall i gyrraedd pen y daith. Costau'r fferi ym Mhorthaethwy oedd:

1d yr un i deithwyr
2d i farchog
6d yr un i deithwyr y goets fawr
2d yr un am nofio moch a gwartheg drosodd
2/6d yr olwyn i bob coets neu drol

Talodd John Bulkeley, Presaddfed, Bodedern, 11/8 yn 1783 i groesi ar Fferi'r Borth. Efallai fod ganddo geffyl a choets ar y pryd ond erbyn 1785, gadawodd ei geffyl o'i ôl a thalu dim ond 3/- am groesi. Wedi agor Pont Menai yn swyddogol, cyflwynwyd siec i reolwyr y fferi am £26,394, sef iawndal am 30 mlynedd, yn ôl £815.18s y flwyddyn, am eu colled.

Wedi sawl llanw a thrai yn y gwasanaeth, yn bennaf oherwydd cyflwr y ffordd, cafwyd gwelliant i'r daith o Lundain i Amwythig yn dilyn Deddf Tyrpegu 1751. Gadawodd hynny ogledd Cymru mewn cyflwr truenus o hyd. Ar ddydd Nadolig 1806, dim ond dau a achubwyd allan o bymtheg pan gafodd cwch fferi'r Conwy, oedd yn cario'r Irish Mail, ddamwain. Bu perchnogion llongau Caer a Lerpwl yn wrthwynebus i unrhyw welliannau gan y byddai hynny yn sicr o leihau eu helw hwy, ond pan ddechreuodd aelodau seneddol Gwyddelig, oedd yn gorfod teithio yn ôl a blaen i San Steffan yn Llundain, wrthwynebu ac chwyno am gyflwr y ffordd bu'n rhaid i Is-iarll Sidmouth, prif weinidog Torïaidd y dydd, wrando. Bu Deddf Uno Prydain ac Iwerddon 1800 yn gyfrwng i wella'r ffordd bost ac i godi pontydd dros afon Conwy a'r Fenai. Penodwyd John Rennie a Joseph Huddart i ymchwilio i deithio o Lundain, dros y môr, i Iwerddon. Eu hargymhellion hwy oedd datblygu harbwr Caergybi, gwella'r ffordd o Amwythig i Fangor, cael fferi safonol ar draws y Fenai a chreu porthladdoedd newydd yn Howth a Kingstown (Dun Laoghaire). Ni weithredwyd eu cynlluniau tan 1809 pan glustnodwyd digon o arian i ddechrau peth o'r gwaith – er na roddwyd sylw i'r ffordd na'r fferi ym Môn. Dim ond wedi damwain i goets Syr Henry Parnell y sefydlwyd Comisiwn Ffordd Caergybi, a apwyntiodd Thomas Telford i wneud arolwg o'r holl ffordd o Lundain i Gaergybi. Gwnaed gwelliannau i'r ffordd yng ngogledd Cymru, sef yr A5 heddiw, a Thelford ei hun yn arwain y gwaith o 1815 ymlaen, ac yn 1826 agorwyd pont grog Telford dros y Fenai ym Mhorthaethwy. Er hynny, yr oedd y goets fawr yn dal i gymryd dwy awr i groesi'r ynys. Gyda dyfodiad y rheilffyrdd, agorwyd Pont Britannia dros y Fenai yn 1850 ac er i'r camau hynny hwyluso teithio yn gyffredinol, bu'n hoelen yn arch y fferi yn y Borth.

Amserlen y Goets Fawr rhwng Llundain a Chaergybi yn 1828.
- Cychwyn o'r Post Brenhinol yn Llundain am 8.00 p.m.
- Taith dros nos a chyrraedd Birmingham am 8.30 fore trannoeth.
- Gadael Birmingham am 8.38 a.m. a chyrraedd Amwythig am 1.14 y prynhawn.
- Gadael Amwythig am 1.34 p.m. a chyrraedd Corwen am 5.45 p.m.

- Seibiant o 33 munud a gadael am Fangor am 6.18 p.m.
- Cyrraedd Bangor am 10.42 p.m. a gadael ymhen saith munud am 10.49 p.m.
- Cyrraedd Caergybi am 1.30 y bore wedi teithio am naw awr ar hugain a hanner.

Tipyn o daith. Yn wir, fe'i disgrifiwyd fel hunllef o daith a'r goets yn aml at ei hechelau mewn mwd, baw a dŵr, yn ymladd i gyrraedd pen y daith ar hyd ffyrdd nad oedd fawr lletach na'r goets ei hun. Efallai fod swydd gyrrwr y goets yn ymddangos yn un ramantus iawn i fechgyn ond yr oedd, mewn gwirionedd, ymhell o hynny.

Yr A5

Wedi dyddiau'r ffyrdd Rhufeinig a chyn dyddiau traffyrdd modern, ffordd yr A5 oedd y ddolen gyswllt bwysicaf rhwng Llundain, Caergybi a Dulyn.

Daeth yr A5 i fodolaeth yn dilyn Deddf Uno 1800 pan unwyd Prydain ac Iwerddon. Yr oedd llywodraeth Teyrnas Gyfunol Prydain Fawr ac Iwerddon yn gweld bod angen gwella cysylltiadau teithio rhwng y ddwy ynys, a Llundain a Dulyn. Yn dilyn cyfnod o bwyllgora dan gadeiryddiaeth Henry Parnell, pasiwyd Deddf Seneddol yn 1815 i awdurdodi prynu tyrpegau oedd yn bodoli ac i adeiladu ffordd newydd i gysylltu'r ddwy brifddinas. Golygai hyn mai'r A5 oedd y ffordd newydd gyntaf i'w hariannu gan y wladwriaeth ers cyfnod y Rhufeiniaid. Bellach, mae'r ffordd yn cael ei hadnabod fel Ffordd Telford ar ôl Thomas Telford, y prif adeiladydd, a ddilynodd y ffordd oedd yn bodoli'n barod, pan oedd hynny'n bosibl – ond yng ngogledd Cymru, bu'n rhaid iddo godi ffordd newydd sbon mewn llawer man, a strwythurau newydd megis Pont Menai ym Mhorthaethwy i gysylltu Ynys Môn â'r tir mawr a Chob Stanley yn y Fali i gysylltu Ynys Môn ag Ynys Cybi. Cwblhawyd y gwaith yn 1826 pan agorwyd Pont Menai yn swyddogol.

Prif bwrpas y ffordd oedd caniatáu rhwydd hynt i'r goets fawr gario llythyrau a phapurau swyddogol o Lundain i Gaergybi. I hwyluso'r daith, nid oedd yr un rhan o'r ffordd yn allt fwy serth na graddiant o 1:20 (5%). Y mae rhai o nodweddion arbennig gwaith Telford megis tolltai, cilfachau i gadw offer a deunydd adeiladau, cerrig milltir, gatiau efo patrwm pelydrau'r haul a phont bwyso (*weighbridge*) i'w gweld hyd heddiw.

Cyn cyrraedd Cymru, dilyna'r A5 lwybr Stryd Watling, yr hen ffordd Rufeinig, cyn pasio trwy Towcester, Daventry, Coventry, Birmingham a Wolverhampton i dref newydd Telford, a enwyd ar ôl adeiladydd y ffordd – llwybr sydd, bellach, wedi ei dynodi yn Llwybr Hanesyddol. Ystyrir rhan naw milltir o'r A5 rhwng Daventry a Rugby, i'r dwyrain o Coventry, ymysg rhannau peryclaf unrhyw ffordd ym Mhrydain. O Telford, mae'r ffordd yn anelu i'r Waun ac yn croesi gogledd Cymru drwy Langollen, Corwen, Cerrigydrudion a Phentrefoelas cyn cyrraedd Betws-y-coed dros Bont Waterloo. O Fetws-y-coed i Gapel Curig ac i lawr drwy Ddyffryn Ogwen, Bethesda a Bangor cyn croesi'r Fenai i Fôn ac i Gaergybi. Ar draws yr ynys, yr oedd y ffordd wedi ei thyrpegu a phum tollty yn sefyll yn dalog ar ochr y ffordd newydd:

Tollty Llanfairpwll

Tollty Nant, Llangefni

Tollty Gwalchmai

Tollty Llanfair-yn-neubwll, Caergeiliog

Tollty Stanley, Ynys Cybi.

Bellach, mae Tollty Nant wedi diflannu'n llwyr ac un arall – Tollty Stanley – wedi ei ail-leoli ym Mharc Arfordirol Penrhos ar Ynys Cybi. Mae'r tri arall yn parhau i sefyll yn yr un lle.

Cymerwyd dau gam pwysig gan Lywodraeth Cynulliad Cymru: dynodi'r A5 yng ngogledd Cymru yn Llwybr Hanesyddol a gosod arwyddion gwybodaeth ffordd gwyn a brown i ddangos hynny, ac adfer y cerrig milltir ar ochr y ffordd o'r Waun i Gaergybi. Naddwyd pob un o'r 84 carreg yng ngogledd Cymru o gerrig Traeth Coch, Ynys Môn. Yn anffodus, nid ydynt i gyd mewn cyflwr da ac mae 39 ohonynt wedi colli'r plât haearn o wybodaeth ar eu tu blaen; mae 13 carreg wedi eu claddu a phum carreg wedi diflannu'n llwyr. Rhaid oedd ailbeintio'r plât gwybodaeth ar bob un o'r lleill. Y mae'r wybodaeth, sy'n cynnwys y pellter o Gaergybi a dau le arall, wedi ei osod ar blât o haearn bwrw wedi ei beintio'n ddu a'r llythrennau yn wyn – yn wahanol i'r rhan fwyaf o gerrig milltir eraill. Yn ddiweddarach, yng Nghlwyd, cafodd y lliwiau eu gwyrdroi fel bod llythrennau du ar gefndir gwyn.

Cerrig Milltir o Fangor i Gaergybi

Safle	Sir	Cyfeirnod map OS
Bron Castell	Gwynedd	SH587724
Bangor Uchaf	"	SH575719
Porthaethwy	Ynys Môn	SH555718
Tollborth Llanfairpwll	"	SH532715
Tafarn Tŷ Gwyn, Llanfairpwll	"	SH526716
Star	"	SH511719
Gaerwen	"	SH495719
Eglwys St Mihangel, Gaerwen	"	SH479720
Pentre Berw	"	SH466728
Creigle, Tyrpeg Nant, Llangefni	"	SH451736
Rhostrehwfa	"	SH440744
Mona	"	SH426749
Gorsaf Awyr Mona	"	SH411755
Bryngwran	"	SH350775
Bae Bedd Manarch	"	(Ynys Cybi) SH 276803

Ni fu adeiladu ffordd yr A5 yng ngogledd Cymru yn waith hawdd o gwbl gan ei bod, yn ôl adroddiad Comisiynwyr Seneddol 1819, wedi ei lleoli mewn gwlad nad oedd yn ddim amgenach na dilyniant o greigiau, corsydd, hafnau a chlogwyni! Pa ryfedd felly i Syr Henry Parnell ddisgrifio campwaith Telford fel 'y patrwm perffeithiaf o adeiladu ffordd a welwyd erioed mewn unrhyw wlad'?

Ar gyfer y gwaith adeiladu yng ngogledd Cymru, rhannodd Telford y gwaith yn 123 adran gan roi i'w beirianwyr (William a John Provis, dau frawd profiadol yn y gwaith) a phedwar arolygydd, fanylion penodol, mapiau a chynlluniau cynhwysfawr a diagramau o unrhyw adeiladwaith yr oedd ei angen i gwblhau'r gwaith ym mhob adran. Mabwysiadodd Telford rai o ddulliau'r Rhufeiniaid o adeiladu ffyrdd drwy osod haen o gerrig mawr fel sylfaen i'r ffordd, yna gosod haen o gerrig llai ar eu pennau cyn ei wynebu'n llyfn. O boptu'r ffordd roedd pafin a ffos i dderbyn dŵr glaw.

Yn yr unfed ganrif ar hugain, fe'i disgrifiwyd gan Richard Turner, Arolygydd Henebion CADW, fel y ffordd orau i'w hadeiladu ym Mhrydain ers cyfnod y Rhufeiniaid ac iddi fod yn batrwm ar gyfer adeiladu ffyrdd drwy'r byd yn y 19eg ganrif. Y ganmoliaeth uchaf bosibl i'r ffordd orau bosibl.

Pennod 4: Croesi'r Fenai

Roedd y diweddar arlunydd Syr Kyffin Williams yn credu mai'r rheswm pam fod garlleg gwyllt yn tyfu ar ochr ffyrdd de-orllewinol Ynys Môn oedd bod milwyr Rhufeinig wedi ei boeri allan ar ôl ei gnoi ar eu taith o Segontiwm i Gaergybi. Efallai fod hynny'n wir, gan i filwyr o'r 14eg a'r 20fed Lleng fod yma. Er cymaint y dyfalu am y cyntaf i groesi'r Fenai, gwyddys i sicrwydd mai milwyr Rhufain oedd y rhai a wnaeth y daith gyntaf i gael ei chofnodi ar draws y culfor. Dan arweiniad Gaius Suetonius Paulinus, mentrodd y llengoedd ar draws y dŵr mewn cychod gwaelod fflat i wynebu ac i ddifodi'r Derwyddon. Nodir eu glanio yma yn 61 O.C. hyd heddiw gan enwau llefydd fel Bryn y Beddau, ac yn ardal Brynsiencyn – Cae yr Hir Gad a Chae Oer Waedd a Phant y Sgraffie (*'the meadow of where the Romans are supposed to have effected their landing'; 10 Days Tour through the Isle of Anglesey December 1808*, John Skinner.)

Afon Menai a'i Gororau
(Detholiad o Bryddest Fuddugol Eisteddfod Freiniol Aberffraw 1849)

... Ond Oh! Er ei dyfnder a'i holl ragoroldeb,
Fe welwyd gormeswyr yn tramwy dros hon
A thraed cas estroniaid yn anurddo'i gwyneb
Gan ffiaidd halogi bro deg Moel y Don.

Ah! Hwn ydyw'r llannerch y bu Suetonius
Fel cigydd ysgeler a'i fyddin ddi-serch
Yn lladd ac yn llarpio'n hynafiaid hyglodus,
Mewn agwedd annynol a'i olwg yn erch.

Ysglyfai yr Eryr gorwancus, Rhufeinaidd,
Aneirif o wragedd a Gwyryfon heirdd,
Gan rwygo'n ddiarbed enwogion Cymroaidd
A llu o Dderwyddon, Ofyddion a Beirdd.

Y certh Agricola cyn hir a'i dilynodd,
A'i fryd megis yntau:- Och! alaeth yw sôn,
A deddf anesmwythach na iau bres a roddodd
Yn orthrwm ar warrau diniwaid wŷr Môn ...

... Y maesydd a fwydwyd â gwaed y Derwyddon,
Dan ddwylaw Rhufeiniaid ac eraill wŷr broch,
A'r sir a halogwyd gan draed y gelynion
O fryn Cadair Idan hyd ddôl y Plas Coch ...

... Trachefn catrawd Iorwerth ar hyd-ddi a welwyd,
Ond drwy ddoeth weithrediad y galluog Iôr,
de Tany a'i fyddin fel Pharaoh a foddwyd;-
Ei feirch a'i farchogion a fwriwyd i'r môr.

Robert Williamson, Niwbwrch (Bardd Du Môn)

Credir mai prif ysgogiad y Rhufeiniad i ddod i Fôn oedd eu bwriad i ddileu unrhyw fygythiad gan grefydd y Derwyddon i'w hawdurdod hwy. Bu Môn yn noddfa i'r Derwyddon ers tua 2000 C.C., a hi fu eu noddfa olaf ym Mhrydain. Cofnodwyd hanes yr ymosodiad a'r goncwest gan Tacitus, ac er bod ambell ysgolhaig yn amau safle'r croesi gydag ambell un yn cynnig Traeth Lafan, credir mai o Lanfair-is-gaer, ger y Felinheli, i Foel y Don y daethant. Yn eu dull arferol, roedd y Rhufeiniaid wedi trefnu ymlaen llaw, ac i'r pwrpas o groesi'r dŵr cymharol lonydd yr oedd ganddynt gyflenwad o gychod ar gyfer y milwyr traed (darganfuwyd nifer o angorau o Fôr y Canoldir ar waelod y Fenai gan nofiwr tanddwr a chredir iddynt fod yno ers suddo cychod y Rhufeiniaid wedi iddynt goncro Môn), tra oedd y marchogion yn barod i nofio'r culfor un ai ar gefn neu wrth ochr eu hanifeiliaid. Gwyliwyd y paratoadau i gyd gan Dderwyddon Môn a'u dilynwyr ar y lan arall. Dawnsiai'r merched yn noeth gan weiddi a sgrechian i godi ofn ar y Rhufeiniaid, a rhedeg yn ôl a blaen i annog eu gwŷr.

Syfrdanwyd y milwyr gan y fath olygfa. Yn ôl Tacitus, yr oeddynt yn 'gwylio'n ofnus tra oedd aelodau'u cyrff yn gwegian mewn braw'. Bygwth troi'n ôl wnaeth ambell un, ond wedi eu hatgoffa o'r gosb am lwfrdra, ymlaen yr aed i'r gad. Wedi glanio, ac ailennill eu hyder, aeth y milwyr ymlaen i gyflawni galanastra llwyr gan ladd gwŷr, gwragedd a phlant o bob oed.

Llofruddiwyd y Derwyddon a thaflu eu cyrff i'w llosgi ymysg y coed derw. Galwyd ar Suetonius a'i lengoedd yn ôl i Loegr i ymladd Buddug.

Ymysg milwyr Suetonius Paulinus roedd un o'r enw Gnaeus Julius Agricola, oedd yn un ar hugain oed. Yn 78 O.C., ac yntau erbyn hynny'n llywodraethwr Prydain, ar ei ysgwyddau ef y syrthiodd y cyfrifoldeb dros ailgoncro ynys Mona. Bu ei ymosodiad mor sydyn a thrwyadl, yn ôl Tacitus, fel na allai'r Monwysion ymateb. Eu hunig obaith o gael byw oedd cytuno i heddwch ac ildio'r ynys i ddwylo'r concwerwyr.

Erbyn ymadawiad y Rhufeiniaid yn 383 O.C., ac yn y blynyddoedd i ddilyn, yr oedd Môn yn dioddef o ymosodiadau gan y Gwyddelod. Gwnaed cais ar i Gunedda Wledig adael yr Hen Ogledd a dod i ogledd Cymru. Gyda'i saith mab ac un o'i wyrion bu'n ymlid yr ymosodwyr a'u gyrru yn ôl i Iwerddon. Hawliodd Cunedda lawer o diroedd iddo'i hun a sefydlodd deyrnas Gwynedd a'r ynys yn rhan ohoni.

Ymosodwyr eraill oedd y Llychlynwyr – oedd yn gynefin â'r Fenai ac yn hwylio'r culfor yn eu cychod hir. Credir iddynt lanio ym Mhwll Fanogl. Mae rhai o'u henwau llefydd e.e. Anglesey (Ongulsey/Ongul's Island), Maen Piscar (ger Rhoscolyn), North a South Stack (ger Caergybi), Skerries, Priestholm (Ynys Seiriol) wedi eu mabwysiadu ac yn amlwg ar arfordir Môn. Fe'u gorchfygwyd mewn brwydr ger Trwyn y Gogarth, Llandudno yn 856 pan laddwyd eu harweinydd Horm gan Rhodri Mawr.

Ymysg y rhai a groesodd y Fenai i Fôn roedd rhai o'r seintiau. Cododd Seiriol ei gell a'i eglwys ym Mhenmon a chredir mai Tysilio oedd y cyntaf i bregethu Cristnogaeth ym Môn, a hynny ar yr ynys sydd wedi ei henwi ar ei ôl, sef Ynys Tysilio. Un arall a groesodd y Fenai i Fôn i bregethu oedd Gerallt Gymro yn 1188. Wedi treulio noson ym Mangor, croesodd mewn cwch yng nghwmni'r Archesgob Baldwin, a glanio ar Gerrig y Borth ym mhlwyf Llandysilio. Roedd Rhodri ab Owain Gwynedd a'i wŷr yn disgwyl amdanynt, ynghyd â thyrfa fawr o Fonwysion. Eisteddent ar Faen Rhodri i wrando ar Baldwin yn traddodi ei genadwri o Garreg Iago.

Mater cymharol hawdd oedd croesi mewn cwch â lle i geffylau gyd-deithio efo'u perchnogion, ond i amaethwyr a'u hanifeiliaid yr oedd croesi'n gryn gamp. Yn 1638, credid bod tua 3,000 o anifeiliaid, gwartheg yn bennaf, yn cael eu harwain gan nofio ar draws y Fenai. Yn 1794, credid bod hyd at 10,000 o anifeiliaid yn croesi'n flynyddol. Bu Arthur Aikin, yn 1797, yn gwylio gwartheg yn cael eu gyrru ar draws drwy'r lli. Disgrifiodd fel yr oeddynt yn cael eu curo a'u hysio i'r dŵr a'r rhai cryfaf yn nofio'n dalog i'r ochr arall, ond bod nerth y llif yn gafael yn y gweiniaid a'u cario i gyfeiriad Biwmares cyn y gallent gyrraedd y lan yn Arfon. Byddai nifer o gychod a chychwyr yn cadw golwg am y rhain ac yn taflu rhaff am gyrn y gwartheg a'u tynnu i'r lan. Disgrifia'r olygfa a'r sŵn; ac er y cynnwrf mawr, prin y collwyd yr un anifail.

Darlun tebyg a geir yn nisgrifiad y Fonesig Stanley o'r un broses: '*a more unpleasant sight can hardly be imagined*'. Rhwymwyd pump neu chwech o anifeiliaid ofnus a'u curo a'u llusgo drwy'r dŵr gan gychod: '*the people keep beating them all the way to encourage them to keep above water and to swim, which they do most awkwardly.*'

Y Fferïau

Dim ond un porthladd fferi sydd ym Môn erbyn heddiw, a hwnnw yng Nghaergybi ar gyfer llongau yn croesi i Iwerddon. Mae'n anodd credu erbyn hyn bod hyd at saith o borthladdoedd (rhai llawer llai, mae'n wir) wedi bod ar ddefnydd i groesi'r Fenai ar un adeg. Sefydlwyd tair o fferïau'r Fenai drwy

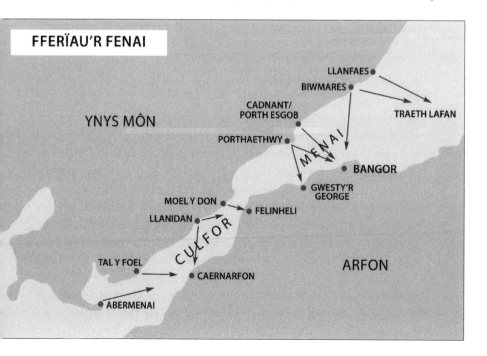

siarter y brenin Edward I yn ystod y drydedd ganrif ar ddeg. Yn ddiweddarach buont dan law tywysog neu esgob.

Fferi Llan-faes (yn ddiweddarach Fferi Biwmares)
Fferi Biwmares
Fferi Porthesgob
Fferi Porthaethwy
Fferi Llanidan/Moel y Don
Fferi Tal-y-Foel
Fferi Abermenai

Abermenai has its ferry, and is one of the five over this strait. They were originally the property of the crown of England; till Henry VIII granted all of them to Richard Gifford, one of the stewards of his chamber; who set them to William Bulkeley, in the 33rd year of his royal master: but since that period, every one has been transferred to other hands.

Journey to Snowdon, Thomas Pennant, 1781

Ysgrifennodd Peter Bailey Williams (rheithor Llanrug a Llanberis) lyfr taith o'r enw *The Tourist Guide to the County of Caernarfon* yn 1821 ac ynddo dywed:

It is probable that after the traveller has examined the City of Bangor and its environs he may be tempted to cross over to the Island of Anglesey; and if he be a pedestrian he would find the passage over Garth (formerly called Cadnant) Ferry the shortest and pleasantest way to Beaumaris; but if the party have a horse or carriage the road to Porth Aethwy (otherwise called Bangor Ferry) where the new Iron Bridge is now erecting must be pursued. And here it may be proper before we proceed any further, to inform the stranger that there are six ferries across the Menai which I shall mention here in regular order beginning with Beaumaris, over the Lavan Sands to Aber; (2) Garth, near Bangor, which is confined solely to foot passengers; (3) Porth Aethwy before mentioned, the best, safest and most convenient; (4) Moel y Donn, a very safe good ferry and sober careful boatmen; (5) Tal-y-Foel opposite Caernarvon; (6) Aber Menai at the extreme Westerly end of the straits, about three miles below Caernarvon.

1. Fferi Llan-faes (yn ddiweddarach Fferi Biwmares)

Heddiw, tawelwch sy'n denu ymwelwyr i Lan-faes. Wyth gan mlynedd yn ôl, prysurdeb naturiol un o bentrefi pwysicaf yr ynys oedd yn denu pobl yno o sawl cyfeiriad, gan ei fod yn un o groesfannau'r Fenai tuag at Gonwy a gogledd-ddwyrain Cymru i un cyfeiriad ac i Gaergybi ac Iwerddon i'r cyfeiriad arall. Ar ddiwedd y drydedd ganrif ar ddeg yr oedd yno farchnad, becws, cigyddion, pobyddion, cryddion, bragwyr ac, yn bwysicach na dim, cynhelid yno dair ffair y flwyddyn. Safai fymryn i'r gogledd-orllewin o'r Fenai a thu hwnt i'r mynachdy Ffransisgaidd oedd yno. Datblygodd y pentref o amgylch Eglwys y Santes Catherine (un o ddim ond dwy drwy Gymru a gysegrwyd iddi) oedd yn un o eglwysi cyfoethocaf Môn ar y pryd. Cofnodwyd hynny yn Stent Môn yn 1294 ynghyd â'r ffaith y byddai'r ffair bentrefol yn para am dridiau – er na soniwyd am unrhyw ffeiriau mewn pentrefi eraill. Yr oedd yno borthladd prysur hefyd. Galwodd deg ar hugain o longau yno yn ystod y flwyddyn 1280, a phedwar ugain yn 1290. Hwyliai rhai oddi yno cyn belled â Lerpwl, ond buan y collodd ei safle fel un o'r prif borthladdoedd wedi i Edward I, yn ystod Ebrill 1295, ddifetha'r pentref yn dilyn Gwrthryfel Madog ap Llywelyn. Anfonwyd nifer o drigolion y faenor a'r llys i Fiwmares a Rhosyr, a'u gwahardd o Lan-faes.

Prif bwrpas y fferi oedd cario teithwyr ar draws Traeth Lafan ar eu ffordd i Fiwmares. Tra bu mewn bodolaeth, newidiwyd safle neu lanfa'r fferi fwy nag unwaith. Ar wahanol adegau, byddai'n glanio ar yr hyn a elwir y 'Green' ym Miwmares heddiw, ond a oedd ar y pryd yn rhan o blwyf Llan-faes, wrth droed darn o dir gweddol uchel (Y Mownt) lle gellid gweld ar draws y culfor i Aber, Penmaenmawr a chyn belled â'r Gogarth Fawr, Llandudno. Ar adegau eraill, er enghraifft yn 1302, byddai'r cwch yn cael ei rwymo wrth furiau'r castell a gwelir hyd heddiw gylchoedd metel wedi eu gosod yn y muriau ar gyfer y rhwymo, yn yr hyn a elwir *Gate next the Sea*. Dim ond am ryw dair neu bedair awr ar lanw isel y gellid defnyddio'r fferi, a dim ond pan oedd yn ddiogel a hwylus i groesi Traeth Lafan at y cwch. (Yn llawer diweddarach, yr oedd Arglwydd Bulkeley, Baron Hill, Biwmares, yn arfer gosod postiau yn y tywod i arwain at y ffordd ar ddwy lan y Fenai, er nad oeddynt o lawer o ddefnydd pan syrthiai niwl trwchus. Gosododd, hefyd, gloch yn nhŵr Eglwys Aber yn 1817 i'w chanu fel rhybudd o berygl.)

Yn ôl manylion a gofnodwyd yn 1292 gan Roger de Pulesdon, yr oedd pum cychwr â chyfrifoldeb am y fferi. Rhan-amser oedd y gwaith, a rhoddwyd iddynt ddarn o dir i'w drin a'i ffermio i ychwanegu at eu bywoliaeth. Nodwyd eto yn 1294 mewn adroddiad i'r brenin Edward I gan de Pulesdon fod: *'five ferrymen of the port who have to work the ferry in the King's boat.'* Yn ystod Hydref 1294 bu Gwrthryfel Madog ap Llywelyn, mab Llywelyn ap Maredudd, yn erbyn Edward I, brenin Lloegr. Yn ystod y gwrthryfel, ymosodwyd ar nifer o gestyll y Normaniaid yng Nghymru. Yn dilyn y gwrthryfel, dechreuwyd ar y gwaith o adeiladu'r castell ym Miwmares a chollodd gwŷr Llan-faes hawliau'r fferi am i nifer o drigolion y porthladd gymryd rhan yn y gwrthryfel.

Erbyn 1302 roedd y cwch mewn cyflwr gwael, a bu'n rhaid gwneud llawer o waith cynnal a chadw arno. Yn ôl Cyfrifon y Beili i Gwnstabl y Castell ym Miwmares, prynwyd rhaffau gan fasnachwyr lleol fel Dafydd ap Eynon (o Lan-faes yn wreiddiol ond erbyn 1302 yn byw ym Miwmares) a chan Willack a Thomas de Hibernia, un rhwyf ar ddeg am 2½d yr un, 300 o hoelion am 3d y cant, a styllod. Talwyd i Iorwerth y saer a Madog, ei was, am bum diwrnod o waith yn ôl 4d a 2d y dydd. Cafodd Roger y gof hanner coron am wneud hoelion mawr a gwaith haearn ar y cwch, ac wedi talu am wêr a phyg, yr oedd cyfanswm y gwariant yn 31s 10½d (oedd yn cyfateb i £823.75 yn 2010). Er y gwariant ar y cwch, diddymwyd fferi Llan-faes ar ddydd gŵyl Mihangel (Medi 29), 1302. O hynny ymlaen, fe'i hangorwyd dan furiau Castell Biwmares a chadwyd yr enw am beth amser. Ymhen llai na naw mis, ar 3 Mai 1303, yr oedd Siarter Niwbwrch wedi ei sefydlu a phoblogaeth Gymreig Llan-faes wedi eu gorfodi i symud o Fiwmares i dreflan newydd Niwbwrch (Newborough) i fyw, a thref gaerog Biwmares yn brysur ddatblygu.

2. Fferi Biwmares

Wedi colli Llanfaes oherwydd datblygiad Biwmares, symudwyd y fferi i lanfa yn y porthladd hwnnw ac fel fferi'r dref gaerog honno y cafodd ei hadnabod wedyn. Yr oedd Biwmares ei hun yn cael ei adnabod fel 'Beaumaris, Creek of Chester'. Fel un cam ar y Ffordd Bost, yr oedd i borthladd Caer ei bwysigrwydd ei hun ond dioddefai o'r ffaith fod y gwyntoedd yn gallu bod yn wyntoedd croes – oedd ddim yn ddelfrydol i hwylio i'r gorllewin i gyfeiriad Iwerddon. Datblygodd cystadleuaeth rhwng Caer a Lerpwl am y gwasanaeth, a'r fasnach a oedd yn deillio ohono, ond cafwyd yr un problemau gyda'r gwynt yn Lerpwl, a gallai'r Deon Jonathan Swift fod wedi dweud yr un mor hawdd am Gaer neu Lerpwl yr hyn a ddywedodd fwy nag unwaith am y tywydd yng Nghaergybi:

Oh Neptune, Neptune, must I still
Be here detained against my will ...

... When Mrs. Welsh's chimney smokes,
'Tis a sign she'll keep her folks,
But when of smoke the room is clear
It is a sign we shan't stay here...

... Lo, here I sit at Holyhead,
With muddy ale and mouldy bread;
I'm fastened both by wind and tied,
I see the ships at anchor ride.

Waeth ym mha gyfnod y maent yn byw, rhaid i deithwyr fod yn amyneddgar tu hwnt!

(Diddorol yw nodi fod un o'r fferïau modern sy'n teithio rhwng Caergybi ac Iwerddon wedi ei henwi ar ôl Jonathan Swift.)

Yn ogystal â gorfod dioddef drwgeffeithiau'r gwynt a'r tywydd, rhaid oedd i deithwyr ar Fferi Biwmares ddioddef y cychwyr hefyd. Nid oedd enw da o gwbl iddynt. Caent eu disgrifio fel bod yn *indifferent to the suffering of travellers, brutal in their treatment of horses and frequently exorbitant in their charges.'* (*The History of the Post Road in Anglesey*, R. T. Pritchard)

Yn yr adroddiad ysgrifenedig cyntaf am groesi ar fferi Biwmares, a ysgrifennwyd gan Syr John Brampston yn disgrifio'i daith i Iwerddon yn Awst 1631, dywed ei fod ef a'i dad wedi cyrraedd Caer mewn coets ond y'u gorfodwyd i ddisgwyl am wynt ffafriol. Cawsant gyngor i wneud eu ffordd ymlaen i Gaergybi ond cawsant orchymyn i adael y goets yng Nghaer. Cychwynnwyd ar gefn ceffyl fore trannoeth efo dau deithiwr arall, ac ar gyrraedd Penmaenmawr, carlamwyd ar draws Traeth Lafan ond yr oedd y llanw wedi dechrau troi:

At last we came to the place where they were expecting the ferrie boat which was at Beaumaris and the ferriemen drinking. We all made as loud a call as we could. We did see some fisher-boats, and being in great perplexitie and feare we all rode on best upstream, purposing to trie if our horses (the worst coming to the worst) would carry us over or else some of the boats would take us in. At last the ferriemen sett out and came to us, telling us we were in noe danger, but by the same tyime as we and our horses were onboard a ship might have rode between us and the shore behind us, and all was covered with water where we stood long before we got to Beaumaris.

Chafodd George Fox – pregethwr o ffydd y Crynwyr – ddim profiad rhy bleserus yn 1657 chwaith:

'Having preached the Word at Beaumaris, I bid John (ap John) get his horse into the ferry boat, but there having got in a company of wild gentlemen as they call'd them whom we found very rude men, they with others kept him out of the boat. I rode to the boat's side and spake to them, shewing them what unmanly and unchristian conduct it was. As I spoke I leapt my horse into the boat amongst them, thinking John's horse would have followed, but the boat being deep, it could not do so, whereof I leapt out again on horseback into the wake and stayed with John on that side till the boat returned.'

Travellers in Anglesey in the 17th and 18th Century; R T Pritchard

Anodd yw gwahanu unrhyw agwedd o hanes cynnar tref Biwmares oddi wrth hanes y castell. Felly hefyd hanes y fferi. Yn ystod 1303–1304, cwnstabl y castell, John de Neuburgh, oedd yn gyfrifol am drefniadau'r fferi. Erbyn 1305 roedd y gwasanaeth yn enw ac yn nwylo Syr Robert Lengleys, marchog o Little Ashby, Westmorland ac aelod seneddol dros yr ardal o 1295 hyd at 1312, a dalai 40/- y flwyddyn am y fraint – ond yn anffodus collwyd y cwch yn ystod y flwyddyn a chafodd Lengleys ad-daliad o 20/- o'r rhent. Trefnwyd i Howel ap Blethin, cychwr lleol, gyflenwi cwch arall a gostiodd 33/4. Collwyd hwnnw hefyd yn 1306 a rhoddwyd y cyfrifoldeb am gael cwch newydd i drigolion y dref, a'r hawl i'w rhentu allan am ddeg swllt ar hugain y flwyddyn. Yn 1325 datganwyd bod y cwch yn anaddas ar gyfer y gwaith ers y Pasg oherwydd bod ei goed wedi pydru. Nid oedd yr un o drigolion y dref yn fodlon cymryd cyfrifoldeb amdano, na swydd y cychwr chwaith. Trosglwyddwyd y cyfrifoldeb o ddarparu cwch newydd, felly, i'r brenin. Mae cofnod o fysg Cyfrifon Gweinidogion y Brenin o'r flwyddyn yn dangos i Robert Power, siambrlen y brenin, dalu £15 3s (gwerth dros £5,000 heddiw) am ddau gwch newydd – un yr un i Gonwy a Biwmares. Tua'r un pryd, talwyd tair gini am gwch fferi newydd i Borthaethwy (gwerth tua £1,410.00 heddiw). Nid oedd Power, mae'n debyg, yn poeni'n ormodol am wario arian rhywun arall! Gron' Bron (Broun neu Brown?) fentrodd ymgymryd â swydd cychwr y fferi yn 1357, a phrydlesu'r hawl am 26/8 am bedair blynedd. Cafwyd anffawdau – collwyd cwch ar 20 Gorffennaf 1380 ac un arall yn 1381.

Yn 1413, yn ystod teyrnasiad Harri V, prydleswyd y fferi am ddeng mlynedd am rent o 70/-, ond roedd yn rhaid i'r cychwyr drefnu eu cwch eu hunain a chadw at amod oedd yn gwahardd iddynt gario Cymry heb ganiatâd y brenin! John Hampton a David Overton fu'n gyfrifol am y fferi am ugain mlynedd o 1438 ymlaen ac i John Stanley a William Balshagh y rhoddwyd y cytundeb am bedair blynedd rhwng 1465 a 1469, ond bu'n rhaid ei ddiddymu ymhen y flwyddyn. Hugh Stretton a Hugh Clerk fu'n ei ddal am flwyddyn hyd 1467. Am y deugain mlynedd nesaf, daeth John Stanley a William Balshagh yn ôl i'r gwaith. Yr oedd yn rhaid cael cwch o fath arbennig ar gyfer y gwasanaeth – nid oedd unrhyw gwch rhwyfo neu hwylio yn addas. Er mwyn gallu symud mewn dyfroedd bas, ni osodwyd cilbren ar gwch y fferi; yr oedd y pen blaen a'r starn yn grymog ac uchel a'i hochrau'n isel fel y gallai teithwyr a cheffylau ei byrddio a'i gadael yn weddol ddidrafferth.

Fferi Biwmares oedd yr unig un ym Mhrydain i gadw'i phrisiau yn gyson yn ystod teyrnasiad Harri VII. Cafodd ei chrybwyll yng nghyfrifon John Kerver, *Master of the King's Work in North Wales* yn 1528:

Item to Willm Norres and Roger ap John ferymen of beaumares for caryage of the said John Kerver and his workmen with their Toles between Beaumares and nanconwey att divers times XXd. [20c]

Yn 1531, croesodd John Kerver efo'i geffyl am 12d y daith, ac yn 1539 talodd am naw cwch i gario '*stones from the ffryers of Beaumares to the key*'. Mae'n debyg mai saer maen neu adeiladwr oedd John yn gweithio ar furiau'r dref ac ar Neuadd y Sir.

Erbyn yr ail ganrif ar bymtheg roedd y defnydd o'r fferi yn gyson, a chario'r post brenhinol yn gyfrifoldeb ychwanegol. Apeliodd Rowland ap Robert, postfeistr y dref, yn 1624 ar i Syr Peter Mutton, ustus gogledd Cymru, osod '*at every mile end of the sandes a name poste might be fixed and every quarter of a mile smaller stakes, that may guide such of his Ma'ties subiectes as have cause to travel that way.'* Yr oedd y cwch yn gorfod bod yn ddigon mawr i gario o leiaf bedwar ceffyl ar y tro yn ogystal â'u marchogion (1631) ac, wrth gwrs, ni ellid gosod yr un rhwystr i'r post Brenhinol.

Mewn disgrifiad o ffyrdd Prydain yn 1675, dywedodd John Ogilby, *'The Ferry over the Menay is about five furlongs leading you into Beaumaris. Beaumaris is furnished with good Entertainment for Passengers in their way to or from Holyhead.'* Soniodd o ddim am beryglon croesi'r Traeth Lafan na fferi Biwmares. Fel Fferi Llan-faes gynt, dim ond ar lanw isel y gellid defnyddio Fferi Biwmares – h.y. pedair awr allan o ddeuddeg awr y dydd – ac oherwydd y llanw, y tywod a'r tywydd, ystyrid mai croesi Traeth Lafan oedd y daith fferi beryclaf.

Yn 1684, teithiodd Dug Beaufort ar draws o Arfon i Fôn a disgrifiodd T. Dineley y fferi ar y pryd:

Anglesey is encompassed on three sides with the Irish Sea, and by the Menai divided from ye Continent of England and Caernarvonshire, whence we ferry'd over thither, above a mile at low water. Their Ferry-boats are without the addition of a timber, easy ascent of planks for horses to embark: those which, with unreasonable and unmerciful stripes, will not take the boat are left behind. The Passengers being on board, those Ferrymen who drive in the horses stand in water up to the middle, and those within the boat lift up one of the horse's forelegs into the boat.

Yn 1684, fferi Biwmares oedd yr unig gwch oedd yn ddigon mawr i gario coets dros y dyfroedd. Erbyn blynyddoedd olaf yr ail ganrif ar bymtheg a dechrau'r ddeunawfed ganrif, yr oedd defnydd cyson ar y fferi i gario milwyr a'u ceffylau ar y ffordd i Iwerddon ac oddi yno *'for ferrying over of Souldiers horse and foot 15/4d'* a rhwng 1703 a 1718, cariwyd sawl milwr clwyfedig am 6d y daith neu 1/- os oedd wedi ei glwyfo'n ddrwg. Bu'n rhaid cael cwch newydd, dwy raff a dau angor yn 1705 am £7 2s 9d; adeiladwyd cwch arall yn 1707, a thalwyd £8 18s 9d am y coed a £8 i'r saer am ei waith. Suddodd y fferi yn 1711 a chollwyd y cwch – eto – yn 1718. Talwyd £21 15s i'r saer yn 1718 am gwch arall ynghyd â £3 1s 1d am y gwaith haearn, angor, bolltau, 1,400 o hoelion a 1/6 am dair rhaff. O fewn un mlynedd ar bymtheg, bu'n rhaid talu am bedwar cwch newydd – y pedwerydd yn 1721– a thalwyd 3/7d (gwerth tua

£15.00 heddiw) am gwrw yn ystod y dathlu wrth ei lansio!

Yr oedd y defnydd a wnaed o fferi Biwmares yn ystod tridiau y Ffair Aeaf yn y dref yn llawer mwy na'r defnydd a wnaed ohoni yn ystod y Ffair Wanwyn am fod gweddill stoc amaethwyr yr ardal yn cael eu gwerthu yn y ffair a ffermwyr Arfon a'u gwragedd yn croesi drosodd er mwyn cael mynd iddi a'u llygaid yn llydan agored am fargen.

Digon digyffro fu hanes y fferi mewn gwirionedd, heb fawr ddim cyffrous yn digwydd am flynyddoedd, ond mae un stori wedi goroesi, a honno'n stori fawr yn ei dydd gan i neb llai na'r dyddiadurwr William Bulkeley, Brynddu, Llanfechell, ei nodi yn ei ddyddiadur. Ar 15 Ebrill 1753, nododd fod Albanwr wedi boddi ar Draeth Lafan yn ystod y gaeaf blaenorol am fod cychwyr Biwmares un ai wedi gwrthod mynd allan ato neu am nad oeddynt wedi ei glywed. Charles Duncan oedd yr erlynydd yn y Llys ym Miwmares, a chafwyd Edward Hays (alias John Humphreys), ffermwr a chychwr; John Humphrey, cychwr; Robert Rowland, cychwr, a William Thomas, cychwr, yn ddieuog o '*Neglect of duty which resulted in the drowning of a person unknown*'. Fore trannoeth aeth Robert a William allan i chwilio am y corff ac o'i gael, rhwygasant ei bocedi a dwyn hynny o arian oedd ganddo a phopeth o werth o'i gist. Cuddiwyd yr ysbail ond gwelwyd y weithred gan rai o drigolion y dref ac aeth dau longwr a dau saer llongau –John Jones a John Lloyd, John Roberts a William Williams – allan yn ystod y nos a rhannu'r ysbail rhyngddynt. Y cyhuddiad yn eu herbyn oedd '*Theft of personal goods belonging to an unidentified corpse washed ashore on Lafan Sands – spectacles, silver shoe buckles, teaspoons, thimbles etc.*' Cafwyd pob un ohonynt yn ddieuog. Er cymaint o lygad-dystion oedd i'r ysbeilio a'r cuddio, ni wnaeth yr ynadon lleol ddim am y peth – sydd eto'n profi bod unrhyw un a fentrai groesi Traeth Lafan yn rhoi eu hunain yn nwylo trugaredd ond nad oedd y trugaredd hwnnw yn amlygu ei hun bob tro!

Ar 18 Ebrill 1770, ymddangosodd tri arall o Fiwmares o flaen y llys: John Edwards a John Roberts, dau gychwr, a Robert Morris, gwehydd, ar gyhuddiad o ddwyn '*marine goods – cable rope belonging to the King's boat*'. Eu herlynydd oedd James Brisco, yswain o'r dref, ond dieuog oedd eu dedfryd hwythau.

Roedd eraill yn llawer mwy ffodus ar eu taith drwy ogledd Cymru, ac yn brolio'r trefniant i hwyluso'r daith ar draws y traeth. Yn ôl Henry Penruddoke Wyndham, a fentrodd groesi yn ystod Haf 1774, '*The true path was sufficiently pointed out by posts at proper distances*'. Roedd y tywod ei hun yn wastad a llyfn a'r llanw'n rhedeg i mewn yn ddirybudd, bron, '*in a manner instantaneously overflowen when the flood comes in*' ac os na chymerwyd gofal, byddai'n '*fatal to many*'.

Un a fu bron â chyfarfod â'i ddiwedd wrth groesi Traeth Lafan oedd Lot Hughes, un o hoelion wyth y Wesleaid yng ngogledd Cymru. Sonnir amdano yng nghofiant E. H. Griffiths (*Bywyd a Gwaith Lot Hughes*) yn croesi'r traeth o Fiwmares i Abergwyngregyn;

> ... ac yr oedd y llanw mawr yn codi i fyny, a bu yn agos i ni'n dau [Lot Hughes a Michael Jenkins, gwas Mr. Hughes Cinmael] â boddi. Yr oedd y gaseg fach gyda fi yn nofio fel llygoden ac ni allai ei ful mawr a dau gawell trwm ar ei gefn ddim nofio ond mi ddaethom yn ddiogel i Conway a Abergele.

Yn chwarter olaf y ddeunawfed ganrif, teulu Thomas Tyrer fu'n gyfrifol am y fferi ac am gadw'r cwch mewn cyflwr da, cyflenwi angor a rhaffau ac ati. Yr oedd hyn yn fenter a dweud y lleiaf, gan fod angen i'r cwch fod yn ddigon o faint i allu cario deg ar hugain o deithwyr a phymtheg o geffylau; a chan fod y broses o lwytho a dadlwytho'r ceffylau yn un eithaf anodd, yr oedd cyflwr y cwch yn sicr o ddioddef. Meddai John Byng yn y *Torrington Diaries*, '*Ours were with much difficulty forc'd in, as the water was deep, and they had a board to creep upon into it.*' Er gwaethaf prysurdeb y fferi (e.e. dywedodd John Byng yn 1784 iddo weld â'i lygad ei hun ddeg ar hugain o deithwyr a phymtheg o geffylau yn dod o'r cwch ar un daith), colli'r cytundeb wnaeth Tyrer i Robert Allen, a dalodd £26 am gynnal a chadw ei gychod yn 1786. Colli'r cytundeb wnaeth Allen hefyd pan gytunodd John Evans i dalu'r rhent uchaf erioed am fferi Biwmares, sef £25. Pan gymerodd Arglwydd Bulkeley, Baron Hill, y cytundeb am y fferi, rhoddodd y swydd cychwr yn ôl i Thomas Tyrer, ac i'w fab William pan aeth y tad yn rhy hen i ysgwyddo'r cyfrifoldeb. Yr oedd ei gwch ef yn un droedfedd ar bymtheg o hyd ac yn chwe throedfedd a phedair modfedd o led. Talwyd £16 10s (gwerth dros £530.00 erbyn hyn) i William Jones am ei adeiladu.

Gwariwyd llawer ar y Penrhyn i gryfhau'r waliau â cherrig a chodi dau forglawdd bychan yno – ond i ba bwrpas? Er mai ef oedd tenant y fferi, rhwng 1804 a 1805 adeiladodd Arglwydd Bulkeley ffordd o Borthaethwy i Fiwmares ar gost o bron i £3,000 oedd, does dim dwywaith, yn hwyluso teithio yn ôl a blaen o Fiwmares ac a fu hefyd yn gaffaeliad i fferi'r Borth ac yn un hoelen yn arch fferi Biwmares. Nid oedd tollau'r fferi'n cyfarfod y costau erbyn Hydref 1829 ac ar ddiwedd Rhagfyr y flwyddyn honno, gwelwyd rhybudd yn y *North Wales Chronicle*;

Point Ferry near Beaumaris. Notice.
That the Passage of the Water and Ferry from the Point, across the River Menai to the Lavan Sands will be discontinued after the first day of February, 1830, and the Ferry cease to be worked from that day.
Per Order.
J. Jones
Town Clerk of Beaumaris.

Gwerthwyd y cwch am ddeg swllt ar hugain yn 1831.

3. Fferi Porthesgob/Fferi'r Garth

Mae ei henw'n awgrymu mai fferi at ddefnydd esgob Bangor oedd fferi Porthesgob, yn hwylio rhwng Cadnant/Rhianfa, Porth Phillip Ddu, Porthaethwy a Phenrhyn Safnes, Biwmares, i Orad y Git, Nantporth neu'r Garth ar arfordir Arfon. O gofio mai esgobaeth Bangor yw'r esgobaeth hynaf ym Mhrydain, byddai disgwyl i hanes y fferi fod yn un cynhwysfawr – ond mewn gwirionedd yr hyn a geir yw hanes anghydweld rhwng yr esgobion a swyddogion y brenin am hawliau defnyddio'r fferi. Byddai rhywun yn meddwl hefyd fod y fferi at ddefnydd cyson unrhyw esgob i deithio o'i balas yn ôl a blaen i'w gadeirlan ym Mangor, ond gwrthododd Esgob Watkin Williams (1899–1925) fynd i fyw ym Mhalas yr Esgob ym Mangor gan symud i Glyngarth ar lannau'r Fenai ym Môn. Erbyn hynny, mater hawdd oedd teithio yn ôl a blaen rhwng y ddwy sir. Yr Esgob J. C. Jones (1949–1957) oedd yr unig esgob arall i fyw ym Môn.

Yn 1350 safodd yr Esgob Matthew de Englefeld (Madog ap Iorwerth, 1328–1357) o flaen Richard Stafford ac ustusiaid eraill i egluro'i hawl i ddefnyddio fferi Porthesgob yn ddi-dâl ac i gadw'r tollau. Dangosodd iddynt siarter a gyflwynwyd gan Edward I, Edward II ac Edward III yn rhoi hawl i'r cyn-esgob Einion (Ainan) a'i ddilynwyr wneud hynny am i Esgob Einion

Pier Bangor

fedyddio Edward, mab Edward I a Thywysog Cymru, ar ôl iddo gael ei eni yng Nghaernarfon. Yr oedd siarter gan Edward, Tywysog Cymru (Y Tywysog Du) wedi ei dyddio 8 Hydref 1351 yn rhoi'r un hawliau, ac yn ôl arolwg o eiddo'r esgobion a wnaed yn 1348, yr oedd fferi Porthesgob mewn bodolaeth bryd hynny a chychwr o'r enw Ithel Borthwis wrth ei waith.

Eto, yng nghanol yr unfed ganrif ar bymtheg, gwnaed cwynion fod yr Esgob John Bird a'r Esgob William Glyn am ddwyn hawliau'r brenin a'r frenhines ar ddyfroedd Menai, o '*Parthathwe yevelaven* [Y Lafan], *Molydon Talevoyle and Abermeney from penmon as far as llanthyon*' ond bu i'r Twrnai Cyffredinol gydnabod hawliau'r esgobion ers cyfnod Edward I.

Ar 1 Medi 1746, cofnodwyd bod yr Esgob Matthew wedi prydlesu'r fferi i Thomas Williams o'r Borth am un mlynedd ar hugain am 10/- y flwyddyn, ond pan ddaeth y cytundeb i ben yn 1767, ni chafodd ei adnewyddu. Yn y cyfamser, yr oedd y cwch yng ngofal Harri Griffith. Cododd yr Esgob John Ewer dŷ gwerth £300 ar Gae'r Glöwr a phrydlesodd y fferi i Henry Scourfield, ei fab-yng-nghyfraith, ym mis Medi 1771. Nid oedd defnydd cyson ar y fferi, ac ar y cyd â fferi Porthaethwy nid oedd yn werth mwy na 10/- y flwyddyn o rent.

Albanwr oedd John Rennie (1761–1821) a pheiriannydd amlwg iawn yn ei ddydd. Sefydlodd ei fusnes ei hun yn 1791 yn Llundain a gweithiodd ar gamlesi, pontydd a phorthladdoedd, llongau a goleudai ar hyd a lled Prydain. Bu'n gyfrifol am wireddu llawer o gynlluniau gwaith peirianneg sifil ar gyfer y Llynges Frenhinol yn Sheerness a Plymouth. Gofynnwyd iddo baratoi cynlluniau/syniadau i wella'r ffordd yng ngogledd Cymru a phan gyhoeddwyd y cynlluniau hynny yn 1802, yr oeddynt yn cynnwys cynllun ar gyfer pont dros y Fenai. Gofynnodd Ymddiriedolaeth Harbwr Caernarfon i'r Esgob William Cleaver wrthwynebu'r cynllun am y byddai'r gwasanaeth fferi yn dioddef ac, efallai, yn cael ei ddiddymu pe codid y bont. Yn 1815, prydleswyd y fferi i John Roberts o Fangor a chwe gŵr arall am un mlynedd ar hugain am £2 10s y flwyddyn, a chymal yn caniatáu cario'r Esgob Henry William Majendie yn rhad ac am ddim a phob esgob arall a'i dilynai. Adnewyddwyd y les yn 1822 ac yn 1829, ond o hynny ymlaen fu dim sôn am fferi Porthesgob.

Fferi'r Garth oedd yr un a'i dilynodd. Yr oed y fferi hon wedi bodoli ers peth amser gan fod yr adnabyddus Grace Parry, neu Gras y Garth fel y'i gelwid, wedi dilyn ei rhieni yn swydd Cychwr y Garth. Yr oedd Gras yn drigain oed yn 1798. Mae'n rhaid ei bod yn wraig gref i allu trin cwch tua deuddeg troedfedd o hyd yn y Fenai. Yr oedd yn ddigon hyderus o'i galluoedd ei hun fel na chai ei gŵr fyth ei rhwyfo mewn cwch na mynd i bysgota efo hi! Beth bynnag oedd maint y cychod, yr oedd iddi enw da. Fe'i disgrifiwyd fel hyn:

> ... short, thick, squat female, sixty years of age and strong as a horse, and as active as one of her own county goats. Her excellence in rowing and managing a boat is unrivalled through the coast but cannot be wondered at, as she served an early apprenticeship under her father and others.
>
> Richard Warner, 1798

Galwai ar ei chwsmeriaid ar ochr arall yr 'afon' gyda chragen dro (*conch*). Dilynwyd Gras fel cychwr gan Jac y Garth neu John Jones – gŵr byr a llydan a arferai gario'r teithwyr ar ei gefn er mwyn cyrraedd y cwch rhag iddynt wlychu eu traed. Pan fu Jac farw yn 1837, roedd pymtheg o gychod yn hebrwng ei arch ar draws y Fenai a thua pum cant o bobl yn disgwyl amdano ym Mynwent y Gadeirlan yn Mangor. Wedi hynny, bu ei weddw yn gofalu am y fferi ac fe'i dilynwyd hi gan ei mab yng nghyfraith, Thomas Morgan. Prydlesai Morgan y fferi o flwyddyn i flwyddyn am £10 y tro. Yr oedd yn amlwg yn gwneud digon o elw yn y gwaith gan iddo wario £500 ar wella safle'r cwch, a chodi pier yn lle'r sarn gerrig ddigon llithrig oedd ar gael i deithwyr gerdded arni, a thŷ iddo'i hun. Yr oedd ei wasanaeth yn enwog am y cychod rhwyfo mawr a'r cychod hwylio gosgeiddig a ddefnyddid.

Gosodwyd Fferi Porthesgob ar les i Daniel a Jonathan Russell yn 1852, ond eu bwriad hwy oedd defnyddio safle Gorad y Git a'i droi yn fagwrfa wystrys mewn gwelyau ar y fflatiau mwd. Aethpwyd â Jonathan i'r Seisus yn 1854 gan y Llynges am ei fod yn peryglu llongau oedd yn arfer cysgodi yn y Fenai mewn gwyntoedd croes neu stormydd, ac er na phrofwyd dim yn ei erbyn rhoddodd y ddau eu hawl ar y safle i arall yn 1858.

Wedi marw Thomas Morgan yn Nhachwedd 1888 bu William, ei fab, yn gyfrifol am y gwaith ond yn 1894 yr oedd Corfforaeth Dinas Bangor am godi pier yn y Garth. Caniatawyd i'r fferi ddefnyddio'r pier fel man cychwyn ar draws i safle'r Gazelle ger Llandegfan, ond gan fod y ffyrdd wedi gwella cymaint a'r defnydd o fysiau modur yn dod yn llawer mwy poblogaidd, collwyd llawer o'r busnes.

4. Fferi Porthaethwy

Gwelwyd y cofnod cyntaf am Fferi'r Borth (Porthaethwy) yng nghofnodion Roger de Pulesdon, siryf y sir, am y flwyddyn 1291/92 – ac yn wahanol i fferïau brenhinol/tywysogol eraill, dim ond hanner siâr oedd gan y Goron ynddi. Tenantiaid rhydd y dref oedd â'r hawl ar yr hanner arall. Yr oedd y fferi yn nwylo Morwyth ap Aytho yn 1303 ac yn 1307, er bod ei enw wedi ei ysgrifennu fel Meurick ap Aytho bryd hynny. Gwariodd Meurick 36/8 (gwerth dros £800 erbyn hyn) ar y cwch.

Yn 1320, talwyd hanner coron (gwerth tua £40 heddiw) i ddau saer am fod yn gyfrifol am gynnal a chadw'r cwch am flwyddyn. Yr oedd ei gyflwr wedi dirywio'n arw erbyn 1325, mae'n rhaid, gan fod angen gwario cymaint a 63/- arno.

Yn 1339, bu raid gwario'n sylweddol ar y cwch unwaith eto:

Pŷg (pitsh) a Gwêr	3/4
Estyll a Choed	2/2
Tâl i'r saer am 4 diwrnod o waith	1/4
Rhaffau	2/2
Rhwyfau	1/2
Gorchudd o goed ar waelod y cwch i arbed traed yr anifeiliaid	1/2

| Hoelion | 8d |
| Cyfanswm | 12/- (gwerth dros £320 erbyn hyn) |

Cafwyd cwch newydd yn 1381, wedi ei adeiladu gan Ieuan Saer, ond fe'i collwyd dair blynedd yn ddiweddarach.

Nid oes darlun o gwch Fferi Porthaethwy ar gael ond cyfansoddodd Syr Dafydd Trefor (m. tua 1527) gywydd i Ysgraff Porthaethwy, sy'n cynnwys disgrifiad geiriol cystal â'r un darlun. Un o Arfon oedd Dafydd Trefor. Credir iddo gael ei eni yn Llanddeiniolen ond treuliodd ran helaeth o'i oes yn offeiriad plwyf Llaneugrad a Llanallgo ym Môn. Meddid amdano: 'Ysbrydol ŵr urddol oedd'. Yr oedd hefyd yn fardd o fri:

Hysbys fu yn canu cerdd
Ar iawngo yr awengerdd.

ac yr oedd, mae'n siŵr, yn eithaf cyfarwydd â chroesi'r Fenai. Mae'r cywydd i'r ysgraff yn 'gyfoethog, rhyfeddol ac yn drawiadol' ac yn llawn disgrifiadau a chymariaethau, yn ôl Irene George, a'r bardd yn trosi'r cwch yn wylan (Gwylan din-lydan ledwyllt / Dewr 'i hais y dŵr a hyllt), gwennol (Gwennol yn didol deudir / A gai hwp ar 'i gwe hir) a gwylog (Gwylog a wnaeth 'i gwely / I dario ar frig y dŵr fry) ymysg gwrthrychau eraill. Defnyddia yr un gair i bwysleisio ystyr gwahanol:

Nid aber mewn maner mwy,
Nid **porth** eithr **Porth**aethwy,
Porth Cymru yn llethu'r lleill,
Porth i wyro pyrth ereill.
Porthwyr a meirch **porth** aur Môn,
Porth Iesu i'r **porth**wysion.

Ar 10 Mai 1410, rhoddodd Harri IV hawliau'r fferïau ym Mhorthaethwy a Chaernarfon i William Halley am ei oes. Erbyn 1453 roedd yr hawliau yn nwylo William Griffith ac ymhen blwyddyn yn nwylo Siwan, gwraig gyntaf William Griffith (a oedd erbyn hynny'n wraig i ddyn o'r enw John Pykmere) am ddeuddeng mlynedd. Yn ystod y blynyddoedd i ddilyn, bu llawer o newid dwylo gyda Geoffrey Ferrour yn dal yr hawliau yn 1462; James Muddleton yn

1484 a William Anneon, gwas y brenin Harri VII, yn cael ei wobrwyo ar 26 Medi 1485 â'r hawliau am ei wasanaeth i sicrhau'r fuddugoliaeth frenhinol ym Mrwydr Bosworth ar 22 Awst 1485.

Yn 1504, Lli ap Eign oedd yn gyfrifol am y fferi, ac yn 1508, ef dalodd y rhent uchaf erioed amdani, sef £18 13s 4d (gwerth dros £9,000 yn arian heddiw). Mae'n rhaid ei fod yn ŵr cyfoethog i allu fforddio'r fath swm ac i gael ei enw'n llawn yn y dogfennau perthnasol: Lli ap Eign ap Ieun Coke. Newidiodd yr hawliau ddwylo sawl gwaith yn ystod y ddwy ganrif nesaf ond yr un fu â'r dylanwad mwyaf oedd Syr Alan Apsley, marchog a llefftenant y Tŵr yn Llundain, ac iddo ef y rhoddodd Siarl I yr hawl i'r fferi yn 1629. Trosglwyddodd yntau'r hawliau i Edward Page ar 4 Rhagfyr 1630 ac yn ddiweddarach i Syr Peter Mutton ar 22 Chwefror 1631.

Yn ystod y ddeunawfed ganrif, enwau'r teulu Williams a gysylltid â pherchnogaeth y fferi –Thomas Williams yn 1715 a Holland Williams yn 1771 a 1781, gyda John Carter yn denant. Un arall a hawliai'r fferi yn 1771 oedd Henry Scourfield, oedd wedi ei chael yn anrheg gan ei dad yng nghyfraith, yr Esgob John Ewer, Bangor. Bu'r cyfnod hwn yn gyfnod o ddadlau cyfreithiol parthed pwy oedd â hawl ar y fferi. Yn 1772, aeth William Davies, cychwr, â John Carter, tafarnwr, i'r llys i geisio cael iawn ar gyhuddiad bod Carter yn tresmasu ar ei eiddo a'i hawliau. Dywedwyd bod Henry Scourfield, ers cyn cof amser, â'r hawl i gario a chyfleu o Fangor i Lantysilio '*and vice versa Coaches, Chaises, Waggons, Wains carts and other carriages and all manner of cattle, persons and things*' ond bod John Carter wedi sefydlu fferi yn ei enw ei hun ers 1 Mehefin 1771 ac wedi cymryd symiau mawr o arian a fu'n golled enfawr i fferi Porthaethwy a William Davies. Yr oedd yr Esgob Ewer yn berchen ar dafarn y fferi hon yng Nghae'r Glöwr (ar ochr Arfon o'r Fenai) ac yn 1777 gwelodd yn dda i ehangu'r adeilad a'i galw y Bangor Ferry Inn – a ddaeth wedyn i sawl teithiwr (ac yn ddiweddarach fyth i lu o fyfyrwyr y Coleg Normal) yn George Hotel a'r George Hostel.

Am hanner can mlynedd, byddai'r tenant, William Jones, yn anfon negeseuon ar draws y dŵr i baratoi ceffylau ac ati gyda chorn siarad! Roedd y busnes yn un llewyrchus iawn, ac yn 1812 nodwyd bod '*the passing and repassing of horses, carriages, people and cattle is prodigiously great*'. Ond nid pawb oedd yn cael eu plesio â'r gwasanaeth a gynigid gan Holland Griffith, tirfeddiannwr cyfoethog a dylanwadol o Garreglwyd, Llanfaethlu, a bu i eraill nodi cwynion yn erbyn Holland Williams, a oedd yn gyfrifol am y gwaith. Methwyd â chael cytundeb, a dewisodd Holland Griffith a'i gyfeillion wario arian a glustnodwyd ar gyfer codi cei yng nglanfa'r fferi yn Arfon ar gynlluniau ar gyfer cob neu bont i groesi'r Fenai. Cynigiwyd cynlluniau gan Rennie a Telford i groesi un ai dros Graig y Swelly neu Ynys y Moch ond gwrthodwyd y ddau ar y pryd. Yr oedd yr wythnosolyn *Adam's Weekly Courant* o Gaer yn wrthwynebus iawn i godi unrhyw fath o bont ac yn cefnogi'r fferi. Yr oedd eraill yn tynnu sylw at '*a safe and commodious ferry at Porthaethwy*'. Pwysleisiwyd nad oedd y Goets Fawr wedi bod yn hwyr o gwbl – ddim mwy na phum munud beth bynnag – ac nad oedd gan unrhyw un le i gwyno. Yn ddiweddarach, wrth gwrs, bu Telford yn llawer mwy llwyddiannus â chynllun arall ar gyfer pont fel rhan o ffordd 'fawr' gogledd Cymru.

Yn ystod yr un cyfnod, profwyd digwyddiadau cyffrous a damweiniau. Collwyd y cwch a phawb ond dau oedd arni yn 1726 tra oedd yn dychwelyd o Ffair Bangor. Achubwyd un gŵr ac un wraig, a arnofiodd ar ei dillad hyd nes ei chodi o'r dŵr gan gwch arall. Bu hi fyw hyd 1798.

Cofnododd William Bulkeley, Brynddu, Llanfechell, yn ei ddyddiadur hanes angladd Mrs. Meyrick, Bodorgan a fu farw yn Llundain ond a gladdwyd ym Môn ym mis Ebrill 1742. Credir mai y goets/hers yn cario'i harch hi oedd y gyntaf i groesi ar fferi Porthaethwy.

Ymhen deng mlynedd yr oedd cyflwr y ffordd ar draws yr ynys wedi gwella'n arw, a llawer mwy o dramwyo arni. Ysgrifennodd William Morris at ei frawd, Richard, yn Llundain gan ddisgrifio peth o'r datblygiadau oedd yn digwydd:

Here are mile stones come over from Dublin, a present from the owner of the pacquet, to be set from hence to Porthaethwy, and it's said large subscriptions are raised in sundry places to carry on the work, felly profeidiwch gerbyd gynta galloch.

Methu perswadio Richard i ddod i weld y gwaith a wnaeth 'ei garediccaf frawd' William. Gallai William frolio yn Awst 1753 fod '*8 coaches chariots and post chaises within the compass of 48 hours*' wedi croesi yn y Borth. Cymaint oedd cyflwr y ffordd drwy ogledd Cymru wedi gwella fel bod George Wood wedi medru cael brecwast yn '*Ruttland, dined at Conway, lay at Bangor ferry and reached Holy-Head about nine the following morning*' ar ei daith o Dreffynnon ym mis Hydref 1748.

Nid pawb oedd yn cael eu plesio, fodd bynnag, ac yn *Directions for Travellers*, a gyhoeddwyd yn 1777, dywedwyd bod y ffordd o Gaer i Gaergybi:

> is in general a fine turnpike road ... but at the ferries you meet with great imposition. They charge to travellers in carriage 1s a piece at each ferry, whereas they ought to demand no more than 1d and 2d for a horse.

Disgrifiwyd fferi Porthaethwy gan Iarll Clarendon, Arglwydd-raglaw Iwerddon, fel '*about as broad as the Thames at Battersea*' ond o ystyried ei phwysigrwydd, syndod yw deall; '*but the boats are little round sea boats as will not hold above three horses.*' Syndod hefyd yw bod cyflwr y ffordd yn arwain i lawr i'r fferi yn warthus: '*never was or can come a coach into part of the county*' (Iarll Clarendon, Arglwydd Raglaw Iwerddon, 1742).

Bu chwarter olaf y 18fed ganrif yn gyfnod eithaf cythryblus yn hanes y fferi a John Carter, y tenant, mewn helbul byth a beunydd. Yn 1783, fe'i cyhuddwyd o fod yn ddiffygiol yn ei waith. Efallai fod hynny'n wir, ond rhaid i'r cychwyr dderbyn peth o'r bai am hynny er nad hwy fu o flaen eu gwell i achub eu cam yn y Seisus ym Miwmares. Gwaith anodd oedd bod yn gyfrifol am y fferi ond o'i wneud yn drylwyr, a chadw tafarn, cynigiodd fywoliaeth i John, ei wraig a'i fab (John) a thri gwas neu gychwr arall.

Ym Mawrth 1782, roedd Richard Owen, Din Dryfwl, Aberffraw, am groesi o Arfon i Fôn. Er iddo alw ar draws y dŵr am gwch iddo ef a'i geffyl, bu'n rhaid iddo aros am bum awr! Ateb William Robert, un o'r cychwyr, i'r cyhuddiad hwnnw oedd bod y cwch ceffylau (y cwch mawr) wedi mynd ar y graig tra oedd y cychwyr wrth eu cinio, ac na ellid ei ddefnyddio. Byddai'n rhaid aros i'r llanw ddod i mewn er mwyn defnyddio'r cychod llai eu maint gan eu bod wedi eu cadw'n ddiogel ym mhen ucha'r traeth.

Ym mis Awst yr un flwyddyn, yn hwyr y nos, yr oedd John Sheppard o Lanedwen am groesi'n ôl i Fôn. Aeth i Westy'r George i chwilio am gychwr iddo'i hun a'i geffyl. Yno, cyfarfu â John Carter a William Robert. Yn ôl William Robert, ni ellid defnyddio'r cwch ceffylau i groesi ond yr oedd ef a'i feistr yn fodlon croesi mewn cwch bach ac ailgroesi yn y cwch mawr i'w gario drosodd. Cytunwyd ar hynny, ond bu'n rhaid i Sheppard a'i geffyl dreulio'r nos yn y George ac aros tan y bore am gwch. Ymhen pymtheng mis, ar 1 Tachwedd 1782, yr un oedd problem Henry Hughes o Blas Penmynydd, Môn, a'i geffyl. Cyrhaeddodd Borthaethwy tua hanner dydd ar ei ffordd i werthu gwenith ym Marchnad Caernarfon ond dim ond un cychwr oedd ar gael a'r lleill yn feddw gaib! Yr oedd angen o leiaf ddau i drin y cwch ceffylau.

Ar 15 Ionawr 1783, roedd y Parchedig John Edwards o Fangor angen croesi efo'i geffyl. Dim ond un cychwr oedd ar gael – Robert Humphrey – ac er ei fod yn brofiadol iawn nid oedd yn ddigon o ddyn i allu trin y cwch ceffylau ar ei ben ei hun. Bu'n rhaid i'r Person ei gynorthwyo i wthio'r cwch i'r dŵr. Yr un oedd y sefyllfa pan oedd yn dychwelyd ymhen pedair awr ar hugain. Erbyn 27 Ionawr, y Parchedig John Williams, rheithor Llanfair-yng-Nghornwy yng ngogledd Môn, oedd am groesi i'r ynys am 11 o'r gloch y bore. Daeth cwch drosodd ond bu'n rhaid i'r offeiriad a'r cychwr dynnu'r cwch yn groes i'r llanw tuag at Felin Treborth cyn gallu croesi. Yr oedd y llanw mor gryf, meddai'r cychwr, fel y byddai wedi eu cario i Gadnant neu Fiwmares, hyd yn oed, pe baent wedi cychwyn oddi wrth y George.

Fis yn ddiweddarach, ar 5 Chwefror 1783, Samuel Grindley o Bencraig, Llangefni oedd y teithiwr. Arhosodd ar lan Arfon rhwng chwech a saith y nos i William Jones a John Lloyd, dau gychwr, groesi ato mewn cwch bach. Cafodd addewid ganddynt y byddent yn dychwelyd i Fôn i gyrchu'r cwch ceffylau ac ailgroesi i'w gyrchu yntau. Arhosodd y teithiwr am awr a hanner cyn gweld na chlywed dim ohonynt. Clywodd neges yn cario ar y gwynt ei bod yn rhy stormus a thywyll iddynt ystyried croesi ar y fath dywydd ac y byddai'n rhaid iddo aros yn y gwesty am y noson!

Erbyn 29 Mawrth 1783, roedd y Parchedig John Edwards wedi callio cryn dipyn i ystumiau'r cychwyr a chofnododd yn fanwl yr amser y cyrhaeddodd at y lanfa: 5.12 p.m., gan ei fod, yn fwy na thebyg, yn gwybod bod John Carter i ymddangos o flaen y llys mewn ychydig ddyddiau ac y byddai tystiolaeth o'r fath yn hwylus i'w gyflwyno i'r Fainc. Bu'n rhaid iddo aros am ddwy awr cyn y cytunodd y cychwyr i'w gario drosodd. Yn ystod y ddwy awr hynny, bu'n chwarae cardiau efo'r cychwyr. Efallai iddo golli yn fwriadol yn y gobaith o gael mynd adref y noson honno. Bu'n rhaid iddo brynu cwrw iddynt – a threulio chwarter awr arall yn aros iddynt ei yfed – cyn cychwyn ar draws y culfor.

Ar 15 Ebrill, safodd John Carter o flaen ei well a chytuno i dalu i seiri coed gynnal a chadw'r cychod, cytuno i gadw cwch ar bob ochr i hwyluso croesi i deithwyr blinedig ac i gyfyngu ei gostau i geiniog y teithiwr a dwy geiniog i deithiwr a cheffyl.

Yn 1784, croesodd un o'r teithwyr olaf i gyfeirio at ei daith mewn print, sef

John Byng (Is-iarll Torrington), ar gefn ceffyl ar fferi'r Borth. Yr oedd Byng a chyfaill iddo yn teithio ar draws gogledd Cymru yn 1784 pan ddaethant at:

> Bangor ferry, where we were vex'd to see the inconvenience of the passage, and to be crowded in the ferry boat with post horses etc. Our horses, being unaccustomed to leap in, and out of ferry boats, were very difficult to manage, and I was glad to alight in the Isle of Anglesey without damage.

Yr oedd y daith o Amwythig i Gaergybi yn 1779 yn cael ei gwasanaethu gan dair coets yr wythnos ac ar 3 Hydref 1785, cychwynnodd coets gyntaf yr Irish Mail o Lundain am Gaergybi. Ymhen tair blynedd roedd tair coets y dydd yn teithio o Lundain i Gaergybi, gan brofi bod digon o alw am y gwasanaeth. Roedd y defnydd o'r ffordd a'r fferi'n cynyddu – fel y gwnâi'r galw am bont i groesi'r Fenai. Talodd ambell un yn ddrud am groesi ar y fferi ond o gofio bod un parti yn 1787, mewn coets a phedwar ceffyl, *post chaise* a dau geffyl, a phum *outrider* wedi talu 30/- (gwerth tua £85 heddiw), efallai nad oedd y pris yn ormodol. Gwrthododd ambell un arall, gan gynnwys gwas i'r brenin, dalu'r hyn a ystyriai'n daliad afresymol, ond '*by the order of a magistrate, his gig was stopped until he paid the money for this and former passages*'.

Un o'r teithiau 'llenyddol' enwocaf a wnaed ar Fferi'r Borth, er na ŵyr neb yr union ddyddiad, oedd honno a ddisgrifir gan T. Rowland Hughes yn *O Law i Law*. Taith y dresel o Fôn i Lanarfon oedd hon. Dresel taid a nain John Davies oedd hi'n wreiddiol, wedi ei gwneud gan ryw saer gwlad yn ardal Amlwch a chael ei chyflwyno i rieni John fel anrheg priodas. Y gamp fawr oedd mynd â hi yr holl ffordd o gyrion Mynydd Parys i ardal y chwareli llechi, gan gofio bod angen croesi'r Fenai tua hanner ffordd. Ond, diolch i'r drefn, yr oedd Wil Prisiart yn mynd i'r Borth hefo'i drol a cheffyl un bore Llun ac fe aeth â'r dresel efo fo. Gan fod Wil yn adnabod y rhai oedd yn cario yr ochr arall i'r Fenai, fe drefnodd bod y dresel yn cael ei chludo hyd ben ei thaith. Do, fe gyrhaeddodd yn ddiogel yn nhrol rhyw ddyn o Fangor ac ymhen blynyddoedd wedyn cafodd Meri Ifans y fraint o edrych ar ei hôl am weddill ei hoes, fel y gwnaeth Ella ar ei hôl hithau.

Perchennog olaf Fferi'r Borth oedd Lady Erskine – Jane Silence Williams, merch y Parchedig Hugh Williams, rheithor Llanelidan. Yr oedd Jane a'i gŵr, Syr David Erskine, yn y drydedd goets i groesi'r bont wedi ei hagor yn swyddogol. Gallai'r ddau deimlo'n fodlon iawn eu byd gan i'r Barnwr Leycester, mewn llys ym Miwmares ar 29 Mawrth 1820, ddyfarnu iddynt y swm o £26,394 fel iawndal am golli bywoliaeth o'r fferi. Cyfrifwyd y swm yn ôl cyfartaledd o £815 18s y flwyddyn, oedd wedi ei dalu am groesi yn ystod y tair blynedd ar ddeg blaenorol. Yr oedd yr iawndal i'w ddigolledu am werth deng mlynedd ar hugain o incwm.

Sonnett Written at Porthaethwy Fair (Detholiad)

... These are the features of the ferrying Fair.
And those that doat on Discord may go there,
The tides, contending with the toiling boats,
The horny forest, that on Menai floats,
The brutes inferior, but in human form,
The echoes, wearied with the windy storm,
The living beach, where bellowing droves depart,
And the last low, that rends the suffering heart.'

Richard Llwyd, Caer 1804

5. Fferi Llanidan/Moel y Don

Heddiw, digon 'chydig o drigolion Môn sy'n gwybod y ffordd i Foel y Don, er ei fod yn lle cymharol hawdd i'w ddarganfod, ond llai fyth allai ddarganfod eu ffordd i Lanidan. O le mor ddiarffordd, mae'n siŵr nad oes yr unlle arall a enwir mewn dogfennau hanesyddol sydd â chymaint o amrywiaeth i sillafiad ei enw: Bolydon, Bollodon, Llanden, Llanddyn, Llannden, Llannedan, Llannedan alias Bol y Don, Llannedan alias Boneydon, Llaneoden, Llanniden, Llaniovdan alias Bonydon, Llannydan, Molieeton, Thlainidan, Thlanvidan a Thlannydan.

Mae'r cofnod cynharaf am y fferi hon yn dyddio o 1296, ond mae bylchau yn yr wybodaeth sydd ar gael amdani. Ymysg y cychwyr cynharaf roedd y canlynol:

1419: Deikws ap Ken yn talu 10/- y flwyddyn am ddwy flynedd.
1421: Hoel ap Lli a Med ap Hoel ap Gron.
1447: William Gruffith yn talu rhent o 20/- y flwyddyn am ddeuddeng mlynedd mewn partneriaeth â Hoel ap Lli.

1504: Res ap Lli ap Ieuan ap Gruff yn talu 40/- y flwyddyn am bedair blynedd. Erbyn 1508, talent 46/8 y flwyddyn.

Yn 1540, teithiodd John Leland (hynafiaethydd Harri VIII) o Aber Poull (Aber Pwll – enw gwreiddiol Y Felinheli) '*a passage a little shot above where lyith fery bootes to go ynto Terre Mone*' i Moileeton (Moel y Don).

1627: Lewis Owen yn talu 41/- o rent am y fferi.

1628: yr oedd y rhent wedi codi i £4 2s 0d.

Y mae Môn yn ffodus o'i dyddiadurwyr a cheir cofnod yn nyddlyfr William Bulkeley, Dronwy, Llanfachraeth iddo groesi efo'r fferi i Gaernarfon ar 10 Ionawr 1631 a '*set homewards by bolydon*'.

Collwyd cwch 'Bollodon' ar 12 Rhagfyr 1710 a boddwyd pymtheg o ddynion a deg ceffyl pan oedd y cwch bron o fewn cyrraedd i'r lan ar ochr Arfon. Er i gwch Abermenai geisio eu hachub, methiant fu'r ymdrech.

O 19 Mai 1708 ymlaen, rhoddwyd yr hawl ar y fferi i Thomas Jones oedd yn warchodwr i Thomas Lloyd. Yr oedd yr hawl hwn i bara am un flynedd ar ddeg ar hugain, hyd nes y byddai'r bychan, o bosib, wedi dod i oed. Adnewyddwyd y les ar 12 Ebrill 1939.

Ymysg defnyddwyr cyson y fferi roedd rhai o fyddigion Ynys Môn yn y cyfnod, ac roedd yn arferiad gan rai fel Robert Bulkeley, y dyddiadurwr o'r Dronwy, Llanfachraeth, William Bulkeley, Brynddu, Llanfechell, a'r Canghellor Edward Wynne, Plas Bodewryd, Rhosgoch, roi cildwrn yn anrheg

Moel y Don o Felinheli

Nadolig i gychwyr Moel y Don neu Gaernarfon. Tua'r flwyddyn 1745, roedd yr ymneilltuwr enwog Wiliam Prichard o Gnwchdernog, Môn, yn croesi o Arfon ar gwch Moel y Don. Ceir yr hanes gan ei fab John Wiliam Prisiart, a'i cofnododd yn 1818. Yr oedd Wiliam (y tad) yn cael ei erlid yn enbyd oherwydd ei ddaliadau crefyddol ac yn cael ei guro 'fel curo March i Ysgraff' gan Wŷr y Gynau Duon (eglwyswyr). Ymhen ychydig frawddegau o ddefnyddio'r ymadrodd, cawn hanes y tad yn dychwelyd i Fôn ar fferi Moel y Don o farchnad Caernarfon a 'llîd un o Blant y Diawl yn parhau' ac yn cael ei guro'n ddidostur gan un o'i gyd-deithwyr. Gafaelai Wiliam ym mhen ei geffyl, rhag iddo neidio i'r dŵr, pan ddechreuodd gŵr o'r enw Mr Morris, tad Henry Morris, Paradwys, ymosod â'i ffon ar yr anifail. Ceisiodd Wiliam Prichard ei rwystro ond methu wnaeth o. Trodd Mr Morris ei sylw at y marchog a'i fragaldio a'i gystwyo yntau hefyd. Fel roedd Wiliam yn mynd allan o'r cwch ac yn croesi'r planc i'r lan, yr oedd Morris yn dal ati i'w guro. Wedi cyrraedd y lan, gofynnodd Wiliam iddo beth oedd y rheswm am ei ymddygiad anystywallt. Chafodd o ddim ateb synhwyrol gan fod Morris yn parhau i'w gnocio a'i guro ar draws ei ben.

Gwylltiodd Wiliam a gafael ynddo a'i droi ar ei gefn ar y gro oedd ar y traeth, a chan afael yn ei ddwy droed, fe'i llusgodd gerfydd ei draed nes bod ei gefn yn noeth a'i gnawd a'i groen wedi eu harcholli. Trodd Morris at weddill y teithwyr a gweiddi, 'Mwrdwr! Mwrdwr!' ond pasio o'r tu arall heibio wnaeth pawb a gadael iddo dderbyn ei haeddiant.

Nid Prichard oedd yr unig grefyddwr amlwg i ddefnyddio'r fferi. Un arall oedd John Wesley, a'i defnyddiodd o leiaf ddwywaith. Yr oedd â'i fryd ar groesi ar Ddydd Iau, 6 Awst 1747 ond ei broblem oedd ei fod yn hollol ddi-Gymraeg a thrigolion Niwbwrch yn uniaith Gymraeg. Nid oeddynt yn deall ei gilydd a bu'n rhaid iddo aros drwy'r dydd nes gwelodd yr haul yn machlud a'r fferi yn dynesu at y lan. Ym mis Mawrth 1750 roedd Wesley ar ei ffordd i Gaergybi gyda'r bwriad o groesi i Iwerddon, ond fe'i perswadiwyd gan gychwr Moel y Don fod y gwynt yn rhy gryf a'r llanw'n rhy uchel, ac nad oedd yn ddiogel i groesi. Efallai y byddai teithiwr cyffredin wedi gwerthfawrogi'r gofal a gymerai'r cychwr ond nid felly Wesley, oedd yn amau mai aros am fwy o deithwyr i chwyddo'r elw yr oedd y cychwr gofalus! Croesodd yma eto yn 1756.

Hanesyn diddorol arall am grefyddwr yw'r un a geir ym Mwletin Cymdeithas Emynau Cymru 1986/87 am gyfansoddi emyn Gymraeg enwog.

Tra oedd yn eistedd ym mharlwr y Gardd Fôn, tafarn ger glanfa'r fferi yn y Felinheli, cyfansoddodd William Morris (1705–1762) bennill:

Golchwyd Magdalen yn ddisglair,
A Manasse ddu yn wyn,
Yn y ffynnon ddaeth o galon
Iesu ar Galfaria fryn:
Pwy a ŵyr na olchir finnau?
Pwy a ŵyr na byddaf byw?
Ffynnon rasol pen Calfaria,
Llawn o rinwedd dwyfol yw.

Y dyddiad ar y llawysgrif yw 5 Hydref 1762. Efallai fod yr emynydd wedi ateb galwad i bregethu ym Môn ar y Sul hwnnw, ond tybed a rannodd yr emyn â'i gynulleidfa?

Ehangwyd porthladd y Felinheli yn 1793 i hwyluso allforio llechi o chwareli cyfagos. Gyda'r diwydiant llechi yn Arfon yn tyfu, gwnaethpwyd defnydd mawr o'r fferi gan weithwyr yn y chwarel o Fôn fyddai'n croesi ar draws y Fenai i'r Felinheli ar eu ffordd i'w gwaith yn chwarel Allt Ddu a chwarel Dinorwig yn Neiniolen. Codwyd ffordd newydd o'r Allt Ddu i lawr Nant y Garth i Aberpwll. Nid oedd dynion Môn yn cael eu hystyried yn chwarelwyr go iawn gan fod honno'n grefft ynddi'i hun, ac roedd mwyafrif y Monwysion a weithiai yno yn rhy hen i'w prentisio. Yn hytrach, yr oeddynt yn cael eu cyflogi fel labrwyr, creigwyr a fforddolwyr. Gan fod cymaint yn gwneud y daith blygeiniol hon ar fore Llun o Langefni, Llannerch-y-medd ac o ardal Llanbabo yng ngogledd Môn, ar eu ffordd i farics y chwarel am wythnos, cafodd Deiniolen ei ailfedyddio yn Llanbabo gan y trigolion lleol. Byddent yn cerdded i Benscoins i ddal y trên i orffen eu taith gan y byddent wedi cerdded deg a phymtheg milltir a mwy i gyrraedd at y fferi yn y lle cyntaf gan gario cwdyn gwyn hir, fel cas gobennydd, yn llawn bwydydd a dillad ar gyfer wythnos o waith a byw yn y barics, cyn troi tua thre ar y penwythnos.

Ar 30 Tachwedd 1817 prydlesodd yr Arglwydd Boston y fferi am ddeng mlynedd ar hugain am £26 12s y flwyddyn. Yn 1823, gosodwyd y fferi gan yr Arglwydd Boston i Robert Morris a William Matthew am ddeng mlynedd. Yn yr un flwyddyn, ailfedyddiwyd pentref y Felinheli â'r enw Seisnig Port

Dinorwic. Wrth geisio egluro'r enw newydd hwn, mentrodd George Borrow yr eglurhad mai i gofio ymosodiad gan un o'r Norsmyn y'i bathwyd – Porth Dyn Norwig! Yn 1824 codwyd rheilffordd saith milltir o hyd o'r chwareli i'r porthladd ac erbyn 1841 yr oedd wedi ei hymestyn bedair milltir ar ddeg i Landdeiniolen.

Un arall o fysg llawer o deithwyr talog y Fenai (ac un o 'oriel crefyddwyr mawr Cymru') oedd 'Y Pab o Fôn' – y Parchedig John Elias. Ar un daith bu bron iddo golli ei geffyl a boddi. Ar ei ffordd i bregethu yng Nghaernarfon yr oedd Mr Elias, ac yn croesi'r Fenai ar fferi Moel y Don. Ceffyl cymharol ifanc a nerfus oedd ganddo bryd hynny, a gofynnodd y marchog i'r cychwr beidio â chodi hwyl y cwch rhag ofn i'r ceffyl ddychryn. Wedi gadael y lan, y peth cyntaf a wnaeth y cychwr oedd codi'r hwyl! Cafodd y ceffyl ei ddychryn a neidiodd dros ochr y cwch i'r dŵr, a thaflwyd Mr Elias i'r dŵr i'w ganlyn. Neidiodd un o'i gyd-deithwyr ar ei ôl i geisio'i achub, ond gallai'r pregethwr nofio ar ei gefn, a chafodd ei godi yn ôl i'r cwch. Achubwyd y ceffyl ac aeth y ddau ymlaen i'r cyhoeddiad. Dywedir i John Elias bregethu'n rymus iawn y noson honno yng Nghaernarfon.

Erbyn 1874 talai John Williams £37 y flwyddyn am les y fferi, oedd â phedwar cwch – dau i deithwyr a'r ddau arall i gario ceffylau, gwartheg, defaid a cherbydau. Amod arall y bu iddo'i gadw oedd codi dau bier bychan ddeg troedfedd o led, un bob ochr i'r Fenai, gosod cloch soniarus i rybuddio teithwyr o unrhyw berygl, a gosod arwyddion gyda'r costau teithio wedi eu nodi yn glir arno, a hynny o fewn chwe mis i gymryd cyfrifoldeb am y cwch. Dim ond yn ystod oriau'r dydd roedd y cwch i'w weithio. Yn ystod yr hanner can mlynedd nesaf, bu'r fferi yn nwylo llawer un:

1877 – Richard Williams yn cytuno i dalu £37 y flwyddyn am 21 mlynedd am hawliau'r cwch.

1897 – William Owen yn talu £44 10s y flwyddyn.

William Williams yn talu £47 y flwyddyn am 21 mlynedd o 5 Ebrill 1912. Yn 1918 cafodd ostyngiad pan ddaeth y gost i lawr i £15 y flwyddyn.

Ionawr 1920 – Capten Thomas Lillie a H. J. Roberts yn gyfrifol am y fferi ac yn talu £18 2s 6d tan Ebrill 1926 am y fraint. O 10 Hydref 1927, gostyngwyd y gost i £10 y flwyddyn.

Ers 1916, yr oedd y gost i deithwyr yn 2d y pen, a 3d y pen o 1918 ymlaen. Gosodwyd cwch modur i groesi yn 1920 a'r gost o deithio yn 2d am docyn sengl un ffordd a 3d am un i ddychwelyd.

Gwan iawn fu'r gefnogaeth am nifer o flynyddoedd a gwnaeth y cwch ei daith olaf yn Hydref 1935. O hynny ymlaen, cychod bychan oedd yn croesi yn ôl y galw. Ar 3 Mehefin 1938 roedd dyfodol y fferi yn ymddangos yn llawer mwy diogel – prynodd Cyngor Sir Môn a Chaernarfon yr hawliau i'r llithrfeydd a'r adeiladau perthnasol am £50. Yn y cyfamser diddymwyd y gwasanaeth yn llwyr ond pan ystyriwyd atgyfodi gwasanaeth y fferi yn 1993, prynwyd llithrfeydd y Felinheli a Moel y Don gan Gyngor Bwrdeistref Arfon. Trosglwyddwyd eu perchnogaeth i Gyngor Sir Gwynedd yn 1996 ond gan na wireddwyd y cynlluniau parthed y gwasanaeth fferi, gwerthwyd llithrfa Moel y Don yn ôl i Gyngor Sir Ynys Môn yn 2008 gan sicrhau ei fod yn parhau mewn dwylo cyhoeddus.

6. Fferi Tal-y-Foel

Dim ond un cychwr, sef Charon, a enwir ar Afon Angau (y Styx), ond bu llawer un yn gyfrifol am y cychod a groesodd y Fenai o Arfon i Fôn. Gwelir y cofnod cyntaf am fferi Tal-y-Foel – *'the passage of the water of Seynt'* – yn ystod teyrnasiad Edward I yn 1289 pan oedd y gost flynyddol o'i chynnal yn 35/-.

Er i'r fferi gael ei sefydlu ers o leiaf 1289, bwriodd llawer o gychwyr eu prentisiaeth wrth groesi Afon Seiont neu gario cerrig ar gyfer y castell cyn mentro i'r dwfn a chroesi i Ynys Môn. Rhoddwyd yr hawl i'r fferi i William Halley yn 1425 am ugain mlynedd am daliad o 7/- y flwyddyn. Rhoddwyd yr un hawliau i Thomas Bulkeley yn 1445 am daliad o 9/- y flwyddyn. Rhaid aros tan 1464 cyn gweld y cofnod cyntaf am y fferi, pan wnaed difrod i gwch *'passage of Talevoyle'* oedd yng ngofal John Myle. Ddeng mlynedd yn ddiweddarach, talai John 21/- o rent am y fferi. Ymhen saith mlynedd, yn 1481, mae'n siŵr mai aelod o'r un teulu oedd Lli ap Gruff ap Ieuan Moyle a dalodd 13/4 y flwyddyn o rent am y chwe blynedd nesaf. Talodd David Tewe yr un rhent rhwng 1488 ac 1489, cyn i Gr' ap Ieuan Moile gymryd y cyfrifoldeb am y cwch a'r fferi am bedair blynedd arall. Dros droad y ganrif, 1496–1503, bu Richard Sclater yn gwneud y gwaith cyn i Ithel ap Thomas gymryd drosodd yn 1503. Yr un oedd y rhent ers 1481 a'r un swm a dalodd Robert Gruffith, Porthamel, am ddeuddeng mlynedd o 1504 ond erbyn i law Ithel ap Thomas fod yn ôl ar y llyw, yr oedd y rhent wedi codi i 23/4 y flwyddyn am y pedair blynedd nesaf, beth bynnag.

Glanfa Tal y Foel

Gosododd Harri VIII bris y les yn 21/- ond cododd y pris yn syfrdanol dros y naw deg mlynedd nesaf hyd at 1608 pan oedd yn £11 y flwyddyn. Efallai fod hynny yn un rheswm pam fod cyn lleied wedi eu henwi yn gyfrifol amdani wedyn. Gŵr o'r enw Thomas Jones oedd y cychwr yn 1708.

Croesodd teithiwr o'r enw Hutton i Gaernarfon ar y fferi yn 1797. Disgrifiodd yr olygfa:

> The ferryboat at Tal-y-Foel is fully employed on Saturday morning and evening (Market Day) to bring and return them. I saw it unload thirty eight persons at one time, every one with a luggage for the market.

Ond yr hyn a'i dychrynodd fwyaf oedd ei fod yn eistedd ymysg deugain o deithwyr a'r rheini i gyd heb air o Saesneg rhyngddynt! Nid oedd hynny yn rhyfeddod, wrth gwrs, gan fod Caernarfon a Niwbwrch yn ardaloedd nodedig o Gymreig ac wedi para felly i'r unfed ganrif ar hugain.

Un arall o deithwyr y fferi yn ystod y flwyddyn honno oedd y Parchedig William Bingley, oedd yn deithiwr cyfarwydd â gogledd Cymru. Cofnododd hanes ei daith:

I crossed over from Caernarfon into Anglesea by the ferry boat which everyday when the weather will admit, takes passengers over the Menai ... The boat always goes at highwater and when ready to sail out, one of the men blows a horn in the town to collect together the passengers.

Ddaru Bingley ddim dweud faint oedd y gost i groesi ond yn 1821 yr oedd yn rhaid talu 2d am bob person ar droed, 3d am bob person yn marchogaeth ceffyl, 7d am ugain o ddefaid a 2d y pen am wartheg.

Un gwŷn a wnaed am y fferi yn y cyfnod hwn, fodd bynnag, oedd bod y cychwr yn rhy ddibynnol ar y gwynt a'r llanw. Mae'n amlwg mai 'llongwr tir sych' a fentrodd y sylw ac na wyddai am beryglon y banciau tywod rhwng y ddwy gyrchfan nac am y llanw twyllodrus yn y Fenai.

Does dim dwywaith fod Fferi Tal-y-Foel wedi bod ymysg yr hwylusaf o fferïau'r Fenai a bod llawer yn ei defnyddio i groesi i Gaernarfon, neu 'i'r Dre', yn hytrach na gwneud eu ffordd i drefi eraill Môn. Manteisiai llawer un ar brisiau mwy ffafriol am gynnyrch fferm ym marchnadoedd Caernarfon.

Marchnad Caernarfon

Roedd yno Dailwriaid o Fangor,
A Chryddion o Lannerch-y-medd,
A Matiwrs o Niwbwrch yn cerdded,
I'w gweled can amled â nedd;
Pe gwelsoch chi'r gweiddi, 'Bîff Nefyn',
Roedd Robyn, a'r hen fules frech
Wrth ochr y castell yn cega,
'Dewch yma, cewch ugain am chwech'.

Roedd llawer o ddwndwr a siarad
I'w glywed ym marchnad y moch, –
Gwyddelod a Saeson yn sisial
A'r hychod yn uchel eu rhoch;
Fe syrthiodd Huw Morris o'r Marian
Fel brechdan, ac Evan y gwas
Ar gefn Thomas Huws o Frynsiencyn
Wrth redeg â'r mochyn drwy'r Maes!

Glan y Gors

Dywed Emyr Jenkins mai fferïau Moel y Don, Y Foel (Tal-y-Foel) ac Abermenai oedd yr achos fod poblogaeth ardal Brynsiencyn wedi 'troi eu gwegil at weddill y sir a'u hwyneb at Arfon.'

Tua 1816, agorwyd ffordd newydd o Niwbwrch i Dal-y-Foel a fu'n fanteisiol iawn i'r fferi, er i fferi Abermenai golli allan. Yn gymharol ddiweddar, gwnaed sylw gan uchel siryf Gwynedd ar y pryd, Peter Rogers, mai da o beth fyddai atgyfodi'r gwasanaeth a'i ddefnyddio ar gyfer masnach leol a'r diwydiant ymwelwyr. Lluniwyd cynigion i gael gwasanaeth i gysylltu Caernarfon, Tal-y-Foel, y Felinheli, Moel y Don a Phlas Newydd. Awgrymwyd sefydlu'r un math o wasanaeth i gysylltu Bangor, y Gazelle (nid nepell o safle Fferi Porth yr Esgob), Porthaethwy a Biwmares. Yn dilyn astudiaeth gan Brifysgol Cymru daethpwyd i'r canlyniad y byddai cwch addas i beryglon y Swellies, i gario chwe deg o deithwyr, yn costio hyd at £200,000 i'w adeiladu. Byddai'n rhaid talu am wasanaeth peilot a chodi adeiladau pwrpasol ar y lan, a chan mai diwedd pob cân yw'r geiniog, anghofiwyd am y cynlluniau.

Yn 1763, collodd deg ar hugain eu bywydau ar fferi'r Foel. Suddodd un arall o gychod y Foel am iddo gael ei adeiladu, yn ôl cred leol, o goed wedi eu dwyn o Eglwys Llanidan.

Un a gafodd ei eni yn agos i'r groesfan oedd Syr Huw Owen – ar fferm Foel, Llangeinwen, yn 1804. Ei dad oedd Owen Owen o Gaernarfon, un a gredai ym manteision addysg i'w blant. O'i ben-blwydd yn wyth oed, teithiai Huw ar y fferi yn ddyddiol i ysgol y Parchedig Evan Richardson, Caernarfon, hyd at farw'r athro yn 1821.

Ar ddiwrnod olaf Chwefror 1829, ymddangosodd David Evans, gwehydd o blwyf Llangeinwen, Ynys Môn, o flaen y llys ym Miwmares i ateb cyhuddiad o *'theft of money whilst prisoner and prosecutor (Thomas Hughes, Tregaean, corn dealer) were lodging overnight at Talyfoel Ferry.'* Gwadu'r cyfan wnaeth Evans ond fe'i cosbwyd â dedfryd o ddwy flynedd o garchar a llafur caled. Un arall a fu o flaen ei gwell, a hynny yn 1837, oedd Margaret Williams, merch ifanc o Gaernarfon oedd yn gweithio fel morwyn i William Edwards, Castell, Llanidan, Ynys Môn. Cyhuddwyd Margaret o fod wedi dwyn arian ac eiddo gwerth £5 yn absenoldeb y teulu. Pan ddychwelodd William Edwards a sylweddoli beth oedd wedi digwydd, aeth i Fferi Tal-y-Foel gan iddo synhwyro y byddai'r lleidr ar ei ffordd adref ar y cwch. Darganfuwyd dau fwndel o ddillad arni a 29 sofren felen a deg swllt ar hugain wedi eu cuddio yn ei bonet. Dedfryd y llys oedd ei thrawsgludo am oes i

Awstralia ond awgrymwyd dangos trugaredd tuag ati oherwydd ei bod yn 'weak in intellect', ac mae'n debygol na welodd hi fyth 'y Cyfandir Pell'.

Yr oedd hwylustod y fferi o ddefnydd i bawb, boed dda neu ddrwg. Croesodd Thomas Kelly, crwydryn Gwyddelig a adwaenid dan sawl enw arall, ar y cwch cyntaf (rhwng saith ac wyth o'r gloch y bore) ar 9 Tachwedd 1872 yn ei frys i ddianc o afael yr heddlu, wedi iddo gael ei gyhuddo o ymosod ar Catherine Griffiths, morwyn, a Chapten King o Bresaddfed, Bodedern, Ynys Môn. Fe'i daliwyd yn Nghaernarfon a'i gael yn euog o'r ddwy drosedd. Ni fu'r rheithgor yn hir yn ei ddedfrydu i bum mlynedd o garchar.

Oherwydd natur ddaearyddol y Fenai a'i banciau tywod yn Nhal-y-Foel, ceisiwyd symud y lanfa i Barras, ond golygai hynny y byddai'n rhaid i'r teithwyr lanio yn Nhŷ Coch, Caernarfon, ac wynebu taith gerdded o tua milltir neu fwy i'r farchnad yn y dref. Gyda phwysau'r negeseuon roedd yn rhaid eu cario, ni fu hwn yn gynllun llwyddiannus o gwbl.

Daeth cyfnod yn hanes fferi Tal-y-Foel pan fu'r gwasanaeth yn ddibynnol iawn ar gwch o Gaernarfon, sef 'Cyfnod y Stemar Bach'. Croesodd y stemar gyntaf i Dal-y-Foel yn 1832. Ei henw oedd *Paul Pry* ac roedd yn eiddo i gwmni preifat. Yr oedd yn gorfod cystadlu â chwch Fferi'r Foel:

Rates for the Steam Packet
PAUL PRY, 1832
(Caernarfon to Barras, Llanidan)

Steerage	-	1d.
Deck	-	2d.
Cabin	-	3d.
Horses	-	6d.
Cattle	-	4d.
Pigs	-	3d.
Sheep	-	2d.

Yr oedd enw drwg i'r fferi yn y cyfnod yma ac i'r cychwyr:

The boatmen are insolent to ladies; the boats are dirty; pigs are carried in the same boat as passengers and passengers are made to pay extra for being carried ashore at certain states of the tide.

Digon helbulus fu cyfnod y stemar gan i'r Arglwydd Boston ddwyn gwŷs yn erbyn y cwmni yn eu cyhuddo o lanio teithwyr ar ei dir. Colli'r achos wnaeth yr uchelwr gan na allai'r stemar fynd yn ddigon agos at y lan, ac felly roedd y teithwyr yn cael eu rhwyfo ohoni mewn cychod bychan i lanio ym Môn. Methiant fu'r fenter er hysbysebu ehangu'r gwasanaeth i daith foreol o Gaernarfon i Borthaethwy, Bangor a Biwmares a dychwelyd wedyn gyda'r nos. Diwedd pob cân yw'r geiniog.

Ym mis Ionawr 1848, cynhaliwyd cyfarfod yn swyddfa Ymddiriedolwyr Harbwr Caernarfon dan gadeiryddiaeth Thomas Turner, y maer, i gyflwyno ystadegaeth a manylion am wasanaeth stemar y credid y gallai dalu ei ffordd a llwyddo. Sefydlwyd cwmni o'r enw Menai Navigation Company ym mis Mai y flwyddyn honno i roi'r cynlluniau ar waith. Cytunodd Arglwydd Boston i werthu ei hawliau i'r fferi am £225 a digolledwyd John Jones, y cychwr, â thaliad o £30. Archebwyd stemar gan gwmni Greenstreet & Paton o Lerpwl, ac ar 26 Ebrill 1849 cyrhaeddodd y stemar newydd, *Menai*, i Gaernarfon – ond ymhen llai na blwyddyn roedd y cwmni mewn trafferthion ariannol. Er ceisio codi mwy o arian drwy werthu cyfranddaliadau, erbyn 6 Mawrth 1851 roedd y cwmni ar werth – gan gynnwys y stemar, y cychod a'r hawl i weithredu fferïau Abermenai a Thal-y-Foel – am £1,075. Fe'i prynwyd gan Llywelyn Turner ar ran cwmni H. Owen & Feibion.

MENAI STEAM NAVIGATION COMPANY.
The auction advertised to take place on Thursday last, of the lease, steamer, boats, quays, and all appurtenances connected with the ferries of Carnarvon, Abermenai, and Moelydon, took place at the Guildhall. The auction was commenced by a bidding of £500 from Captain Davies, and the biddings were then fixed at £100. Mr. Robert R. Roberts, after the biddings were reduced to £50, bid £1050. After a tolerably spirited competition, Mr. Llewelyn Turner was declared the purchaser at £1,075. It subsequently, however, transpired that Mr. Turner purchased on behalf of Messrs. Owen and Sons, merchants, who will, we doubt not, work the ferries in a manner so satisfactory as to lead to extensive patronage on the part of the public, for it is certain that nothing but liberal management will ensure general support. The public should see that good roads are made on the other side of the river to the ferries.

Carnarvon and Denbigh Herald, 8 Mawrth 1851

Yr oedd prisiau am groesi yn cael eu harddangos:

Tal-y-Foel
Between the town of Caernarvon and
Anglesey to be paid each way

Passsengers	2d
Children	1d
Four Wheeled carriages with 2 horses	2s
Four Wheeled carriages with 1 horse	1/6d
Gig, Car, pony Carriage	1s
Donkey cart with 2 donkeys	9d
Donkey cart with 1 donkey	6d
Horse	6d
Cattle each	6d
Sheep	1d
Pigs	3d
Pig Stores	1½d
Geese per Score	6d

Yn 1853, cyrhaeddodd cwch newydd arall Gaernarfon: *Prince of Wales*, a weithredai fel fferi, tynfad a llong bleser. Hwn, yn fwy na thebyg, oedd y cwch a wyliodd Miss Augusta Pearson yn ei llyfr *A Spinster's Tour Through North Wales*. Ynddo, disgrifiodd yr olygfa a welodd yng Nghaernarfon, a theithwyr yn paratoi i groesi.

'Thursday, August 18th. 1853.
I was very much amused watching the proceedings of the people waiting to cross in the ferry boat. There was one nice little Welshwoman, the very pink of neatness, she was attired in the blue plaid of the Country with a cap as White as snow and her hat which crowned it, was most cannily enveloped in a blue pocket handkerchief – to keep the sea water from it, I suppose. She sat there on the boat with the composure of a little Duchess but no drawing of mine could do the little dear justice. The rest of the assemblage were of a quite different order, men, who had evidently been taking a holiday and taking a little something besides, which just elevated

their spirits sufficiently to make them amusing, and their stupid faces and gesticulations as they harangued the company were irresistibly ridiculous.

Yn anffodus, bu cryn gwyno am y gwasanaeth a gynigiai'r cwmni, ac mewn cyfarfod cyhoeddus a gynhaliwyd ar 22 Ionawr 1866 yn Neuadd y Dref, Caernarfon, awgrymwyd bod Cyngor y Dref yn ysgwyddo'r cyfrifoldeb o redeg y fferi. Gwrthodwyd y cynnig hwnnw.

Daeth newid arall i rym yn 1874 pan geisiodd y Cyngor Tref brynu cwch newydd am £400 yn hytrach na'r hyn y gofynnwyd amdano – £458 – er iddynt ymhen byr amser gytuno i redeg y fferi. Prynwyd y fferi a'i rhentu allan i'r Mri Moreton o 1875 ymlaen.

Un arall o gychod, yn hytrach na llongau, Caernarfon oedd y *Mayflower*. Pan gyrhaeddodd yr harbwr, aethpwyd â nifer o blant y dref ar daith bleser i Fôn ac yn ôl. Er bod haelioni'r cwmni i'w ganmol, nid oedd eu mordwyaeth yn sicr, ac mewn niwl trwchus aeth y cwch ar fanc o dywod a bu'n rhaid aros i'r llanw ei godi cyn y gallai ailnofio. Yr oedd rhieni'r plant, yn naturiol, yn bryderus ac yn eithriadol falch o'u gweld yn ôl yn ddiogel ar dir sych.

Ar 3 Hydref 1882, trosglwyddwyd yr hawl i weithredu'r fferi i Neil

Y 'South of France' a thafarn Yr Anglesey, Caernarfon

MacMillan. Fe'i hystyrid yn eithaf llongwr ac yn ddigon hirben, gan iddo rwymo boncyff coeden tu ôl i'r cwch a'i lusgo drwy'r sianel i gadw honno'n glir. O wneud hyn, yr oedd ei daith ar draws y Fenai yn unionsyth gan arbed glo a lleihau'r costau. Methodd yntau blesio pawb, a derbyniwyd cwynion yn ei erbyn am gario anifeiliaid, nwyddau a phobl mewn cychod yn hytrach nag ar y stemar. O Ddydd Calan 1893 ymlaen, rhoddwyd cytundeb un flynedd ar hugain i'r Capten Owen Lewis o Niwbwrch i redeg y fferi ar yr amod bod Cyngor Tref Caernarfon yn gwario £2,500 ar adeiladu pier a warws yn Nhal-y-Foel.

Ar 3 Ionawr 1896, lansiwyd y stemar *Arvon* yn iard longau I. B. Sheath, Rotherglen, Glasgow – stemar 90 troedfedd o hyd a 60 troedfedd o led efo lle i 300 o deithwyr. Y gost oedd £3,300 ond profodd yn werth pob ceiniog gan iddi weithio'i ffordd ar draws y Fenai am saith mlynedd ar hugain. Gwerthodd Capten Lewis y stemar i'r Cyngor Tref am £3,100 a chafodd ei ddigolledu am gynnwys ei warws. Yn 1902, Cyngor y Dref oedd yn gyfrifol am yr Anglesey and Caernarfon Ferry. Lluniwyd nifer o is-ddeddfau i gadw trefn ar y teithwyr, a phwysleisiwyd y byddai unrhyw un a dorrai'r deddfau hynny yn cael eu cosbi â dirwy hyd at £5. Yr oedd y deddfau hyn yn nodi'n glir sut y gellid mynd ar ac oddi ar y cwch a lle i brynu tocyn. Dyma rai ohonynt:

6. No person shall be in a state of intoxication, or guilty of any riotous or disorderly conduct, or use any abusive or indecent language, or beg or ask for alms on board any of the boats, or at or in or upon any of the slips, piers, landing places, pay-gates, or Ferry premises.

8. No person shall smoke tobacco in the cabins, or spit on any of the boats.

11. All carters or drivers of vehicles using or having used the boats, shall lead their horses along the gangways, piers, and stages, and all carts, carriages, and other vehicles with horses shall not be left on the boat pier, or stage without a carter or driver in attendance, and such carter or driver shall place a scotch through or under the back and front wheels of the cart, carriage, or vehicle whilst on board such boat, and the carter or driver shall have charge of the horses by the bridle while crossing the Straits.

12. A person bringing any goods, luggage, cattle, matter or thing, on board any boat used in working the said Ferry, shall comply with any order of the superintendent, master, or person in charge thereof.

Arwyddwyd yr un is-ddeddf ar bymtheg gan R. Gwyneddon Davies, Maer y Dref, a Robert O. Roberts, Clerc Cyngor y Dref, a chafwyd cytundeb y Bwrdd Masnach yn Llundain ac arwyddwyd ar ei ran gan T. W. P. Blomfield, Ysgrifennydd Cynorthwyol.

Ac felly y bu hyd at ganol y 1920au, pan aeth y baich ariannol a'r cyfrifoldeb am gynnal a chadw'r cwch yn ormod, a bu'n rhaid gofyn i'r Llywodraeth am gymhorthdal i brynu stemar newydd. Archebwyd cwch llai o iard Mri J. Abdela & Mitchell o Queensferry am £4,396. Cychwynnodd y cwch newydd o Queensferry i Gaernarfon ar 20 Gorffennaf 1923, a chyrraedd pen y daith drannoeth. Bu'n rhaid newid ei enw gwreiddiol, oedd yn gam anlwcus yn ôl llongwyr profiadol, o'r *Menai i Menna* am fod yr un enw yn cael ei ddefnyddio ar gwch arall. I lawer fu'n teithio arni, hon oedd 'Stemar bach Sir Fôn'. Hi oedd y rhodlong (*paddle steamer*) leiaf i'w hadeiladu erioed. Gadawodd Emlyn J. Roberts o Frynsiencyn ddisgrifiad ardderchog o'r llong:

Yr oedd ystafell y peiriant (*engine room*) yn y canol, ac wrth ddrws yr *engine room* y safai Evan Jones yr *engineer*, gyda'i gadach *oil* yn ei law. Yr oedd lle gwag mawr bob ochr rhwng yr *engine room* a'r ddau *paddle*, a dyma'r fan y byddai anifeiliaid yn cael eu cludo, yn geffylau, gwartheg, defaid a moch.

Dan gysgod y *paddle* ar un ochr, yr oedd caban bychan hollol breifat. Dyma offis Capt. Roberts ac oddi yma y byddai'n mynd o amgylch y stemar gyda'i flwch ticedi a'i fag pres, ac yn ôl i'r caban hwn y dychwelai hyd nes glanio.

Byddai'r pen blaen yn cael ei ddefnyddio i gario blowdiau, peiriannau a nwyddau eraill. Dan y dec yn y fan yma roedd lle cadw mân gelfi'r llong, megis rhaffau, a'r lle yn arogleuo o dar yn dragwyddol. Yn y fan yma treuliai Johnny Lloyd y llongwr ei amser hamdden. Uwch ben y ddau *paddle* ac yn rhedeg bob ochr uwchben yr *engine room* o dan gysgod yr un corn mawr, yr oedd caban bach y llywiwr. Dychmygaf y funud yma weld Daniel Jones gyda'i gap pig a'i locsyn gwyn, yn tragwyddol gnoi dim byd, a'i lygaid bron wedi cau wrth ddal i syllu ymlaen trwy bob tywydd.

Ym mhen ôl y stemar yr oedd dwy *step ladder* (grisiau) yn ein codi i fyny i ddec uwch na'r un tu blaen. Yno yr oedd seti a meinciau i'r teithwyr a ddymunai gael eistedd ar eu siwrnai, a dyna le braf oedd hwn hefyd, yn enwedig os byddai'r tywydd yn hafaidd. Yn y fan yma hefyd yr oedd drws mawr cryf, ac o'i agor yr oedd grisiau llydan yn ymestyn i lawr i gaban helaeth oddi tan y dec; yma hefyd yr oedd meinciau a seti o amgylch y caban er budd y teithwyr a ddymunai gysgodi rhag y gwynt, y glaw, a'r tywydd mawr. Yr oedd yn berffaith glyd yn hwn yng nghanol pob tywydd, ond weithiau byddai gorfod cael eu cau i mewn yn y caban, yn peri i lawer deimlo'n sâl, yn enwedig pan fyddai'r hen stemar yn rowlio a thocio yng ngrym y tonnau, ac yn wir fe fyddai ambell i storm ofnadwy i'w chael ar Afon Menai.

Ar ochr Ynys Môn o'r daith yr oedd dwy lanfa ar gyfer y cwch – y Cei Mawr (o goed) a ddefnyddiwyd pan fyddai'r llanw i fewn a'r Cei Bach (un hir a chul, wedi ei wneud o goncrit a chanllaw haearn bob ochr iddo) a ddefnyddiwyd pan oedd y llanw allan. Gan mai'r Cei Mawr a ddefnyddid amlaf, wrth ymyl hwnnw y codwyd warws i gadw nwyddau ar gyfer y daith ar draws y dŵr neu i ddisgwyl rhywun eu casglu a'u dosbarthu. Ger y warws oedd sied wedi ei rhannu'n ddwy i gadw parseli a basgedi o eiddo'r teithwyr.

Yn y rhan yma ar fore Sadwrn, fe fyddai'r llawr wedi ei orchuddio gan ugeiniau o fasgedi yn llawn o wyau, ac ymenyn ffarm ffres, a'r rhain wedi eu gorchuddio â lliain gwyn glân, neu yn bur aml, â dail Riwbob. Dyma'r cynnyrch y byddai merched de Môn yn ei gludo i'r farchnad yn y Dre o bentrefi Niwbwrch, Dwyran, Llangaffo a Brynsiencyn a weithiau o gyn belled â Malltraeth. Yr oedd y rhan arall o'r 'shed' yma yn gwneud y tro fel swyddfa dicedi, ac i wneud gwahanol fusnes ynglŷn â'r stemar.

Yr oedd Cei Mawr arall yng Nghaernarfon ar gyfer llwytho anifeiliaid a Chei Coed ar gyfer y teithwyr. O Gei Mawr Caernarfon y byddai peiriannau ffarm yn cael eu hallforio i Fôn, a phan fyddai'n dymor dyrnu yn Sir Gaernarfon, ac angen cludo dyrnwr mawr ar draws y Fenai, byddai o leiaf chwech o geffylau gwedd yn ei dynnu i fyny i'r stemar ond dim ond dau geffyl a thri dyn yn ei ddadlwytho!

Fel arfer, rhyw gwta chwarter awr gymerai'r daith os oedd y llanw yn caniatáu i'r stemar hwylio'n syth ar draws, ond nid felly oedd pob taith. Mewn llythyr a anfonodd i egluro'i absenoldeb o gyfarfod o Ymddiriedolaeth Harbwr Caernarfon, dywedodd Mr Trevor Hughes ei fod yn ei wely'n sâl. Aeth ei lythyr ymlaen i daflu'r bai am yr oerfel y dioddefai ohono ar wan-reolaeth y fferi o Arfon i Fôn ar 26 Tachwedd, 1917. Yn ôl y dioddefwr:

he was crossing to Anglesey by the one o'clock boat in company with his forrester and Mr. Gregory and Mr. Williams, the last two on behalf of the Corporation, who had to report thereon, and their report could not be good or rather hardly be worse save shipwreck (laughter). They were for two hours crossing, and then a boat was put out from the steamer to land passengers but had to return as it was impossible to land; the sea was so choppy and the steamer had got aground, the wind was blowing and the rain was coming down into the cabin (laughter). When at last they did land it was too late to do any business and he had to return without going ashore, after a three hours trip.

Caernarvon & Denbigh Herald, 7 Rhagfyr 1917

Ceisiwyd ateb ei gwynion ac egluro mai effaith y tywydd ar y tywod yn y Fenai oedd yn gyfrifol am yr amgylchiadau anffodus, ac y byddid yn cadw llygad barcud ar y sefyllfa o hynny ymlaen. Ni sonnir yn y cofnodion am neb yn dymuno gwellhad buan i Mr Hughes, druan!

Os oedd y llanw allan, rhaid fyddai hwylio o amgylch y traeth a mynd, bron iawn, i'r Felinheli cyn gallu troi'n ôl i Gaernarfon. I blant ysgol, yr oedd y tri chwarter awr yma o daith yn brofiad pleserus dros ben ac yn gyfle, weithiau, i wneud direidi. Byddai nifer o ddisgyblion yn gwneud eu ffordd ar gefn beic i gyfarfod â'r fferi erbyn hanner awr wedi wyth y bore ar gyfer y daith ddyddiol i'r Cownti, Central neu'r Higher Grade School. Pan fyddai'r llanw'n ffafriol i'r plant, byddent yn cyrraedd yr ysgol yn hwyr ac yn cael methu ambell wers amhoblogaidd, a hynny'n swyddogol, fel petai! Os oedd y llong yn gallu croesi'n syth ar draws, yr oedd y plant yn cymryd digon o amser i gerdded o'r porthladd i'r ysgol beth bynnag, ac yn gwario ambell geiniog yn siopau pethau da Caernarfon. Weithiau, byddai'r rhai mwyaf haerllug yn gwlychu eu dillad un ai mewn cawod o law go iawn neu o dan y tap dŵr yn y clôcrŵm er mwyn cael mynd i'r gegin i sychu a mwynhau paned a bisgedi gan y gogyddes. Wrth gwrs, mae pob chwarae yn siŵr o droi'n chwerw, a dyna ddigwyddodd pan fentrodd y bechgyn gau ffermwr o Fôn yn y caban ar y llong a rhoi bar ar draws y drws o'r tu allan fel na allai ei agor. Dim ond pan oedd y plant yn ddiogel wrth eu gwersi a'r stemar ar ei ffordd yn ôl i Fôn y clywyd y gŵr bonheddig yn gweiddi am gael ei ryddhau. Bu'n rhaid troi'n ôl a glanio'r un teithiwr anffodus. Aeth yn syth i gwyno am ymddygiad y plant a chafodd rhieni pob un oedd ar y fferi y bore hwnnw lythyr yn dweud y byddai pob plentyn yn gorfod talu'r gost lawn o dair ceiniog y dydd am deithio i'r ysgol o hynny allan yn hytrach na manteisio ar docyn tymor rhad.

Wedi chwe mlynedd o waith, daeth ei thaith i ben am fod nifer y teithwyr wedi gostwng yn sylweddol oherwydd hwylustod teithio ar fysiau a threnau. Gwerthwyd y stemar a phrynwyd cwch mawr, ond un llai o ran maint na'r *Menna*.

Yr olaf o gychod Caernarfon oedd y *Sussex Queen* – cwch gwerth £500 a allai gario cant o deithwyr. Fe'i symudwyd o Twickenham i Reading gan Capten Thomas Flynn a Harry Williams ac ymlaen wedyn, ar hyd gwahanol gamlesi, i Fryste. O Fryste ymlaen, fe'i hwyliwyd i Gaernarfon gan Richard Jones. Er iddo gael peth niwed yn nyfroedd bas y camlesi, bu'n gweithredu fel cwch fferi Tal-y-Foel am ddeng mlynedd rhwng 1929 a 1939, ond erbyn hynny yr oedd angen peiriant a siafft newydd. Cost y gwaith trin oedd £304.17s a bu'n rhaid disgwyl am saith mis i gwblhau'r gwaith a chael trwydded gan y Bwrdd Masnach i barhau fel cwch fferi. Ar 14 Medi 1942, prynwyd y *Sussex Queen* gan y Ministry of War Transport am £1,200 – oedd yn elw da o bron i £400.

Dros y blynyddoedd, gostwng wnaeth nifer y teithwyr:

1941 – 41,254 o deithwyr

1952-53 – 8,481 o deithwyr

Ar un o deithiau olaf y fferi, aeth bachgen bochgoch tua pum mlwydd oed efo'i fam i Gaernarfon er mwyn iddo brofi'r cyffro o fod ar y cwch cyn i'r gwasanaeth gael ei ddiddymu'n llwyr. Addewid a wnaed iddo oedd y câi wario peth o'i arian gloywon yn siop Woolworth Caernarfon. Yr oedd O.J. a'i fryd ar fotor-beic heddlu – un â golau glas yn fflachio arno. Felly y bu, ac wedi prynhawn yn crwydro'r siopau yn Dre, daeth O.J. a Sera, ei fam, at y lanfa i sicrhau sedd yn nhu blaen y cwch i wneud eu ffordd yn ôl i Dal-y-Foel ac ymlaen o fanno i Aberffraw. Sicrhawyd y sedd ac roedd O.J. yn hanner hongian dros ochr y cwch er

Pont 'Rabar, Caernarfon

mwyn edrych ar y tonnau'n torri ar flaen y cwch a'r ewyn yn tasgu i'r Fenai. Roedd y daith yn hir braidd gan fod raid i'r cwch amgylchynu'r banciau tywod yn y Fenai rhwng Arfon a Môn. Blinodd y bychan edrych ar y tonnau a throdd ei sylw at y motor-beic. Gafaelai ynddo yn ei law a'i rowlio ar ochr y cwch ond, yn ddirybudd, daeth ton a thorri ar ochr y cwch gan wlychu'r bychan. Yn ei ddychryn, gollyngodd y motor-beic i'r dŵr a hyd heddiw, meddai, gall weld golau glas y beic yn diflannu i'r dyfnderoedd. Oedd, yr oedd trip ar y stemar bach yn gallu bod yn un cyffrous am wahanol resymau.

Ar 30 Gorffennaf 1954, am 5.30 p.m., croesodd y fferi am y tro olaf i Dal-y-Foel. Am 7p.m. cariodd aelodau Cyngor Tref Caernarfon ar draws y Fenai i Fôn a daeth i ben saith can mlynedd o wasanaeth fferi ar draws y Fenai. Ychydig o sylw a gafodd y digwyddiad hanesyddol yma ym mhapurau Ynys Môn, a dim ond ychydig baragraffau digon di-sylw yng nghanol penawdau eraill e.e. 'Prinder Beirdd, Oherwydd y Cynhaeaf Gwair', 'Clwy'r Cwningod', 'Trip Ysgol Sul Horeb, Penmynydd i'r Rhyl', ac yn y blaen.

Dan bennawd pentref Brynsiencyn, yr oedd y gohebydd lleol wedi cael 'dweud ei ddweud' a gwelwyd yn *Yr Herald Cymraeg* (Awst 3, 1954):

Cwch Tal-y-Foel
Nos Wener yr oedd rhai wedi mynd i lawr i'r fferi i weld yr hen gwch yn dod trosodd am y tro olaf o Gaernarfon, ac yr oedd teimladau cymysg iawn yn meddiannu aml un o'r rhai oedd wedi bod yn mynd a dod drosodd i Gaernarfon am nifer fawr o flynyddoedd – rhai i fynd a dod i'r ysgol yng Nghaernarfon ac eraill i siopa a marchnata. Chwith yw meddwl na cheir y cyfle i fynd trosodd fel hyn eto.

Ar dudalen ôl yr un papur roedd y canlynol:

Go Ddigalon oedd y Maer
Trip Olaf Stemar Bach Sir Fôn
Ni fu 'stemar bach Sir Fôn' erioed yn teimlo fwy balch na nos Wener diwethaf oherwydd ni ddaeth i'w rhan o'r blaen i gario Maer Caernarfon a llu o gynghorwyr y dref, yn ôl a blaen i Sir Fôn. Ond ar yr un pryd, teimlai'n bur ddigalon wrth feddwl mai dyma oedd ei holaf daith.

Am saith can mlynedd bu cwch yn tramwyo Menai yn y lle yma, gan gludo teithwyr yn ôl a blaen rhwng Caernarfon a Thal-y-Foel ond yn ystod y blynyddoedd diweddaf sylweddolodd Cyngor Tref Caernarfon fod y gwasanaeth yma yn golled ariannol ac yn faich ar y treth dalwyr.

O ganlyniad penderfynwyd terfynu'r gwasanaeth a nos Wener ymgynullodd oddeutu trigain o bobl yn y cei i wylio'r Maer (Henadur William Hughes) a Chynghorwyr yn mynd ar fwrdd y stemar bach am y fordaith olaf.

Ar yr ochr arall i Fenai yr oedd nifer o bentrefwyr – a oedd yn erbyn y syniad o roddi terfyn ar y gwasanaeth – wedi ymgynnull i wylio'r 'Arfon' yn ymadael am y tro olaf am y tir mawr.

Wrth ffarwelio â phobl Môn, dywedodd y Maer mai digalon rywfodd oedd yr achlysur hwn.

Bellach, yr oedd y bws a hyd yn oed drên at law pawb i hwyluso teithio, a dyddiau car preifat i'r mwyafrif helaeth o bobl ar wawrio.

Englynion i'r agerddfad 'Menai' yr hon sy'n Mordwyo rhwng Môn ac Arfon o Borth Tal-y-Foel.

(ymddangosodd yn y *Caernarvon & Denbigh Herald*
23 Mehefin, 1849)

Ys o Fôn dros y Fenai, – orethawl
   Eir weithion yn ddifai,–
Hyd Arfon, ceir hyn, erfai
Hylon ei threfn ar lanw a thrai.

Agerdd fad yn gwrdd fudaw,– Monwysiaid,
   Mynwesu ei heiddaw
Yw Menai dros Menai draw,
Eofn swydd heb ofn suddaw.

Pob ton o'r eigion a rwyga;– pob un,
   Pawb yn hwn a wena;–
Ymlaen ac ôl ymlonna
Yn ei adeg,– ni oeda.

Yma enwir mewn pum munyd ,– y daw
    Ef dros y dwfr crychlyd,
  I Dal-y-foel,– di wnel fyd
  Herfeiddia ei arfeddyd.

Nid rhyw fad ansafadwy – yw Menai
  Yn myned i'w fordwy,
  Ond un a hydreiddia drwy
  Eithaf yr holl ryferthwy.

Tan herio'r gwynt yn hyrwydd,– dy rwygo
    Drwy'r eigion yn ebrwydd –
  Daw'n hylan i'r lan drwy hydd
  Awn adref mewn hynodrwydd.

Robert A. Pierce (Cystenyn Môn)
Llangeinwen, Môn

Stemar Bach Ar Lawr

Bydd stemar bach y Menna,
Yn llywio fel y saeth,
Yn lle mynd trwy y 'gwter'
Fe reda ar y traeth.

Mae Dan yn llywiwr campus
Ac nid ar Dan mae'r bai,
Fod stemar bach y Menna,
Yn fynych high and dry.

Mae popeth yn bur daclus,
A'r cwch sydd ar y dec,
A'r lifebelts yn y caban
Rhag ofn ei mynd yn wrec.

Does arni ddim cwt llywio
Fel ar yr Arfon gynt;
Mae Dan yn gorfod sefyll
Yng nghanol glaw a gwynt.

Mae Rolant efo'r cocos,
Ac Ellis Merchant Fruit
Sy'n brydlon iawn bob amser
Ymhell cyn canu'r ffliwt.

Mae Benja ar Allt Cerrig Barcud,
A'r twrna wrth y tro,
A Robaits wedi gwylltio
Yn gweiddi, 'Lloyd, let go!'

                                 Anh.

Stemar Bach Sir Fôn

Bu hon yn hwylio am gyfnod hir
    Rhwng Arfon a Môn, heb stŵr,
Cludai'r môr-deithwyr yn ôl a blaen
    Yn esmwyth dros erwau'r dŵr.

Pan fyddai'r draethell fel llinyn aur
    Yn rhannu y Fenai yn ddwy,
Rhaid oedd rowndio hon, a'r fordaith bêr
    Ychydig funudau'n hwy.

O'i gweled hi, sawl un aeth ar wib
    Dros bont y doc oedd gerllaw?
Y stemar bach wedi newid lle
    I'r hen lwyfan glanio draw.

Bob bore Sadwrn fe fyddai'n llawn
    Yn cychwyn o Foel y Don,
Y merched yn dod i farchnad y dre',
    A lle i anifail ar hon.

Ar ddiwrnod ystormus a'r gwynt yn gryf
    Cawn lechu'n ei chaban hi,
A'r tonnau'n ei throsi yn ddi-baid
    Fel corcyn ar wyneb y lli.

Ond byddai'n siŵr o gyrraedd y lan
    Yn ddiogel, er gwaetha'r gwynt;
Dim ond darlun ar gof yw'r stemar bach
    Fu'n croesi y Fenai gynt.

                                     Ann Hughes, Pentraeth

7. Fferi Abermenai

Croesai fferi Abermenai o Drwyn Abermenai i Belan yn Arfon ym mhen gogleddol Morfa Dinlle yn aber afon Gwyrfai. O holl fferïau'r Fenai, efallai mai un Abermenai a gofnodwyd gynharaf gan iddi gael ei chrybwyll hyd at chwe gwaith ym Muchedd Gruffudd ap Cynan, brenin Gwynedd yn niwedd yr unfed ganrif ar ddeg a dechrau'r ddeuddegfed ganrif.

    Gellir honni mai Abermenai yw'r lle mwyaf anghysbell ar Ynys Môn. Os yw felly heddiw, a dim ond llwybrau troed tywodlyd yn arwain iddo, sut le oedd yno wyth canrif a mwy yn ôl? Ond mae'n siŵr nad oedd pobl y cyfnod hwnnw'n meddwl ddwywaith am y peth gan nad oedd ond dau ddewis ar gael iddynt i deithio yno – ar droed neu ar gefn ceffyl. Waeth pa mor anghysbell, yr oedd yn safle pwysig. I brofi pwysigrwydd y lle, fe'i gadawyd i Angharad, gwraig Gruffudd ap Cynan, yn ei ewyllys pan fu'r tywysog farw yn 1137. Ym mhorthladd Abermenai y dewisodd lanio pan oedd ar ei ffordd o Iwerddon i Gymru i hawlio ei enedigaeth-fraint a theitl Tywysog Cymru. O Abermenai hefyd yr hwyliodd Matholwch i Iwerddon gyda Branwen ac, yn ôl chwedl Math fab Mathonwy, i Abermenai y daeth Gwydion a chydymaith o Gaer Dathyl. Cerddodd y ddau ger y glannau ac wedi cyrraedd Abermenai, gwelsant hesg a gwymon ar y traeth a gwnaethant gwch ohonynt i'w hwylio i borthladd Castell Arianrhod. Ceir cofnod am y fferi mewn adroddiad am eiddo'r diweddar frenhines Eleanor yn 1296 yn ogystal. Adnabuwyd y fferi fel un o 'gychod y brenin', a'r brenin oedd yn gyfrifol am ei chynnal.

Yn 1300, Tegwaret ap Madoc oedd yn ei rhedeg a thalai £3 o rent i'r Tywysog Edward yn 1302. Codwyd 10/- ychwanegol yn 1304, ond mae'n rhaid bod y busnes yn talu gan i rywun digon mentrus o Niwbwrch gynnig talu £5 y flwyddyn o rent yn 1305. Mae'n rhaid i'r awdurdodau sylweddoli y gallent hwythau fanteisio ar y fasnach arbennig yma a chodwyd y rhent i Tegwaret yn 1305/06 i £5 13s 4d.

Pan sefydlwyd bwrdeistref newydd yn Niwbwrch, Môn, yr oedd angen melin newydd ar gyfer y trigolion. Melin wynt oedd hon – y gyntaf ar yr ynys, efallai. Yn 1303 dechreuodd y saer, Matthew de Sylkeston, ar y gwaith o'i hadeiladu gyda choed o Lŷn a cherrig o Fathafarn. Mae'n bur debyg mai drwy borthladd Abermenai y mewnforiwyd y coed a'r cerrig ar gyfer y gwaith.

Gwnaed arolwg yn 1352 pan enwyd Ieuan ap Ath ap Tegwaret yn gychwr ac yntau'n talu dim ond 12/8 y flwyddyn. Yn 1414, rhoddwyd yr hawl i Hugh Huls ar y fferi tan 1426 am rent o 26/8 y flwyddyn, ond un araf am dalu oedd Hugh a gwnaed cwynion yn ei erbyn am fethu talu'r hyn oedd yn ddyledus. Thomas Aldenham, '*a groom of his* [y brenin] *bed chamber*' oedd deilydd nesaf swydd cychwr Abermenai a Phorthaethwy – a'i cafodd yn ddi-rent am ei oes! Ni fu honno'n oes hir iawn gan i'r cwch fod yn ôl yn nwylo'r brenin erbyn 1449 drwy ddeddf seneddol. Yn 1461, talai Robert Bolde y swm anhygoel o £130 am y fferi, ond ymhen pum mlynedd roedd y rhent wedi gostwng i'r £47 13s a dalai John Moile, gŵr prysur ac ariannog iawn yn ôl pob tebyg, gan iddo fod yn gyfrifol am fferi Tal-y-Foel hefyd ar yr un pryd.

Yr oedd tŷ'r fferi yn parhau yn eiddo i'r brenin yn 1493 gan i'r Goron wario 67/8 ar gyflogi saer coed a saer maen i gynnal a chadw'r adeilad. Yn 1510, Howell ap Lli oedd yn talu 77/8 am y cwch. Bu llawer o newid dwylo dros y blynyddoedd a cheir enwau fel Henry Wrey Jones, Thomas Williams ac Owen Hughes, Yr Arian Mawr o Fiwmares, yn gyfrifol amdani rhwng 1686 ac 1689.

Cafodd yr adeilad ei godi yn 1710 gan Arglwydd Bulkeley. Ar 17 Mai 1729 penodwyd 'Tide-surveyor' i Abermenai ar gyflog o £30 y flwyddyn a phedwar cychwr ychwanegol ar gyflog o £15 yr un y flwyddyn. Yr oedd tri chwch yn cael eu cadw ar y safle – un cymharol fychan yn cario 20–25 o deithwyr (y Cwch Coch), cwch canolig o ran maint a'r Cwch Mawr, a allai gario hyd at drigain o deithwyr.

Oherwydd ei safle cymharol anghysbell, ni wnaed cymaint a hynny o ddefnydd o fferi Abermenai, er i un argraffiad ar ddeg o *Patterson's Roads* argymell teithio o Gaernarfon ar fferi Abermenai er mwyn cyrraedd Caergybi. Ymysg y teithwyr a fentrodd y ffordd honno roedd Daniel Defoe:

... a ferry over to the island called Abermenai Ferry: And from thence a direct road to Holly Head. As we went to Holly Head, by the S. part of the island from Newborough, and came back thro' the middle to Beaumaris, we saw the whole extent of it, and indeed, it is a much pleasanter country, than any part of N. Wales, that we had yet seen; and particularly is very fruitful for corn and cattle. Here we cross'd the Fretum, or strait of Meneu again, and came to Bangor, at the place where King Edward I. intended to have built a great stone bridge, it wou'd indeed have been a work fit for so great and powerful a king, as K. Edward was: But the bottom being doubtful, and the sea in that place sometimes very raging and strong, the workmen thought it impracticable, and tho' as we were told, that the king was very positive in his design for a great while, yet he was prevail'd with at last to decline it.

From hence, I say, we cross'd to Bangor, a town noted for its antiquity, its being a bishop's see, and an old, mean looking, and almost despicable cathedral church.

Ymysg eraill a groesodd yma roedd Howell Harris, a ddefnyddiodd y cwch i groesi o Arfon i Landdaniel-fab, Môn, ddydd Sadwrn, 16 Gorffennaf 1749, ac yn ôl ddydd Llun, 18 Gorffennaf 1749, i deithio i Glynnog Fawr a Nefyn. Gwnaeth Dr Pocock, Esgob Ossory a Robert Mona Williamson (Bardd Du Môn) ddefnydd o'r fferi hefyd. Penderfynodd y bardd gerdded drwy Niwbwrch ar ei ffordd i Gaergybi, lle gobeithiai gael gwaith fel ysgolfeistr. Cyfarfu â John Pritchard, siopwr yn Niwbwrch, pan aeth i brynu baco yn ei siop. Gwisgai Williamson hances wen yn ei gôt, yn null ysgolfeistri'r cyfnod. Gwyddai John Pritchard arwyddocâd yr hances a chynigiodd swydd iddo yn ysgol y pentref. Derbyniodd y bardd y cynnig ac yn Niwbwrch y bu weddill ei oes.

Anwybyddodd Arglwydd Bulkeley y fferi am flynyddoedd lawer, a wnaeth o ddim adnewyddu'r les yn 1804. Diddymwyd y gwasanaeth fferi yn llwyr erbyn 1837.

Trychinebau

Nid oedd colli llongau yn ddigwyddiad dieithr yn y Fenai oherwydd cyflwr y llongau, y llanw a'r tywydd. Taith eithaf peryglus oedd honno o amgylch Ynys Môn, a mentrai sawl capten i ddyfroedd cul y Fenai i dorri ar y siwrnai. Roedd porthladdoedd prysur ar ei hyd – Biwmares a'i gargo cyffredinol, Bangor (llechi Dyffryn Ogwen), Porthaethwy (coed, gwrtaith a theithwyr), y Felinheli (llechi Llanberis) a Chaernarfon (llechi Dyffryn Nantlle).

Ysgrifennwyd adroddiad byr gan Dafydd Ddu Eryri yn cofnodi rhai o drychinebau'r Fenai.

RHYDAU A PHORTHFAOEDD (FERRIES) MÔN

1. Abermenai, ym mhlwyf Llanfair, Niwbwrch. Collwyd y Cwch yma, yn y flwyddyn 1664, a lliaws mawr a fuont foddi. 'Yn un mil chwech chant trigain pedair y bu'r golled fawr ym Môn.' J. GRIFFITH, Ysw., Llanddyfnan. Hefyd, suddodd y bad yma yn y flwyddyn 1785, Rhagfyr 5ed, sef diwrnod ffair y gaeaf Caernarfon pan y bu foddi 54 o bersonau o Fôn, ar y Traeth Melynog. Un dyn yn unig a ddihangodd yn fyw.

2. Porth Tal-y-Foel, ym mhlwyf Llangeinwen. Collwyd y bad yma yn 1723. Tua 30 o bersonau a fu foddi, a dau yn unig a ddiangasant; un o honynt drwy afael yn nghynffon march, a'r llall yn sefyll ar waelod neu gêl y cwch oedd a'i wyneb yr isaf. Sionsion (Johnson) bu farw yng Nghaernarfon flynyddoedd ar ôl hyn.

3. Porthaethwy neu Borth Bangor, ym mhlwyf Llandysilio. Collwyd y bad yn y flwyddyn 1726. Dau yn unig (mab a merch) a ddiangasant a'u bywydau.

4. Porth Biwmares neu Benmon, ym mhlwyf Llandegfan. Suddodd 1788 a dau yn unig a achubwyd. Collodd 29 eu bywydau.

5. Porthle Moel Don, ym mhlwyf Llanedwen.

Roedd y rhain yn drychinebau enfawr a gafodd effaith ddwys ar gymunedau cymharol fychan.

Yn ôl Charles G. Harper yn ei lyfr *The Holyhead Road: The Mail-coach Road to Dublin* (Chapman & Hall Ltd, 1902), roedd y fferïau ar draws y Fenai, bob un, yn beryglus ac enbydus, a 180 wedi colli eu bywydau wrth eu defnyddio rhwng 1664 a 1842. Fawr o hysbyseb, a dweud y gwir.

Symbylwyd ambell fardd i ganu i gofio achlysuron o'r fath. Yn 1603, boddwyd gwas Robert Madrun wrth groesi Traeth Lafan a chanodd Huw Pennant:

Dy was fab cariadus fodd
Yn y dŵr hwn a dariodd.

Boddwyd Roland Wyn o Benhesgyn ac Elizabeth, ei wraig (un o ferched teulu Meurig o Fodorgan) wrth iddynt groesi'n ôl o Sir Gaernarfon yn 1610. Yn ei alar amdanynt, canodd Syr Hugh Roberts iddynt gael bedd:

ym mynwes Abermenai ...
... Bu tynfa mewn bad tinfain,
Bu waedd oer hyll boddi'r rhain.

Un arall a luniodd faled, sef 'Coffadwriaeth am y nifer hynny o Bobl a foddodd yn Nhal-y-Foel 13 Ebrill 1723', oedd y bardd Siôn Tomos Owen o Fodedern:

wrth gofio eu marw mewn lli' a llanw
Mae heddiw chwerw, groyw gri ...

... Mewn dyfroedd dyrys darfu eu dwyn,
I'r gwaelodion cwympo a wnaethon';
Ach! arw gwynion, chwerw gri,
Ni ddaeth ond dau i dir yn fywion
Mewn agwedd llon o eigion lli ...

...Nid oedd llawenydd ar foreddydd
Ond rhyw annedwydd newydd nâd.

Yng nghwrs y faled, enwir rhai o aelwydydd blaenaf yr ynys, megis Gelliniog, Lledwigan a Rhuddgaer, lle teimlwyd y golled, ond nodir bod yr ergyd wedi effeithio ar Fôn i gyd:

Mae Môn eleni wrth gofio 'rheini
Heb un dyn ynddi yn llonni ei llais ...

Dau gant ar bymtheg ac ugain rhifdeg
A thair ychwaneg, henwa' i chwi,
Pan aeth yn sydyn y rhain mewn dychryn
Yn wael eu llun i waelod lli, ...

... Y trydydd dydd ar ddeg o Ebrill,
Gwae nhw mor serfyll oedd eu sail,
Yn Nhal-y-Foel bu'r golled honno;
Na ddêl i'w hôl fyth eto ei hail.

Yng Nghofnodion Eglwys Trefdraeth, ceir cofnod am ddamwain neu drychineb arall ddigwyddodd yn 1664:

Upon Saturday being the twentieth day of December 1664, the ferry boat at Abermenai missing, whereby eighty poor souls and upwards lost their lives, the certain number whereof is still unknown.

Yn ddiweddarach, cofnodwyd yr hanes gan William Bingley, a adroddodd fod y cwch wedi croesi'r Fenai ond, ar gyrraedd y lan ym Môn, i'r cychwr hawlio ceiniog ychwanegol gan bob un o'r teithwyr. Tra bu ffrae rhwng y sawl oedd yn hawlio a'r rhai oedd yn gwrthod talu, llithrodd y cwch yn ôl i'r lli. Fe'i collwyd a cholli bywydau saith deg naw allan o'r pedwar ugain oedd ar ei fwrdd. Mae Dafydd Ddu Eryri yn enwi'r un a achubwyd fel Huw Williams ond yn cynnig dyddiad gwahanol – Mehefin – i'r hyn a geir yng nghofnod Eglwys Trefdraeth. Dywed Bingley hefyd mai un gred ynglŷn â cholli'r cwch oedd iddo gael ei adeiladu o goed oedd wedi eu dwyn o Abaty Llanddwyn. Credai eraill mai coed o Eglwys Llanidan a ddefnyddiwyd.

Yn 1699 bu trychineb arall pan gollwyd cwch fferi Porthaethwy. Adroddir yr hanes yn *The Life and Works of Lewis Morris (1701–1765)*.

Roedd Morys ap Rhisiart Morys o'r Tyddyn Melus yn Llanfihangel Tre'r Beirdd wedi priodi Margaret merch Morys Owen o Fodafon y Glyn ychydig ynghynt:

Ei dwyn ar lasiad y dydd a wnaeth efe heb yn wybod i'w rhieni, a rhyw offeiriad wedi colli ei gân (medd y chwedl) a'u priododd hwy yn ddirgel ar doriad y wawr yng nghysgod Dâs tywyrch yn ddiarwybod i neb yn y gymmydogaeth.

Ymhen rhyw dri mis wedi'r briodas, aeth Marged i ffair Ŵyl Ifan ym Mangor gan groesi ar fferi Porthaethwy. Arhosodd Morys gartref i gwblhau ei waith ond:

rywbryd yn y prydnawn, rhywun a ddywedodd wrtho fod ysgraph Porthaethwy wedi suddo i'r gwaelod, a phob enaid ynthi wedi boddi, onid un wraig a ddaethai i'r lan wrth wynt ei pheisiau.

A'i wynt yn ei ddwrn, aeth Morys druan ar ei union i'r Borth gan ofni'r gwaethaf, ond drwy ryfedd ras, pwy ddaeth i'w gyfarfod ar Gerrig y Borth ond Marged, oedd wedi croesi adref ar gwch arall:

ac o wir lawenydd ei gweld yn iach lawen, Morys Prisiart a anturiodd gyd a hi adref, a thyna'r tro cyntaf y gwybu ei Rhieni hi, eu bod yn briod.

Ymhen naw mis, ganwyd eu mab hynaf, Lewis!

Bu ond y dim i drychineb arall ddigwydd ddydd Sadwrn, 12 Rhagfyr 1710 pan aeth cwch Bollodon (Moel y Don) i drafferthion. Ceir amgyffrediad o faint y cwch pan ddeellir fod pymtheg o ddynion a deg o geffylau yn teithio ynddo. Wedi cyrraedd bron at y lan yng Nghaernarfon, golchodd ton enfawr dros y cwch nes bod y dynion at eu penliniau mewn dŵr. Golchodd ton arall drosto a suddo'r cwch, ond gallodd pawb oedd arno neidio i ddiogelwch. Ar yr un dyddiad, bu'n rhaid i gwch Abermenai ddychwelyd i Gaernarfon er mwyn diogelu'r cwch a'r teithwyr rhag y storm. Gellir dychmygu grym y gwynt oedd wedi ei gywasgu, yn chwythu i fyny'r Fenai gul. Mewn gwirionedd, mae'n rhyfeddod na chollwyd llawer mwy mewn trychinebau o'r fath.

Os bu unrhyw un yn ffodus wedi trychineb ar y Fenai, bachgen dienw oedd hwnnw a achubwyd ar 13 Ebrill 1723. Yr oedd cwch Tal-y-Foel wedi troi wyneb i waered a phawb ond dau oedd arni wedi boddi. Gafaelodd gŵr o'r enw Johnson (neu Sionsion) yng nghilbren y cwch a gafaelodd y bachgen ffodus yng nghynffon un o'r ceffylau oedd wedi rhyddhau ei hun. Nofiodd hwnnw i'r lan a'r bachgen yn dal ei afael am ei einioes.

Fel Marged, mam y Morrisiaid, 'wrth wynt ei pheisiau' y daeth gwraig arall i'r lan pan suddodd cwch Porthaethwy yn ystod Hydref 1726. Achubwyd un gŵr arall hefyd – dywedir bod y cwch wedi ei orlwytho â theithwyr yn dychwelyd o ffair Bangor. Wedi mwynhau'r ffair, mae'n siŵr fod eu meddyliau ar bethau eraill wrth gamu i'r cwch. Beth bynnag, roedd y Fenai yn ddigon cul yn y fan honno ac felly byddai'r daith drosodd mewn ychydig funudau – ond profodd yn daith i dragwyddoldeb i bob teithiwr ond un.

Rywbryd tua 1783, collwyd cwch fferi'r Borth. Yr oedd y cychwyr, a gyflogwyd gan John Carter, wedi ateb yr alwad i groesi gydag un teithiwr a'i geffyl, ond erbyn i'r cwch groesi'n ôl, roedd y tywydd wedi troi a chododd storm enbyd. Suddodd y cwch.

Teithiwr a phregethwr oedd William Bingley. Cafodd ei eni yn 1774 yn Doncaster a'i addysgu yn ysgol ramadeg y dref a Choleg Pedr, Caergrawnt. Yn 1814 cyhoeddodd ddwy gyfrol am ei deithiau drwy Gymru un flynedd ar bymtheg ynghynt – roedd felly yn gyfarwydd â'r hanes am drychineb ar y Fenai yn 1785 pan oedd yng ngogledd Cymru yn 1798. Rhagfyr 5ed oedd y dyddiad, ac am bedwar o'r gloch y prynhawn, yn ôl Bingley, cychwynnodd fferi Abermenai o Gaernarfon i Fôn, er mai dim ond awr oedd hyd nes y byddai'r llanw'n cyrraedd y distyll ac yn gwneud y daith yn anodd iawn. Chwythai'r gwynt o'r de-ddwyrain, a chadw'r cwch yn agos i'r lan ar ochr Arfon oedd y peth doethaf i'w wneud er mwyn cysgodi cymaint â phosibl rhag y gwynt oedd yn chwipio banciau tywod y Traeth Gwyllt. Er iddynt rwyfo am a fedrent, methodd y criw gadw'r cwch oddi ar y banc – a chan nad oedd hwyl arno, doedd dim dewis ond i'r cryfaf o fysg y criw a'r teithwyr neidio i'r dŵr a'i wthio i ddiogelwch. Methiant fu hynny hefyd gan fod y gwynt yn ei chwythu'n ôl ar bob gafael. Llanwodd y cwch at ei hanner â dŵr a bu'n rhaid i bawb oedd ynddo ei adael a sefyll ar y banc tywod yn nannedd y gwynt a'r tonnau yn chwipio o'u cwmpas. Eu gobaith oedd y byddai rhywun yng Nghaernarfon yn gweld eu bod mewn trafferthion ac yn dod i'w hachub. Gafaelodd un o'r teithwyr, Huw Williams, yn y mast, a chydiodd cyfaill iddo mewn rhwyf, ond yr oedd gweddill yr hanner cant a phump oedd ar y banc tywod yn graddol suddo i'r sugndraeth. Erbyn hyn, yr oedd yn dywyllwch arnynt ac er i'w cri am gymorth gael ei chlywed yn yr harbwr, ac i gloch rybudd gael ei chanu er mwyn deffro pawb i'w cyflwr truenus, methu cyrraedd atynt wnaeth hynny o gychod a fentrodd allan. Yr oedd Cwch y Brenin yn ddigon mawr i gario pawb ond oherwydd y llanw isel, methu cyrraedd atynt wnaeth hwnnw hefyd. Llithrodd slŵp o'r Bermo ei hangor ond yn rhy hwyr.

Tynnodd Huw Williams ei gôt a'i esgidiau a rhwymo'r mast a'r rhwyf at ei gilydd â rhaff. Cynigiodd le i'w gyfaill ar y rafft fregus ond gwrthododd hwnnw'r cynnig, gan roi ei oriawr i Huw a dymuno'r gorau iddo. Wedi ffarwelio, llithrodd Huw ei hun i'r môr gan ddal ei afael yn y mast ac ymhen yr awr, gallai weld golau ar y lan yr ochr arall. Credai mai golau Tal-y-Foel a welai ond bu am awr arall yn dŵr a'r oerfel yn prysur grafangu ynddo. Fe'i taflwyd gan y tonnau i'r lan ac am ddwy awr bu'n cropian y filltir hir at y golau. Wedi cysgu dan gysgod gwrychyn, ail-fentrodd ar ei siwrnai a chyrraedd tŷ fferi Tal-y-Foel. Fe'i gwelwyd gan un o ferched y teulu – ond credai honno mai bwgan ydoedd! Wedi iddi ddeffro'r teulu ac iddynt hwythau fynd allan ato, gwelsant mai corff llegach iawn oedd yno. Aethpwyd ag ef i'r tŷ a'i osod mewn gwely cynnes. Rhwng gwres y gwely, cerrig poeth ac ambell ddiferyn o frandi, daeth ato'i hun erbyn bore trannoeth a'i unig ddymuniad oedd cael rhuthro adref i Dy'n Llwydan, Aberffraw mor fuan ag oedd bosibl i ddweud wrth ei wraig o dri mis ei fod yn fyw ac yn iach.

Gyda threigl amser, golchwyd gweddill y cyrff i'r lan. Cafwyd hyd i gôt ac esgidiau Huw ar y banc tywod ond welwyd fyth mo'r cwch. I gofio dihangfa Huw, a dihangfa dau Huw Williams arall o drychinebau ar y Fenai, cyfansoddwyd yr englyn a ganlyn gan Gwilym Berw:

> I oror dŵr, â'i Air, Duw – a yrrai
>   Wirion, fel annuw;
> Mawr ddialedd y môr ddiluw,
> Ni feddai hawl i foddi Huw.

(Er i Huw Williams fod yn eithriadol ffodus nid felly y bu ei fab. Hwnnw oedd yr olaf i foddi ar Ryd y Lasinwen, man croesi o Ynys Cybi i Fôn, mewn niwl trwchus yn ystod haf 1818.)

Yr oedd y rhai a foddwyd yn cynnwys 18 o bentref Niwbwrch:

William Jones a Mary, ei ferch, Gwningar (claddwyd ar 9 Rhagfyr 1785)

Griffith Griffiths, Neuadd Wen (claddwyd ar 9 Rhagfyr 1785)

Robert Thomas

Thomas Williams, Pendref (claddwyd ar 8 Rhagfyr 1785)

Y Parch. Lewis Pugh ac Ann ei wraig (offeiriad heb radd ond o Goleg yr

Iesu, Rhydychen, curad Llangefni a ordeiniwyd yng Nghadeirlan Bangor ar Medi 7 1777, claddwyd ar 19 Mawrth 1786)

Mary Evans, morwyn, Abermenai

Elizabeth Thomas, gwraig William Thomas, Ty'n Rallt (claddwyd 18 Rhagfyr 1786)

Jane Owen, gwraig Thomas Prichard (claddwyd 4 Chwefror 1786)

Jane Abram, gwraig William Thomas Tŷ Lawr (claddwyd 4 Chwefror 1786)

Richard Isaac, Sign Fawr

Margaret Hughes, gwraig weddw, 'Rhouse (claddwyd 17 Rhagfyr 1785)

Richard a Mary Thomas (plant), Plas (claddwyd 8 Mawrth 1786)

Mary, gwraig Owen Siôn Dafydd

John, mab Thomas Siôn Morgan (claddwyd 4 Chwefror 1786)

Mary Williams, morwyn Pendref

(*o Hanes Plwyf Niwbwrch*, H. Owen)

Darganfuwyd 32 o gyrff eraill, yn cynnwys pump o ferched. Yn eu mysg roedd corff John Rhydderch a ddaeth i'r lan ar 4 Mawrth 1786 (bu i nifer o'r cyrff fod yn y môr am beth amser, sy'n egluro pam fod cyfnodau hir rhwng dyddiadau'r ddamwain a'r claddedigaethau). Un arall a foddwyd oedd John Thomas, Tanylan, Llangristiolus, Ynys Môn. Nid oedd yn un o sefydlwyr yr achos yng Nghapel Paradwys, Llangristiolus ond yr oedd yn un o garedigion mawr yr achos. Bu'n arolygydd ar y gwaith o adeiladu'r capel.

Un arall a gollwyd '*in the melancholy and sorrowful catastrophe of the Abermenai ferry boat*' (*North Wales Chronicle*, 24 Ebrill 1828) oedd William Roberts, Tŷ Mawr, Aberffraw, gŵr Dorothy, merch Treddafydd. Yn Eglwys Trefdraeth, Ynys Môn mae cofeb iddo ac arni yr englyn:

> Llechu mewn gwely gwaeledd, – o'r dyrfa,
>   A darfod anrhydedd;
>   Yn y fonwent mae f'annedd,
>   Golud bach yw gwaelod bedd.

Effeithiodd y trychineb ar lawer, ac ysgrifennodd sawl offeiriad amdano yng nghofnodion eu plwyf. Dyma gofnod y Parchedig Henry Jones, person Eglwys Llangeinwen am y digwyddiad:

Be it remembered that on ye 5.th of Decemr 1785 (being fair day at Carnarvon) the Abermenai Ferry-boat, in its way home, was driven on the Great Sand Bank between Llanfagdalen in Carnvonshire and Porthygilfach in Anglesey (Wind bearing due South) and exceedingly high (strong) and the Waves running mountains high, immediately filled the Boat and rendered ineffectual all efforts to keep it in the deep – the Passingers therein to the number of 53 got upon the sd Bank where they remained from 6 in the even 'till about 9 at Night hoping their cries would bring them relief from some quarters but no assistance was sent them, and awful to relate, out of the 53 passengers one only escaped the general wreck viz: Hugh Williams of Tyddyn llwydyn (Dinllwydan) in the Parish of Aberffraw who, with the assistance of an Oar and the mast tied together, was by resting himself thereon, providentially driven ashore, about 200 yards to leeward (east) of Talyfoel house: 13 bodies were found on the sands the following day; the other 40 lay covered for several days; and 8 of [the]m have not been found to this day. Sepr 11 1786

Ef hefyd oedd person Eglwys Llangaffo ac fe ysgrifennodd adroddiad tebyg yn nghofnodion y plwyf hwnnw, gan ychwanegu gwybodaeth am drychinebau eraill ar y Fenai:

The Abermenai Ferry Boat was cast away Dec 5. 1705 wherby 53 persons perished.
A similar accident happened to the Tal y Foel ferry boat AD 1723 (see the Register for 1723) wherein perished abt 30 persons.
The Boat at Tal y Foel Ferry misscarried on the 13th of April 1723 being lost or ???, wherein perisherd about 30 persons.

Wedi'r trychineb, symudwyd y fferi i Dal-y-Foel.

Bu trychineb arall ddydd Llun, 25 Mehefin 1787. Wrth ddychwelyd o Ffair Bangor, trodd y fferi â'i hwyneb i waered. Daeth pedwar i'r lan ond collwyd wyth ar hugain yn Sianel Biwmares.

Roedd tua pump ar hugain o bobl ar eu ffordd, yn y cwch naw o'r gloch y bore, i'r farchnad yng Nghaernarfon fore Sadwrn 5 Awst 1820 pan gollwyd pawb ond un. Cred rhai mai fferi'r Borth (Porthaethwy) a gollwyd, ond mewn gwirionedd, fferi Tal-y-Foel oedd hi ond iddi fod yn defnyddio glanfa ger

Barras o'r enw Y Borth Newydd. Ei bwriad oedd hwylio ar draws i Gaepysgodlyn, rhyw filltir o Gaernarfon. Dywed adroddiad am y trychineb i William Williams, y porthwas, ddringo i ben y mast i ryddhau'r hwyl. Syrthiodd i'r dŵr a rhuthrodd pawb oedd yn y cwch i'r ochr i weld beth oedd wedi digwydd gan achosi iddi droi â'i hwyneb i waered. Un yn unig a arbedwyd, gŵr o'r enw Huw Williams o Fodowyr Isaf, Llanidan. Bu marchnad Caernarfon ar gau y diwrnod hwnnw o ran parch i'r rhai a gollwyd. Talwyd £2 5s i aelodau Eglwys Llanbeblig am godi naw corff o'r Fenai; 18/- am arch i Catherine Williams o Frynsiencyn; 2/6 am gario dau gorff i Lanbeblig a 3/- i'r torrwr beddau am ei waith.

Yn fuan wedi'r trychineb, ymddangosodd adroddiad am y digwyddiad yn y *North Wales Gazette* (10 Awst 1820) dan y pennawd 'Most Afflicting Calamity'. Yn yr un papur roedd llythyr yn cwyno bod gormod o deithwyr wedi eu caniatáu ar y cwch, a galwad am ddeddfwriaeth i rwystro'r fath ddamwain rhag digwydd byth eto. Casglwyd cronfa o £603 i gynorthwyo'r teuluoedd oedd mewn trallod. Ymysg y mwyaf anghenus roedd deg o blant amddifad a gollodd eu rhieni, sef Robert Thomas a'i wraig.

Credir nad oedd hawl cyfreithiol gan William, y porthwas, na'i frawd, Dafydd, i weithio fferi ar y Fenai (er iddynt wneud cais swyddogol ers Medi 1819 am hawl i wneud hynny, ni chafwyd ateb i'r cais hwnnw). Cafodd Dafydd ei arestio ar 20 Mehefin 1821 am iddo anwybyddu gŵys gan Syr Richard Gifford, twrnai cyffredinol, i roi'r gorau i weithio'r fferi. Yn dilyn deiseb gan bobl leol, fe'i rhyddhawyd ymhen chwe wythnos.

Yn dilyn y trychineb hwn, cyfansoddodd Ellis Roberts, y baledwr, y bardd ac anterliwtiwr, faled newydd a fwriadai i fod:

O Rybydd i bob Dyn a Dynes feddwl am y gwirioneddol Dduw cyn cychwyn o'i Tai rhag na ddoe nhw byth yn ôl yn gyffelyb ir trueiniaid yma a gollodd ei bywyd wrth ddyfod adre o Ffair FANGOR Dydd Llun 25. o Fehefin. 1787.

Yn 1823, caniataodd Arglwydd Boston i Robert Morris a William Mathew redeg dwy fferi ar y Fenai am gyfnod o ddeng mlynedd, ond bu llawer o gwynion am eu gwasanaeth a galw am i Dafydd Williams gael ei adfer i'w swydd.

Yr oedd, ac y mae, cymaint o ddiddordeb yn nhrychinebau fferïau'r Fenai fel iddynt gael eu cynnwys yn *The Book of Lists* fel y cyntaf o bymtheg 'Favorite Oddities of All Time'. O dan y pennawd '*Coincidences*' gwelir:

On December 5, 1664, the first in the greatest series of coincidences in history occurred. On this date, a ship in the Menai Strait, off north Wales, sank with 81 passengers on board. There was one survivor – a man named Hugh Williams. On the same date in 1785, a ship sank with 60 passengers aboard. There was one survivor – a man named Hugh Williams. On the same date in 1860, a ship sank with 25 passengers on board. There was one survivor – a man named Hugh Williams.

Ddywedwyd dim mwy. Doedd dim angen.

O 1820 ymlaen, ni fu damweiniau mawr ar y Fenai oherwydd i gychod stêm llawer mwy dibynadwy gael eu defnyddio ac i bont grog Telford gael ei hadeiladu a diddymu bron bob un o'r gwasanaethau fferi. Er hynny, yr oedd ambell wasanaeth cario teithwyr yn bodoli – yn arbennig felly ar ddiwrnodau prysur fel diwrnod Ffair y Borth pan oedd pobl o bob cyfeiriad yn heidio i'r dref. Felly roedd hi yn 1862.

Chwarae'n Troi'n Chwerw
Wedi mwynhau diwrnod yn Ffair y Borth, trodd nifer o ferched ifanc tua thref yn barod i godi'r bore dilynol a pharhau â'u gwaith fel morynion yng Nglyn Garth. Eu bwriad oedd mynd adref ar y cwch a chamodd pawb ond un i'r cwch yn llawn hwyliau da ond pwysodd yr olaf ar ochr y cwch a'i throi drosodd. Taflwyd pawb i'r dŵr ger y stemar *Fairy* wrth Bier y Derwyddon. Clywyd eu sgrechian o'r lan a daeth achubiaeth yn fuan. Aethpwyd â phawb i'r Mostyn Arms a'u trin gan Dr Thomas. Gan nad oedd cofnod o bwy yn union oedd ar y cwch y noson honno, ni allai'r heddlu fod yn berffaith sicr os oedd pawb wedi eu hachub neu peidio. Credai ei chyfeillion fod Sarah Philips wedi cerdded adref ond nid felly bu ac am hanner awr wedi saith y bore canlynol, codwyd ei chorff o'r Fenai.
North Wales Chronicle, 26 Hydref 1861

Y Pontydd

Ger Bangor yr oedd y bont gyntaf dros y Fenai, ond ŵyr neb erbyn hyn ei lleoliad.

Ar 11 Tachwedd 1282, roedd lluoedd arfog unwaith eto a'u bryd ar groesi'r Fenai. Dyma ddyddiad Brwydr Afon Menai neu Frwydr Moel y Don – sydd bron â mynd yn angof gan rai ac na chlywyd amdani erioed gan lawer.

Yn fuan ar ôl ymosodiad ar Gastell Penarlâg ar Sul y Blodau 1282 gan Dafydd ap Gruffudd, a gwarchae ar Gastell Rhuddlan, apwyntiodd Edward I gadlywyddion yng Nghymru i drefnu'r ymgyrchoedd olaf yn ei goncwest o Gymru. Casglodd ynghyd longau o borthladdoedd y Cinque yn ne Lloegr a seiri llongau i adeiladu cychod yng Nghaer. Cynlluniodd William Marlepas a Laurence o Windsor, dau farwn o Hastings, ynghyd â'r brenin, bont. Gorchmynnwyd Stephen Penchester, warden porthladdoedd y de, i drefnu'r gwaith a'i gwblhau erbyn 23 Mehefin. Anfonwyd gorchymyn i Reginald Alard o Winchester i ddanfon deugain o ysgraffau (*escutes*) i Gaer er mwyn dechrau ar y gwaith o godi pont Bangor. Ni chyflawnwyd y gorchymyn am fod yr ysgraffau yn rhy fawr a'r llongau i'w cario yn rhy fychan. Yn ogystal â chychod, yr oedd y brenin am osod styllod i gysylltu'r cychod i greu pont dros y Fenai ger Bangor er mwyn i farchogion a milwyr troed allu croesi'n rhwydd.

Ar 22 Mai 1282, anfonwyd gorchymyn i Reginald Alard o Wincheslea i sicrhau deugain o gychod gwaelod gwastad at ddefnydd y brenin yng ngogledd Cymru, ond gan na allai longau'r cyfnod gario llwyth o'r fath, fe'u hadeiladwyd yng Nghaer. Yng Nghofnodion y Llys, gwelir bod taliad o £3 14s 11½d wedi ei ganiatáu i Robert FitzJohn am adeiladu cychod o'r fath yng Nghaer (yn Burton, Cilgwri, a'u cadw yn Rhuddlan) rhwng 30 Gorffennaf a 9 Awst 1282. Talwyd costau teithio o £5 o dde Lloegr i Gaer i'r seiri a'u hoffer, a hanner coron ychwanegol i'w harweinydd, William Martyn, oedd yn 'hen law profiadol ar y gwaith'.

Erbyn mis Awst yr oedd llu o filwyr, yn cynnwys dwy fil o filwyr traed a dau gant o farchogion, dan arweiniad Luke de Tany, wedi cyrraedd Llanfaes, yn barod am y gorchymyn i groesi i Arfon er mwyn bod o fewn cyrraedd hwylus i gestyll Caernarfon a Chricieth. O ddal Môn dan warchae, roedd de Tany yn amddifadu'r Cymry o lawer o'u grawn ac yn dwyn eu sylw oddi ar y gwaith o amddiffyn Conwy.

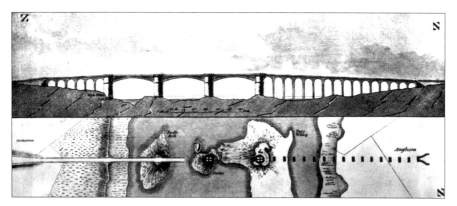

Dau gynllun aflwyddiannus ar gyfer pontydd i groesi'r Fenai

Ar 30 Awst aeth Richard, y peiriannydd, â thrigain o seiri i Fôn. Aeth Henry o Rydychen â chant arall gyda'r bwriad o godi amddiffynfeydd, y bont goed a stordai. Am gwblhau'r gwaith mewn byr amser, gwobrwywyd pob un o'r gweithwyr â rhodd hael iawn o win. Cafodd pont bren ei chwblhau erbyn diwedd Medi, ond bu'n rhaid disgwyl am y gorchymyn i'w chroesi. Ddaeth y gorchymyn ddim gan fod Edward yn ystyried canlyniadau trafodaethau rhwng yr Archesgob John Peckham, Archesgob Caergaint, a Llywelyn ap Gruffudd yng Ngarth Celyn. Gwadodd Llywelyn iddo chwarae rhan yn nhrefnu'r gwrthryfel yng ngogledd Cymru, ond ni allai lai na pheidio cefnogi ei frawd. Cynigiwyd llwgr wobr iddo am ildio'i dir a'i bobl i'r Goron. Gwrthododd £1,000 y flwyddyn a stad yn Lloegr.

Wedi blino aros, ar 6 Tachwedd, mentrodd de Tany a'i farchogion ar draws. Yn ôl Walter o Guisborogh,'*the English knights and armed men crossed the bridge at low tide eager for glory and renown.*' Yr oedd y Cymry'n aros amdanynt, ac yn dilyn ymosodiad ffyrnig iawn, bu'n rhaid i'r Saeson droi yn ôl i ferw'r llanw. Lladdwyd dros ddeg ar hugain o farchogion, gan gynnwys de Tany ei hun a thri chant o filwyr troed.

Our men preferred to face the sea than the enemy. They went into the sea but, heavily laden with arms, they were instantly drowned.

Ymhen mis, ar 11 Rhagfyr, yr oedd Llywelyn wedi ei ladd. Yn ôl Brut y Tywysogion, 'gwnaethpwyd brad Llywelyn yn y clochdy ym Mangor gan ei wŷr ef ei hun'.

Er eu buddugoliaeth, ni ddinistriwyd y bont gan y Cymry a pharhawyd i'w defnyddio ac am fis, o 23 Tachwedd hyd at 28 Rhagfyr, parhawyd â'r gwaith o'i hatgyfnerthu gyda seiri coed a seiri meini yn teithio o Ruddlan a chario defnyddiau adeiladu o Gaer ar gyfer cwblhau'r gwaith. Bu'r bont yn gaffaeliad i'r Saeson ond gan fod Castell Caernarfon wedi ei feddiannu a Chastell Harlech wedi dechrau ei adeiladu, yr oedd ei defnyddioldeb yn dod i ben ac fe'i datgysylltwyd i hwyluso taith llongau hwylio drwy'r Fenai, a rhwng 14 Gorffennaf ac 17 Gorffennaf 1283 bu pum cwch yn cario coed a cherrig o'r safle i Gaernarfon. (*The King's Work in Wales 1277 -1330*, A. J. Taylor)

Pont Menai
Thomas Telford

Pwy fyddai'n meddwl y byddai mab i fugail yn cael ei alw yn 'Colossus of Roads', 'Father of Civil Engineering' neu 'Pontifex Maximus'? Er mai chwarae ar eiriau y mae rhai o'r enwau hyn, maent yn ddisgrifiad effeithiol iawn o Thomas Telford, sy'n cael ei gofio ymysg yr enwogion yn Abaty Westminster, Llundain. Bu farw ar 2 Medi 1834 yn ei gartref, 24 Stryd Abingdon, Westminster, Llundain, a'i gladdu ar 10 Medi 1834 yng nghorff Abaty Westminster. Adnewyddwyd y garreg fedd fechan wreiddiol yn 1974 i un o fetel ac arni'r geiriau: '1757 THOMAS TELFORD 1834. PRESIDENT OF THE INSTITUTION OF CIVIL ENGINEERS'.

Yng Nghapel Sant Andreas yn yr abaty, mae cerflun marmor gwyn o Telford a luniwyd gan E. H. Baily yn 1839. Dengys Telford ag offer mesur a llyfrau yn ei law. Ar y cerflun mae'r geiriau:

Born in Dumfries-shire in MDCCLVII. Died in London MDCCCXXXIV. This marble has been erected near the spot where his remains are deposited by the friends who revered his virtues: but his noblest monuments are to be found amongst the great public works of this country. The orphan son of a shepherd, self educated, he raised himself by his extraordinary talents and integrity from the humble condition of an operative mason, and became one of the most eminent civil engineers of the age.

Ganwyd Telford ar 9 Awst 1757 ger Westerkirk, yn unig fab i John a Janet (Jackson). Bu farw'r tad ychydig fisoedd wedi geni'r mab ac er gwaethaf tlodi'r cartref, tyfodd Thomas yn fachgen cryf ac iach a elwid yn 'Laughing Tam' gan ei gymdogion gan ei fod yn gymeriad llawn hwyl. Yn ystod hafau cynnar ei fywyd, bu'n byw gyda pherthynas iddo gan weithio fel bugail, a phan ddeuai'r gaeaf, gweithiai fel negesydd ac ennill ei damaid fel porthmon gwartheg. Pan oedd yn bedair ar ddeg oed, fe'i prentisiwyd yn saer maen a gadawodd Eskdale yn 1780 i weithio yng Nghaeredin. Yn 1792, cyrhaeddodd Lundain i weithio ar Somerset House, ac ymhen dwy flynedd arall roedd yn gweithio ar adeiladu dociau newydd ym Mhortsmouth. Er mai ifanc ydoedd, cafodd enw da fel gweithiwr caled a chydwybodol. Codai am saith bob bore – a chynt yn yr haf – a gweithio tan bump y prynhawn cyn noswylio, ar ôl darllen ac ysgrifennu am helyntion y diwrnod, am naw y nos.

Daeth i amlygrwydd wedi cyfnod o weithio yn swydd Amwythig, lle bu'n gyfrifol am godi pont dros afon Hafren ym Montford, eglwysi yn Bridgenorth a Coalbrookdale, a charchar yn nhref Amwythig. Fe'i dyrchafwyd yn Syrfëwr Gweithiau Cyhoeddus y sir. Ef hefyd adeiladodd y gamlas i gysylltu gwaith dur a glofeydd Wrecsam â Chaer ac Amwythig. Cododd y draphont ddŵr ym

Campwaith Thomas Telford: Pont Menai

Mhontcysyllte gan ddefnyddio cafn o haearn bwrw wedi ei osod mewn gwaith cerrig. Treuliodd gyfnod yng ngwlad ei febyd yn adeiladu camlas y Caledonian a naw can milltir o ffyrdd cyhoeddus, ac oni bai i gamlesi gael eu disodli gan reilffyrdd, byddai'n cael ei gofio fel adeiladwr camlesi yn hytrach na dim arall.

Efallai mai'r ffordd orau i ddisgrifio Telford yw drwy ddweud ei fod yn 'byw i weithio ac yn gweithio i fyw'. Ar ôl codi'n blygeiniol, gweithiai ar ei gyfrifon neu gynlluniau tan naw o'r gloch. Wedi iddo gael brecwast, byddai'n ymweld â safleoedd gwaith drwy'r bore cyn cael cinio am ddau o'r gloch y prynhawn. Rhwng hanner awr wedi tri a phump byddai'r ymweliadau â safleoedd gwaith yn parhau, neu gweithiai ar ragor o gynlluniau. Câi de am chwech yr hwyr a chyfnod arall o baratoi cynlluniau neu ddarllen tan naw. Wedyn, byddai'n bwyta swper cyn mynd i'r gwely. Eithriad oedd iddo fynd allan i swpera.

Ar hyd ei oes, gweithiodd Thomas Telford fel saer maen a phensaer ond fe'i cofir yn bennaf am ei gyfraniad i adeiladu ffyrdd a chodi pontydd. Gellid dweud bod yr enghreifftiau gorau o'i waith i'w gweld hyd heddiw yng ngogledd Cymru.

Yn 1811, cyflwynodd gynlluniau i'r Llywodraeth i godi ffordd newydd o Lundain i Gaergybi. Manteisiodd ar sylfaen Rufeinig Stryd Watling o Lundain i Amwythig, ond bu'r cant a chwe milltir arall i Gaergybi yn brawf o'i alluoedd. Yr oedd ôl ei law i'w weld ym mhob agwedd o'r gwaith – ef ei hun a gynlluniodd y cerrig milltir a'r tolltai ar ochr y ffordd, cododd Bont Waterloo ym Metws-y-coed, cynlluniodd y modd y mae'r ffordd yn dringo i Gapel Curig

MESURIADAU A CHOSTAU ADEILADU PONT MENAI.	
Hyd	1,265 troedfedd
Uchder y Tyrrau	153 troedfedd.
Prif Rychwant	580 troedfedd.
Pwysau'r gwaith dur	3,200 tunnell.
Cost y cerrig	6d y dunnell - o Chwarel Penmon.
Uchder y ffordd uwchlaw'r mor	100 troedfedd.
Gorffennwyd	1826
Cost	£120,000
Pwysau'r cadwyni	1,300 tunnell.
Rhyddhau o doll	Rhagfyr 31ain,1940.

ac yn disgyn drwy Nant Ffrancon i Fethesda a Bangor, heb sôn am y gampwaith sy'n croesi'r Fenai. Gweithiodd ar y ffordd drwy ogledd Cymru o Fangor i Gaer ac mae ei bont dros afon Conwy wedi cael ei chymharu yn ffafriol â Phont Menai. Profwyd ei fedrusrwydd gan fod ei waith yn parhau i sefyll a chael ei ddefnyddio hyd heddiw mewn amgylchiadau gwahanol iawn i'r hyn a fwriadwyd gan Telford ei hun.

Bu farw yn Llundain yn ddi-briod, ac ni chrybwyllwyd unrhyw berthynas teuluol yn ei ewyllys. Cydnabuwyd ei gyfraniad yn swydd Amwythig yn y 1970au pan enwyd tref newydd Telford ar ei ôl.

Telford

... who o'er the vale of Cambrian Dee,
Aloft in air, at giddy height upborne,
Carried his navigable road, and hung
High o'er Menai's Straits, the bending bridge;
Structures of more ambitious enterprise
Than minstrels in the age of old romance,
To their own Merlin's magic lore ascribed.

Robert Southey

Y Bont

Disgrifiwyd codi Pont Menai fel 'y digwyddiad heddychlon mwyaf dramatig yn hanes y Fenai'. Tipyn o ddweud. Tipyn o gamp. Disgrifiwyd y bont, yn dilyn ei hadeiladu, fel 'dim amgen na symbol mathematgol mawr' a 'Seisnigaidd, sych a phedantig' ei chymeriad, gan arlunydd o'r enw Carl Gustav Carus a oedd yn un o gyfeillion Goethe. Datganiad mawr, ond andros o gamgymeriad!

Bu'r pwnc o godi pont dros y Fenai yn destun trafod ers blynyddoedd, yn wir, ers degau o flynyddoedd, ymysg peirianwyr amlwg eu dydd. Mor bell yn ôl â 1776 ymddangosodd cynllun gan Goldborne yn awgrymu codi cob neu forglawdd, a phont yn ei ganol. Yn 1785, awgrymodd Nichols bont bren gyda *drawbridges* ar Ynys Cadnant. Ymysg y sylwadau a wnaed yn lleol ac yn genedlaethol yn dilyn cyhoeddi'r syniad am bont bren, cafwyd peth manylion am y Fenai ei hun a'r safle ddewisedig.

At the Place where it is proposed to build the Bridge, the Channel is about Five Hundred Yards across and at High Water Forty-six Feet deep. Two tides meet near this place, and the Current runs near to Five Miles an Hour.

London Chronicle

Tri chwestiwn oedd yn codi:

1. Whether it is practicable to build the proposed Bridge?
2. Whether if built it will injure the navigation?
3. What Funds there are to defray the Expense of the Work, together with its annual Repairs?

Yr awgrym ynglŷn â chodi pont bren oedd y dylid cael o leiaf ddeg a phedwar ugain o byst i gynnal yr adeiladwaith, a'r rheini wedi eu gosod mewn tyllau pymtheg troedfedd o ddyfnder mewn sylfaen yn y graig! Yr oedd yr ymateb yn chwyrn:

The ridiculous absurdity of such an Idea is certainly too glaring to be retained for a single Moment … it is too preposterous … altogether impracticable.

Yn yr amser hwnnw yr oedd hyd at 4,000 o longau o bob maint yn teithio drwy'r Fenai yn flynyddol a chredid y byddai'r gwaith adeiladu yn amharu ar y daith. Dylid cofio bod y Fenai, hefyd, yn lle cysgodol mewn storm a phe byddai unrhyw beth yn amharu ar y daith ac yn arwain llongau i ddewis cysgodi ym mhorthladd Caergybi, yna byddai dyfodol a ffyniant economaidd tref a sir Gaernarfon mewn perygl. Yr oedd yn fwriad codi toll ar bob llong a basiai heibio a byddai hynny, ynghyd â gorfod oedi, yn gyfrifol am beryglu dyfodol y dref hefyd. (Cyfrifwyd wedyn mai dim ond 2% o gost codi'r bont y byddai codi toll yn ei adennill.) Y pryder mwyaf oedd hirhoedledd – neu ddiffyg hirhoedledd – pont o'r fath. Byddai pyst pren o dderw Prydeinig wedi pydru ymhen ugain

Llofnod Telford

mlynedd a byddai'r gost o'u hadnewyddu gymaint â'r gost o adeiladau'r bont wreiddiol. Yr oedd '*the secret and certain Depredations of the Sea Worm and for which no cure has been found*' yn boen enfawr ac yn sicr o fod yn hybu'r ymgyrch wrthwynebol. Hefyd, pa bwrpas oedd i godi pont pan oedd fferi ddiogel a phwrpasol ar gael yn barod? Pum munud fu'r oedi hiraf i'r Post Brenhinol tra oedd yn disgwyl cwch i groesi'r culfor.

Gan fod angen cyswllt rhwydd rhwng Llundain, Caergybi a Dulyn, pwysodd aelodau seneddol Gwyddelig yn 1801 ar yr awdurdodau i wella'r ffordd o Lundain i Gaergybi, a llwyddwyd i gomisiynu adroddiad gan John Rennie ar ei chyflwr a sut y gellid ei gwella. Yn ei adroddiad awgrymodd bont o haearn bwrw neu unrhyw un o dri awgrym arall. Yn anffodus i Rennie, yr oedd costau ei gynlluniau yn uchel iawn ac yn amrywio o £259,140 i £290,417. Oherwydd diffyg cyllid gan y Llywodraeth, araf iawn fu unrhyw ddatblygiad a bu'n rhaid aros hyd 1808, pan ofynnwyd i Thomas Telford adrodd ar gyflwr y ffordd a chynnig datrysiad i'r problemau. Cyhoeddwyd adroddiad seneddol, yn cynnwys argymhellion, yn 1811 ond ni weithredwyd yr un ohonynt tan 1816. Treuliodd Telford a thri arall ddeunaw mis yn arolygu'r ffordd yn enw Comisiwn Ffordd Caergybi. Ar yr un pryd, yr oedd y pedwarawd yn arolygu'r ffordd o Gaer i Fangor.

Roedd gan Telford gynlluniau ar gyfer dwy bont wahanol. Ei fwriad cyntaf oedd codi pont o dri bwa haearn bwrw 260 troedfedd o rychwant dros Graig y Swili, a bwa cerrig o 100 troedfedd o rychwant rhwng y rhai haearn. Y cynllun arall oedd codi pont dros Ynys y Moch gydag un bwa o haearn bwrw o rychwant o 500 troedfedd, a hwnnw 100 troedfedd uwchlaw'r dŵr a ffordd 40 troedfedd o led yn ei chroesi.

Yn y cyfamser, bu Telford yn gweithio ar gynlluniau eraill. Yn eu mysg roedd y gwaith o godi pont dros afon Merswy yn Runcorn. Gan fod yr afon yno yn 1,200 troedfedd o led, dim ond pont grog fyddai'n ddigon cryf i bontio'r gagendor – ond yn anffodus nid oedd cyllid ar gael i wireddu'r cynlluniau. Ond roedd hedyn y syniad wedi ei blannu ym meddwl Telford ar gyfer y gamp o groesi'r Fenai. Cyflwynodd gynllun tebyg i godi pont ym Mhorthaethwy ar gost o £127,731, a derbyniwyd ei gynlluniau.

Wrth adrodd yn ôl i'r Pwyllgor Dethol ar y Ffordd o Lundain i Gaergybi yn 1819, adroddodd William Alexander Provis (cyfaill a chydweithiwr i Telford) mai dim ond dau wrthwynebiad a gaed i adeiladu'r ffordd ar draws Ynys Môn. Pwysleisiodd mai prin iawn oedd unrhyw rwystr i'r ffordd gan

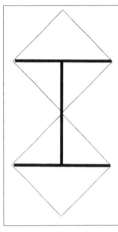

Marc Saer Maen
Thomas Telford

nad oedd corsydd na llechweddau serth ar yr ynys. Pan alwyd ar Syr Henry Parnell, dewisodd ef nodi'r peryglon o deithio'r hen ffordd – y Lôn Bost. Soniodd am ddamweiniau ger y Gwyndy, yng Ngheint ac wrth Fferi Bangor. Nododd fod gelltydd serth iawn ger Four Crosses, Porthaethwy; yn arwain at y Panton Arms, Pentraeth; Dragon Hill a Ceint Hill, Penmynydd; Tavern Groffa Hill (y Dafarn Newydd) ger Llangefni; Allt y Forwyllt yn Llangefni; gelltydd Rhydysbardun, Towyn Capel (Bae Trearddur), Llanynghenedl, Cefn Gwyn, Star a Phenrorsadd Hill. Pan ofynnwyd barn yr Arglwydd Jocelyn am y ffordd ar yr ynys, atebodd yn ddi-flewyn ar dafod; '*I think it the worst road I ever travelled in my life*'. Dim rhyfedd, felly, i'r ffordd gael ei chroesawu.

Er i broblemau lawer wynebu Telford yn ei waith o adeiladu'r ffordd, bu ei ddull o godi sylfaen gadarn, yn y dull Rhufeinig, yn effeithiol iawn. Yn 2000, yn dilyn arolwg o'r A5 yng Nghymru, sylweddolwyd bod 40% o'r ffordd wreiddiol yn parhau mewn bodolaeth ac i sawl haen newydd o darmac fod wedi cael eu gosod ar waith gwreiddiol Telford. Sylwyd hefyd bod 80% o'r tolltai a'r pontydd a godwyd gan Telford yn parhau i fodoli.

Dechreuwyd ar y gwaith o godi Pont Menai yn 1818, ond oherwydd gwrthwynebiad gan berchnogion y fferi a rhai byddigion fel y Marcwis o Blas Newydd yn Llanfairpwll, bu'n rhaid aros am ddeddf seneddol yn 1819 cyn y gallai'r gwaith ddechrau o ddifrif:

Anno quinquagesima nono. Georgii III. Regis.Cap XLVIII
An Act passed in the fifty-fifth Year of His present Majesty … to build a Bridge over the Menai Straits and to make a new road from Bangor Ferry to Holyhead in the County of Anglesea.
And Whereas great Inconvenience and Interruptions are occasioned to the Transit of carriages, and to persons passing over the Menai Straits at Porthaethwy Ferry, the passage whereof is frequently rendered difficult and dangerous; and it would be of great advantage in further improving the Communications between Great Britain and Ireland, if a Bridge were erected across the said Straits.

Rhaid oedd i'r bont fodloni'r Llynges a chaniatáu i longau hwylio oddi tani. Golygai hyn y byddai'n rhaid i ganol y bont fod o leiaf gan troedfedd uwchlaw'r môr ar lanw uchel. Gosodwyd y garreg gyntaf ar 10 Awst 1819. Roedd y cyfrifoldeb am y gwaith yn nwylo cwmni Messrs. Stapleton a Hall, ond nid oedd Telford yn cael ei blesio â safon eu gwaith, felly ailosodwyd y cytundeb i Mr John Wilson, oedd wedi cydweithio â Telford ar Gamlas Caledonia. Codwyd tyrau 153 troedfedd o uchder bob ochr i'r culfor â rhychwant o 579 troedfedd rhyngddynt. Cysylltwyd y tyrau i'r lan gyda saith bwa enfawr. Cloddiwyd y galchfaen o chwareli Penmon a thalwyd chwe cheiniog y dunnell i'r perchennog – yr Is-iarll Bulkeley, Baron Hill – gan y Llywodraeth. (Un broblem a gododd yn ystod y gwaith adeiladu oedd bod nifer o siopau a thafarndai yn gwrthod derbyn arian y gweithwyr am fod Telford yn newid drafftiau arian y Llywodraeth ym manciau Amwythig, a bu'n rhaid cael gorchymyn llys i Telford ddefnyddio arian banc Lloegr i dalu cyflogau.) Gweithiodd dau gant o ddynion ar y gwaith cerrig a defnyddiwyd pum costar (*Sally* a *Swansea* oedd enw dwy ohonynt) i gludo'r llwythi o Benmon i'r Borth. Y cyflog i labrwr oedd rhwng 1/8 i 2/- y dydd, a thelid 4/- i'r fforman. Roedd saer maen yn cael mwy o gyflog – hyd at 3/8 y dydd – a saer coed a gofaint yn cael 3/6 y dydd. Arolygwyd y cyfan gan William Provis, un yr oedd gan Telford ffydd mawr yn ei allu.

Cymerodd bedair blynedd i godi'r tyrau a'r saith bwa, a chwblhawyd y gwaith yn 1824. Er mwyn atgyfnerthu'r tyrau, fe'u gwnaed yn solet at lefel y llanw uchaf a gosodwyd pob carreg wrth y naill a'r llall efo morter a phin dur.

Nid oedd amgylchiadau gweithio ar y tyrau yn hawdd o gwbl, gyda gweithwyr yn gorfod treulio cyfnodau hir yn y dŵr. Trefnwyd bod cyflenwad o gwrw ar gael iddynt, ac os byddai'r tywydd yn anffafriol iawn, roeddynt yn cael dogn o wirodydd. Yn ystod Mehefin a Gorffennaf 1820, yfodd y gweithwyr ddeg galwyn ar hugain o gwrw, ac ar un diwrnod eithriadol o oer ym mis Gorffennaf, yfwyd dwy boteliad o rym yn costio 5/- yr un. Mewn cyfnod o naw diwrnod ym mis Rhagfyr 1820, yfwyd pum deg dau o alwyni o gwrw (1872 chwart) gan y gweithlu.

Bwriadwyd i gadwyni'r bont gael eu hangori mewn craig danddaearol ar y ddwy lan, a thyllwyd tri thwnnel tua chwe throedfedd o led a chwe deg troedfedd o hyd. Gosodwyd dwy gadwyn yn y twnnel canol ac un yr un yn y ddau arall. Ym mhen draw'r twneli, mewn siambr bwrpasol, gosodwyd ffrâm o haearn bwrw a chysylltwyd y cadwyni i'r ffrâm fel eu bod wedi eu hangori yn ddiogel yn y graig.

Yr oedd Telford wedi ystyried yn ddwys sut i grogi'r bont, a'i fwriad gwreiddiol oedd defnyddio cebl haearn wedi ei lamineiddio, fel y rhai a ddefnyddiwyd ar bontydd eraill, ond fe'i denwyd gan y syniad o ddefnyddio bariau hir o haearn wedi eu bolltio at ei gilydd i ffurfio cadwyn. Wedi iddo gael ei berswadio gan Capten Brown (1776–13 Mawrth 1852, arloeswr cynnar mewn dylunio cadwynau a'u cynhyrchu a dylunydd pontydd crog), defnyddiodd Telford un ar bymtheg o gadwyni o'r fath i gario'r ffordd dros y Fenai. Gosododd y cadwyni mewn rhesi o bedair, un ar ben y llall. Mesurai'r bariau hir o haearn gyr 10 troedfedd x 3¼ modfedd x 1 modfedd. Bolltau 3 modfedd o drwch oedd yn dal y platiau cysylltu (56 pwys) yn eu lle.

Daeth y gwaith haearn i gyd o Efail Upton ger Amwythig, a William Hazeldine, y gof, oedd yn gyfrifol am dechnoleg ddiweddaraf y cyfnod i wireddu syniadaeth Thomas Telford. O'r efail, cludwyd y bariau ar y gamlas i waith Hazeldine yn Coleham lle archwiliodd Telford bob un ohonynt a bodloni ei hun y gallent gynnal dwywaith y pwysau a fwriadwyd. O waith Coleham, aethpwyd â'r bariau ar gwch cul ar y gamlas o Weston Lullingfields i Ellesmere Port a'u trosglwyddo i longau fyddai'n hwylio i'r Fenai.

Wedi codi'r tyrau a'r bwâu, a chwblhau'r twneli tanddaearol, dechreuwyd ar y gwaith o osod y cadwyni yn eu lle. Ym mis Ebrill 1825 gosodwyd y gadwyn gyntaf ar rafft 450 troedfedd o hyd a 6 troedfedd o led. Symudwyd y rafft i'w lle, rhwng y tyrau, gan bedwar cwch rhwyfo. Gan fod llanw'r Fenai'n llifo mor gyflym, dim ond am awr a hanner yn ystod cyfnod o ddŵr llonydd neu osteg wedi llanw uchel y gellid gadael y rafft yn ei le a manteisio ar y cyfle i weithio mewn awyrgylch cymharol ddiogel. Roedd un rhan o'r gadwyn, ar dir mawr Arfon, wedi ei chysylltu i'w hangorfa danddaearol a'i gosod dros ben y tŵr i hongian ar i lawr at lefel y llanw uchaf. Cysylltwyd y gadwyn oddi ar y rafft i un pen, a chyplyswyd y pen arall â cheblau 6½ modfedd o drwch oedd yn

Blociau pwli gwreiddiol Telford

gorwedd dros ddŵr Ynys Môn, ac yna i sawl capstan. Cymerai 1½ awr i 150 o ddynion droi'r rhain a chodi'r gadwyn 24 tunnell i ben y tŵr, lle y'i cysylltwyd i ben arall y gadwyn oedd yno'n barod. Er diogelwch pawb oedd yn gweithio 153 troedfedd uwchlaw'r dŵr, codwyd llwyfan neu blatfform ar ben y tŵr, ac ar 26 Ebrill 1825 safodd Telford ei hun, John Wilson, Thomas Rhodes a William Provis arno i weld y pin olaf yn cael ei churo i'w lle i gwblhau'r gadwyn gyntaf allan o un ar bymtheg. I ddangos ei werthfawrogiad o ymdrechion y rhai oedd wedi gweithio'r capstan, talodd Telford am chwart o gwrw iddynt. Wedi iddynt gael mwy na'u siâr, cerddodd tri ohonynt ar y gadwyn ar draws y Fenai ac yn ôl! Penderfynodd un o gryddion yr ardal gerdded ar draws y gadwyn, eistedd ar ei chanol a llunio pâr o esgidiau cyn croesi'n ôl i ochr Arfon. Pan aeth ei gyfeillion i chwilio am Telford er mwyn ei longyfarch ar y gampwaith, fe'i cawsant ar ei liniau mewn gweddi o ddiolchgarwch. Ymhen blynyddoedd wedyn datgelodd Telford iddo golli llawer o gwsg a hyder cyn cwblhau'r campwaith, a dyna pam yr oedd ar ei liniau yn dilyn codi'r gadwyn gyntaf.

Erbyn 9 Gorffennaf roedd y gadwyn olaf yn ei lle a'r llwybr troed pren, y bariau cynnal a'r rhodenni i hongian y bont wedi eu gosod. Yr oedd y pwysau a gynhelid gan y cadwyni yn 644 tunnell, a gallai'r bont ei hun gynnal 732 tunnell yn ychwanegol i'r llwybr troed oedd arni. Chwaraeodd band pres 'Duw gadwo'r brenin' cyn i'r gweithwyr gyd-gerdded ar ei thraws. Ymhen mis, yr oedd Telford wedi cyrraedd oed yr addewid. Hwyliodd y llong *St David* o Gaer yn ôl a blaen o dan y bont fel arwydd fod y culfor ar agor unwaith eto i longau.

Un o broblemau mwyaf Telford oedd sut i ddileu rhwd ac effaith yr heli ar yr haearn a ddefnyddiwyd yn adeiladwaith y bont. Bu'n destun sawl sgwrs a thrafodaeth. Cynigiodd Lewis Carroll ateb yn ei nofel *Through the Looking-Glass*;

> White Knight says to Alice:
> 'I heard him then, for I had just
> completed my design,
> To keep the Menai bridge from rust
> By boiling it in wine.'

Ateb Telford i'r broblem oedd glanhau pob darn o fetel fel eu bod yn sgleinio fel swllt, yna eu poethi cyn eu trochi mewn olew had llin am bum munud. Wedi hynny, byddent yn cael eu hailboethi er mwyn i'r olew sychu i ffurfio haen amddiffynnol o farnais dros y cyfan. Pan fyddai angen trin y darn metel, gellid rhwbio'r haen o olew i ffwrdd a byddai'r metel oddi tano fel newydd – er iddo gael ei gadw allan yn yr awyr agored.

Nodweddwyd pob agwedd o waith Telford gan fanylder. Gwyddai i'r geiniog beth oedd cost unrhyw gynllun, ond yr oedd un cwestiwn na allai ei ateb, sef beth oedd pwysau Pont Menai.

Chwarelwr oedd Griffith Davies (1788–1855) o Tŷ Croes, Llandwrog. Wedi cyfnodau byr yn yr ysgol Sul ac ysgolion Brynrodyn a Llanwnda, gadawodd i weithio yn Chwarel y Cilgwyn. Cafodd dymor arall mewn ysgol yng Nghaernarfon cyn gadael am Lundain i ddysgu Saesneg pan oedd yn ddeunaw oed. Yr oedd yn fathemategydd arbennig o dda hefyd, a chyhoeddodd bamffledi a llyfrau ar yswiriant. Ymhen byr amser sefydlodd ei ysgol ei hun. Dangosodd ei fedrusrwydd mewn mathemateg pan lwyddodd i weithio allan beth oedd union bwysau Pont Menai (oddeutu 5,000 tunnell) pan na allai ei hadeiladydd wneud hynny!

> Wedi i gynlluniau Telford
> Dd'rysu uwch y Fenai ddofn,
> Davies a ddangosodd
> Ei ddiffygion yn ddi-ofn.
>
> 'Griffith Davies (1788–1855) FRS actuary', Ll. G. Chambers;
> *Trafodion Anrhydeddus Gymdeithas y Cymmrodorion*, 1988

Yn 1827 daeth Griffith Davies i'r amlwg fel yr un a gefnogodd chwarelwyr bro ei febyd i wrthwynebu cau tir comin yn Rhosgadfan.

Cyhoeddwyd adroddiadau yn y wasg leol am agoriad swyddogol y bont a chanolbwyntiwyd ar y sawl oedd yn croesi. Yr oedd y rhestr bron fel tudalen o *Who's Who?* y cyfnod. Heddiw, byddai camerâu teledu yno i gofnodi pob cam, ond bryd hynny rhaid oedd dibynnu ar ddawn eiriol y gohebwyr.

The Opening of the Menai Suspension Bridge from the Suspension Bridge over the Menai.

This grand structure was thrown open on Monday last, for the convenience of the Public. His Majesty's Mails had the honour of precedence; the Shrewsbury Mail about one o'clock, and the Chester and Liverpool about three o'clock in the morning: the rain had been considerable during the early part of the morning, but cleared up about 10 o'clock; the crowds that assembled were immense.

The first private carriage that passed, was that of O.F. Meyrick, of Bodorgan, Esq., which was succeeded by innumerable others, among which we noticed that of Sir D. Erskine and Lady, with four beautiful greys, the horses decorated with ribbons, etc.; Mr. Telford, with Sir H. Parnell and other Gentlemen, drove over about eleven o'clock, and immediately returning proceeded to town.

The first stage coach was the Pilot, which runs daily between Caernarvon and Bangor, worked by Mr. Hughes, of the Goat Inn, Caernarvon, and by Mr. Shenton, of the Albion Hotel, Bangor, every part of which, where hold could be got, being covered with people. The first cart which crossed was from the Amlwch Brewery Company. We noticed on the Bridge at one time four carriages in line and a car returning, all fully loaded, together with an incalculable number of pedestrians. A band of music played during the day, with colours flying from every part of the structure, and cannons firing at intervals – Indeed it is impossible to do justice in the columns of a Newspaper to the feelings manifested by all

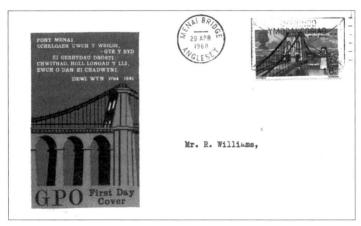

Stamp i ddathlu Pont Menai a geiriau Cymraeg ar y stamp am y tro cyntaf

ranks on this auspicious day. A number of Gentlemen, connected with the Bridge, and their friends, partook of an excellent dinner at Bangor Ferry Inn (the George), Mr. Hazledine in the chair – Vice Mr. Hall; and a Ball took place in the evening at the Castle Inn, Bangor, which was numerous and fashionably attended.

North Wales Gazette, 2 Chwefror 1826

I gloi'r erthygl, dangoswyd tabl o dollau fyddai i'w talu i groesi'r bont, ynghyd â dau sylw arall:

	s.	d.
For every Stage and Mail Coaches	2.	6.
Post-Chaise, Coach, London, Berlin, Barouche or other carriage with four wheels and four horses	3.	0.
Ditto, ditto four wheels and two horses	2.	0.
Every Chaise, Chair, Gig, with two wheels	0.	6.
Every Waggon, Wein or other such carriage with four wheels	1.	0.
Ditto, ditto, ditto with two wheels	0.	6.
Ditto, Horse, Mule, or Ass, not drawing any carriage	0.	2.
Ditto, Foot passenger	0.	1.
Ditto, Drove of Oxen, Cows, or neat cattle per score	1.	0.
Ditto, ditto, Hogs, Calves, Sheep or Lambs, per score	0.	6.

Cadwyni Pont Menai

On entering the bridge a ticket is given, which clears the gate on the opposite side.

Our distant readers may form some idea of the reduced scale at which these tolls are fixed, when we state that on crossing the ferry, 2s 6d was charged upon each wheel, besides a liberal remuneration to the ferry man.

Yr oedd agor y bont yn ddigwyddiad o bwys cenedlaethol, a daeth gohebwyr papurau o'r tu draw i Glawdd Offa i gofnodi'r hyn oedd yn digwydd a cheisio curo pawb arall yn eu broliant. I ohebydd y *North Wales Gazette* oedd, efallai, wedi hen arfer â gweld y bont yn codi o'r cychwyn cyntaf, dim ond '*grand structure*' oedd hi – ond i ohebydd y *Chester Chronicle*, oedd, o bosibl, yn ei gweld am y tro cyntaf, haeddai'r strwythur yr ansoddeiriau 'anferthol' ac 'aruthrol'.

A Report in the Chester Chronicle on February 3rd 1826 outlining the opening of the bridge on January 30th 1826.

Menai Suspension Bridge (From A Correspondent)

This stupendous structure was opened for general intercourse on Monday, the 30th of January, at half past one in the morning. As the season was considered unfavorable for a public celebration, the Commissioners determined that the opening should be quite private; and, in pursuance of this resolution, a meeting was held the previous evening at Bangor Ferry, to make the final arrangements. Mr. W. A. Provis, the Resident Engineer was then dispatched to meet the London down mail, and take charge of it across the Bridge. Having mounted the box with David Hughes the coachman, and Reid the guard, the Mail proceeded, and on its way to the bridge took up Mr. Akers, the Mail Coach Superintendant, Mr. Hazeldine, the contractor for the ironwork, Mr. J. Provis, the superintendant for proving and examining it, Mr. Rhodes, who has had charge of erecting the iron and timber work, Messrs. W. and J. Wilson, sons of the contractor for masonary, Mr. Esplen, an overseer, and as many more as could be crammed in, or find a place to hang by. Thus loaded, amidst the blaze of lamps, the cheers of those assembled, and the roaring of a heavy gale of wind, the gates were thrown open, and the Mail passed triumphantly across.

About 9 o'clock, that excellent and indefatigable Commissioner Sir Henry Parnell, and the Chief Engineer, Mr Telford (whose works are his best Eulogium) passed over in the carriage of the latter. Throughout the remainder of the day, the number of carriages, horses, and persons which passed over was immense; the bridge was literally crowded, and tickets could not be issued fast enough for the demand. The evening was spent by the workmen with much fun and feasting, and the sons of the Sister Kingdoms seemed to have but one feeling, in wishing 'Success to the Bridge', and promoting the general hilarity.

Un arall a dathlodd achlysur agor y bont oedd Owen Williams A.S., Craig y Don. Mentrodd ei chroesi yng nghwmni parti o wŷr a gwragedd. Yr oedd y dynion yn anturus ond y merched braidd yn ofnus wrth feddwl bod can troedfedd rhyngddynt a'r dŵr islaw. Ymysg y cwmni roedd Mr Sola, gŵr a oedd yn enwog am ei dalentau cerddorol, yn ôl y papurau newydd. Arhosodd ar ganol y bont i ganu 'God save the King'. Er mwyn tynnu sylw'r boblogaeth leol at y ffaith mai ef a'i gyfeillion oedd ymysg y rhai cyntaf i groesi'r bont, mentrodd Mr Williams danio pedwar ar bymtheg o ynnau a thalu £10 i'r gweithwyr am eu gwaith. Trefnodd ginio i'w gyfeillion – gyda Mr Sola, unwaith eto, yn canu, ond y tro hwn gyfansoddiad o'i waith ei hun ar gyfer yr achlysur. Aeth y parti ymlaen tan oriau mân y bore.

Fel y mae'r Bathdy Brenhinol y dyddiau hyn yn cofio enwogion a digwyddiadau drwy fathu darnau arian ac argraffu papurau, mentrodd y North and South Wales Bank Ltd argraffu papur pum punt a darlun o Bont Menai arno i ddathlu achlysur agor y bont.

Bu'r bont yn llwyddiant o'r munud y'i hagorwyd i bawb ... ar wahân i gychwyr y fferi! Efallai mai porthmyn anifeiliaid oedd y rhai a welai'r fantais fwyaf drwy allu croesi'r anifeiliaid yn weddol ddi-drafferth.

Yn ôl manylion a gofnodwyd gan Gwallter Mechain yn 1797, croesodd 8,000 o wartheg dros y Fenai:

GWARTHEG YN CROESI'R FENAI YN 1797

Nifer	Math	Pris y pen	Cyfanswm
900	blwydd oed	£4 10s.	£4,050
2,100	dwy flwydd oed	£8 8s.	£17,240
5,000	tair blwydd oed	£11	£55,000
8,000			**£76,290**

NIFEROEDD ANIFEILIAID YN CROESI PONT MENAI

1830	Gwartheg	Defaid a Moch	1831	Gwartheg	Defaid a Moch	1832	Gwartheg	Defaid a Moch
Mai	624	716	Ionawr	25	749	Ionawr	58	156
Mehefin	199	702	Chwefror	178	749	Chwefror	110	430
Gorffennaf	106	830	Mawrth	179	470	Mawrth	107	364
Awst	1033	422	Ebrill	380	276	Ebrill	252	352
Medi	920	540	Mai	408	895			
Hydref	1506	347	Mehefin	258	510			
Tachwedd	512	795	Gorffennaf	88	1207			
Rhagfyr	98	471	Awst	1186	662			
			Medi	1260	1205			
			Hydref	1330	1213			
			Tachwedd	427	936			
			Rhagfyr	220	211			

Erbyn 1830–1832 roedd nifer y gwartheg yn croesi'r bont bron i ddwy fil a hanner y flwyddyn yn fwy.

Yn ystod y gwaith adeiladu bu farw pedwar o'r gweithwyr a saif y bont yn gofadail iddynt hwy yn fwy nag i neb.

Daeth taith i weld y bont yn fath o ddifyrrwch i fyddigion ariannog. Yn eu mysg roedd y foneddiges Miss Augusta Pearson, a ymwelodd â'r ardal yn 1853 pan oedd yn ddwy ar bymtheg oed. Cafodd ei rhyfeddu â maint y bont, ac nid oedd wedi amgyffred pa mor fawr oedd campwaith Telford nes iddi sefyll i edrych arni o bell a gweld coets yn croesi, ac ond yn ymddangos fel pry cop ar drawst hir! I'w llygaid dibrofiad hi, yr oedd gwaith haearn y bont yn edrych yn osgeiddig ac ysgafn iawn, ond y gwaith cerrig a'r tyrau yn hyll a thrwm, meddai.

Ym mis Tachwedd 1900 gwelwyd golygfa unigryw iawn ym Mhorthaethwy pan groeswyd y bont gan bac o gŵn hela a helwyr yn dilyn carw oedd wedi ei erlid o Bentraeth. Rhedodd y carw druan yr holl ffordd i'r Borth a'r cŵn yn ei ddilyn. Wedi cyrraedd at y bont, neidiodd y creadur i'r dŵr a nofio ar draws. Er gwaethaf y llanw a llif cryf y culfor, llwyddodd i gyrraedd yr ochr arall yn ddiogel a diflannu yng nghoed Menai. Creadur dieithr arall a welwyd mewn pwll ger y bont oedd pysgodyn bonito (*striped bellied tunny*). Fe'i daliwyd gan yr Athro White o Goleg Prifysgol Gogledd Cymru, Bangor yn ôl adroddiad ym mhapur y *Gloucester Journal* (16 Awst 1924).

Nid creaduriaid o fyd natur oedd yr unig ryfeddodau a welwyd ar y Fenai. Ar 12 Tachwedd 1918, gwelwyd golygfa ryfeddol arall yn y Borth pan hedfanodd Syr Thomas Elmhirst y llong awyr SSZ73 o dan Bont Menai i ddathlu'r Cadoediad a diwedd y Rhyfel Byd Cyntaf. Yn ystod yr Ail Ryfel Byd, gwelwyd awyren Spitfire yn hedfan dan y bont. Y peilot oedd William Ross-Jones, o Nefyn yn wreiddiol. Dywedodd gelwydd am ei oed er mwyn cael ei dderbyn i'r Llu Awyr, dysgodd hedfan awyrennau yno ac yn 1941, tra oedd ar wyliau, fe'i gwelwyd yn hedfan ei awyren o dan y bont. Cafodd ei geryddu'n swyddogol ond cafodd faddeuant gan iddo, yn ddiweddarach, gael ei ddyrchafu yn Arweinydd Sgwadron ac ennill y *Distinguished Flying Medal*, a bar pan y'i henillodd am yr eildro.

Mae Pont Menai yn bont fyd-enwog – ac mae sawl rheswm am hynny. Cofiaf yn dda y cyffro a deimlais ar fore 29 Ebrill 1968 o dderbyn llythyr o Borthaethwy (Menai Bridge yn ôl y marc post) ac ar yr amlen stamp swllt a chwech – y stamp Prydeinig cyntaf erioed ag arno eiriau Cymraeg: 'PONT MENAI'. Un o gyfres o stampiau Pontydd Prydain oedd y stamp, a ymddangosodd gyntaf ar 28 Ebrill 1968. Leonard Rosoman oedd cynllunydd y stamp a'r amlen, ac arni englyn Dewi Wyn o Eifion i Bont Menai. Gwelwyd llun o'r bont hefyd ar ddarn punt a gynlluniwyd gan Edwina Ellis ac a ymddangosodd o'r Bathdy Brenhinol ar 4 Tachwedd 2005.

Yn dilyn archwiliad o'r bont yn niwedd yr ugeinfed ganrif, awgrymwyd gostwng y pwysau y caniateid iddynt groesi o 32 tunnell i ddim ond 7.5 tunnell. Bu'r cwmni Laing Technology yn arbrofi i weld sut y gellid ei hatgyfnerthu a pha bwysau y gellid ei ganiatáu i'w chroesi heb ei pheryglu – o gofio fod y bont, erbyn hyn, yn 184 mlwydd oed. Bu'n rhaid adnewyddu ac ailosod pump ar hugain o geblau oedd yn cysylltu'r cadwynau i'r llwybrau trafnidiaeth; ac wedi cwblhau'r gwaith a chynnal mwy o brofion, cafwyd bod y bont yn ddigon cryf i ganiatáu i bwysau o 32 tunnell ei chroesi. Bellach, mae'r bont yn ddigon cryf i ddal 40 tunnell yn ddiogel. Bu'r bont ar gau am fis yn ystod yr arbrofi a'r adnewyddu, a manteisiwyd ar y cyfle i'w hailbeintio. Ar 28 Chwefror 2005 bu'n raid ei chau eto er mwyn adnewyddu wyneb y ffordd, a thra bu'r gwaith yma'n cael ei gwblhau, cadwyd un llwybr trafnidiaeth ar agor ar y tro gyda thraffig yn gallu croesi i Arfon yn y boreau ac i Fôn yn y prynhawn! Cafodd ei hailagor ar 11 Rhagfyr 2005.

Ddechrau Ebrill 2012 bu cyfansoddwraig o Awstralia, Jodi Rose, yn gosod meicroffonau ar Bont Menai er mwyn recordio sŵn gwynt drwy gadwyni'r bont, a sŵn y bont yn griddfan wrth symud. Ei bwriad oedd ailchwarae'r tapiau i gynulleidfa a gwahodd cyfansoddwyr eraill i ailgylchu'r sŵn mewn gwaith newydd. Tybed oedd hi'n gyfarwydd â'r adroddiad a ymddangosodd yn y *Tamworth Herald* ddydd Sadwrn 10 Mehefin 1922? Yn yr erthygl honno, soniwyd am eco a glywid pe bai'r bont yn cael ei tharo â morthwyl. Honnwyd bod sŵn y morthwyl yn taro yn erbyn gwaith haearn y bont yn cael ei gario dros chwe chan troedfedd i'r ochr arall ac i lawr at lefel y dŵr, ac y gellid clywed pob un o bum cnoc yn eglur fel eco bob eiliad. Heddiw, mae'n siŵr bod sŵn y traffig cyson yn boddi'r fath eco.

Ffaith bwysig am Bont Menai, sydd wedi ei hanghofio bellach, yw mai hon oedd y bont gyntaf y talwyd amdani o goffrau'r Llywodraeth.

Cyd-weithwyr ac eraill

Wrth ddarllen rhai adroddiadau am adeiladu Pont Menai, fe ellid yn hawdd gael camargraff mai Telford a wnaeth y gwaith i gyd – a hynny ar ei ben ei hun! Bu i eraill, llawn mor bwysig, gyfrannu at y gwaith yn ystod yr adeiladu ac wedyn. Ymysg criw dethol o gyd-weithwyr a rhai yr oedd Telford yn ymddiried ynddynt roedd y canlynol.

Peter Barlow (g. Norwich, Lloegr, 13 Hydref 1776–1 Mawrth 1862)

Athro yn yr Academi Filwrol Frenhinol yn Woolwich oedd Peter Barlow. Ymddiddorai mewn mathemateg a ffiseg, ac roedd yn awdur ar nifer o lyfrau yn y meysydd hynny. Ei lyfr mwyaf defnyddiol oedd *New Mathematical Tables* neu *Barlow's Tables* oedd yn nodi ffactorau, sgwâr, ciwb, gwreiddyn sgwâr, gwreiddyn ciwb a logarithmau pob rhif rhwng 1 a 10,000. Ystyriwyd ei gynnwys mor gywir a defnyddiol fel y cafodd ei ailargraffu hyd at 1947.

Gwnaeth waith ymchwil ar gryfder ac effaith pwysedd ar wahanol fathau o goed a bu'n cydweithio â Thomas Telford ar gynlluniau Pont Menai. Bu hefyd yn astudio effaith dur ar gwmpawdau mewn llongau haearn, a bu ei ganlyniadau'n ddefnyddiol iawn i gywiro'r diffyg. Maes arall o ddiddordeb iddo oedd effaith graddiant a chrymedd ar reilffyrdd – a Barlow a awgrymodd y siâp delfrydol i gledrau rheilffordd.

Hugh Davies

Saer maen a gydgerddodd efo John Williams, saer, a William Williams, labrwr, ar draws y gadwyn naw modfedd o led o Fôn i Bier Caernarfon!

William Hazeldine (1763–1840)

Un o feistri dur swydd Amwythig. Yr oedd mor ddeheuig yn ei waith fel y galwai Telford ef yn *Merlin* ar ôl y ffigwr chwedlonol. Bwriodd brentisiaeth fel saer melin efo'i ewythr John a chododd felin a gefail yn ardal Wellington. Cododd sawl gwaith dur iddo'i hun yn cynnwys gwaith Coleham, Amwythig a gwaith Plas Kynaston, Cefn Mawr, Wrecsam. I Hazeldine y gosodwyd y cytundeb am ddur ar gyfer cadwynau Pont Menai. Fe'u gwnaed yng Ngefail Upton cyn eu hanfon ar y gamlas i Amwythig i'w profi, cyn eu hanfon ymlaen i Borthaethwy gan John (brawd ieuengaf William, gweler isod) Provis yng Ngefail Dur Coleham. Cydweithiodd â Thelford ar draphontydd dŵr Pontcysyllte a'r Waun.

John Owen

Brodor o Ynys Môn oedd John Owen a ddysgodd waith saer maen. Hanai ei dad a'i fam o Landdona ym Môn. Adweinid ei fam dan yr enw Boba Nan Owain y Feddyges, ac ati hi y byddai trigolion yr ardal yn mynd i gael gwelliant o unrhyw glwyf neu salwch. Dail oedd ganddi at bob clwyf, a chafodd llawer un feddyginiaeth ganddi. Fe'i perchid yn fawr gan bawb o'i chydnabod.

Aeth John Owen i adeiladu Pont Menai yn un o'r crefftwyr medrus, ac ef a baratôdd y garreg sylfaen.

William Alexander Provis (1792–1870)

Cychwynnodd ei yrfa dan hyfforddiant Telford ac fe'i hapwyntiwyd yn beiriannydd preswyl ar Bont Menai. Roedd yn sefyll ar ben y tŵr gyda Telford, Wilson a Rhodes pan godwyd y gadwyn gyntaf ar y bont a'i gosod yn ei lle. Yr oedd ymysg y criw dethol cyntaf i groesi'r bont ar ôl iddi gael ei hagor yn swyddogol. Ysgrifennodd adroddiad llygad dyst o safbwynt peiriannydd ynglŷn â chodi'r bont.

Yr oedd gan Provis feddwl mawr o Telford, ac ef a awgrymodd ei enw fel llywydd cyntaf Sefydliad y Peirianwyr Sifil ar 25 Ionawr 1820. Gadawodd Telford £400 iddo yn ei ewyllys.

Yn 1828, cyhoeddodd Provis lyfr am ei ran yn adeiladu'r bont – ar y flaenddalen mae '*Provis, Wm Alexander, from designs by Thomas Telford*'.

Yn dilyn marwolaeth Telford yn 1834, apwyntiwyd Provis yn brif beiriannydd Ffordd Caergybi. Un o'i gyfrifoldebau mawr cyntaf oedd trin Pont Menai yn dilyn storm erchyll yn 1839. Cystal oedd y gwaith fel na fu angen adnewyddu mwy arni am 45 mlynedd arall.

Bu Provis yn byw yn Grange Farm, Ellesmere, am ddeng mlynedd ar hugain olaf ei oes. Bu farw yn 1870 ac fe'i claddwyd ym Mynwent Kensal Green, Llundain.

Thomas Rhodes

Peiriannydd fu'n gweithio efo Telford ar Gamlas Caledonia ac a oedd yn ddigon abl a medrus i allu ailadeiladu peiriant stêm i godi baw ar lannau Loch Oich yn yr Alban. Wedi i'r gwaith ar y gamlas ddod i ben, ysgrifennodd lythyr at Thomas Telford yn Nhachwedd 1822 yn gofyn am waith pellach. Ar y pryd, roedd Telford yn aros am gyflenwad o gadwynau dur o waith dur

William Hazeldine yn Coleham ar gyfer Pont Menai. Mentrodd gynnig cyfrifoldeb i Thomas am osod y cadwynau yn ei gilydd a'u gosod yn eu lle. Dringodd i ben un o dyrau'r bont ar 26 Ebrill 1825 i weld y gyntaf yn cael ei chodi a'i gosod. Yr oedd, hefyd, ymysg y criw ar y goets gyntaf i groesi'r bont yn dilyn yr agoriad swyddogol. Rhodes welodd ac anfonodd adroddiad i Telford am y difrod a wnaed i'r bont ar ôl storm enbyd ar 7 Chwefror 1826.

Yr oedd gan Telford gymaint o ffydd ynddo, ac yn ei waith, fel y'i penododd yn beiriannydd preswyl ar y gwaith o adeiladu Dociau Santes Katherine ar afon Tafwys yn Llundain.

John Sinclair
Ail i William Provis ar y gwaith ym Mhorthaethwy.

Robert Sproat
Trydydd i William Provis ar y gwaith ym Mhorthaethwy.

John Wilson
Saer maen tu hwnt o fedrus a fu'n gweithio i Thomas Telford ar Gamlas Ellesmere, a chydol ei oes. Wedi cyfnod yn gweithio ar y gamlas, aeth i Sweden i weithio ar Gamlas Gotha. Anfonodd adroddiad i Telford yn manylu ar y difrod a wnaed i Bont Menai yn ystod storm ar 19 Chwefror 1826. Teimlodd Telford golled aruthrol wedi marwolaeth ddisymwth Wilson ar 9 Ionawr 1851, gan y credai nad oedd saer maen cystal yn y byd.

Stormydd

Wrth edrych ar Bont Menai, mae'n anodd credu y gall gwynt effeithio ar greadigaeth mor gadarn ei golwg, ond ar rai achlysuron, rhai cymharol brin drwy drugaredd, bu'n rhaid cau'r bont oherwydd gwyntoedd cryfion. Mae'r problemau a gyfyd ar y fath achlysur yn pwysleisio pa mor fregus yw sefyllfa Ynys Môn a'i thrigolion ar adegau o'r fath.

Un noson, yn 80au hwyr yr ugeinfed ganrif, bu'n rhaid cau'r ddwy bont dros y Fenai – dim ond am gyfnod byr, ond roedd gorfod eistedd yn y car, yn y tywyllwch, mewn rhes ddi-bendraw o draffig, yn brofiad digon annymunol a thir Môn, er mor ogleisiol o agos, yn ymddangos yn drybeilig o bell.

Gelyn pennaf y bont mewn storm yw'r gwyntoedd de-orllewinol sydd â rhwydd hynt i chwyrlïo i fyny'r culfor o Fôr Iwerddon ac Abermenai, ac wythnos yn unig ar ôl agor y bont yn 1826, bu'n rhaid ei chau oherwydd gwyntoedd o'r fath. Ar 6 Chwefror 1826, dioddefodd yr ardal storm enbyd a chafodd y bont ei difrodi. Torrwyd rhai o'r rhodenni crog a bu raid cael rhai newydd. Gwrthododd gyrrwr y goets fawr ei chroesi. Bron i bythefnos yn ddiweddarach, hefyd, gorfu i'r goets fawr aros am awr a hanner i'r gwynt ostegu cyn y gallai groesi. Pan fentrodd y gyrrwr ar draws y bont ar 1 Mawrth, wedi aros ugain munud am osteg, chwythwyd y ceffylau i lawr gan beri iddynt faglu yn yr harnais, a'r unig ffordd o'u gollwng yn rhydd oedd drwy dorri'r strapiau lledr.

Ymhen deng mlynedd, yn Ionawr 1836, torrwyd nifer o'r rhodenni gan storm o wynt unwaith eto. Yn Ionawr 1839, torrwyd mwy fyth o'r rhodenni a chodwyd y ffyrdd pren y teithiai cerbydau arnynt ar draws y bont gan y gwynt. Syrthiodd rhai darnau i'r culfor islaw. Ataliwyd trafnidiaeth rhag croesi'r bont am bum niwrnod am iddi fod wedi ei chwythu ddeuddeng modfedd o'i lle – neu fel y dywedwyd yn y *Llangollen Advertiser*, 'oddi ar ei socets'! Er i un llwybr gael ei atgyweirio yn eithaf buan, gan ganiatáu i gerddwyr groesi (ar eu cyfrifoldeb eu hunain), bu'n fater o fisoedd cyn y gellid atgyweirio'r llall gan gymaint y difrod iddo yn ystod y storm.

Siglwyd y bont gan ruthrwynt ym mis Chwefror 1884 – gwynt mor gryf fel na allai ceffylau yn tynnu cerbydau ei chroesi. Yn 1893, gosodwyd gwely o ddur ar y bont, a hwnnw wedi ei orchuddio â tharmac yn hytrach na'r llwybrau pren.

Yn Chwefror 1903 yr oedd grym y gwynt yn ddigon cryf i godi'r gwely dur o'i le a'i ddatgysylltu'n llwyr oddi wrth bileri'r bont. Yr oedd yn hongian ac yn ysgwyd wrth gadwyni'r bont a dim byd arall! Chwyrlïai'r gwynt i fyny'r culfor a'i sŵn, yn ôl pob sôn, yn ddigon i ddychryn rhywun. Chwibanai drwy'r gwaith haearn ar y bont, ac am bedwar o'r gloch y bore a hithau'n dywyll fel y fagddu, cipiodd y gwynt y llwybr troed a'i symud. Difrodwyd polion telegraff a thorrwyd ugain o wifrau cyswllt rhwng Môn a'r tir mawr – ac yn bwysicach i'r Llywodraeth, y cyswllt rhwng Llundain a Dulyn. Am saith o'r gloch y bore, pan oedd y gwynt yn ei anterth, codwyd y gwely'n llwyr a'i adael i hongian yn yr awyr. Yn raddol, gostegodd y gwynt a syrthiodd y gwely yn ôl i'w le. Efallai nad oedd hyn yn cymharu â'r hyn ddigwyddodd i'r bont gyntaf dros y Tacoma Narrows yn nhalaith Washington, UDA ar 7 Tachwedd 1940, pan ddinistriwyd pont bedwar mis oed gan wynt 42 milltir yr awr, ond roedd yn ddigon i godi ofn ar lawer o bobl oedd yn gorfod ei chroesi bob dydd.

Teimlodd un ymwelydd â Phorthaethwy rym gwynt yn rhuthro i fyny'r Fenai pan gerddodd dros y bont ar 7 Hydref 1909. Anfonodd gerdyn post i'w fam ac arno'r neges *'The wind has been terrific today. I walked over the Menai Bridge and it was swinging like a ship at sea!'* Tybed?

Curwyd Pont Menai gan storm arall yn ystod nos Iau ac oriau mân bore Gwener 9 a 10 Ionawr 1936. Cododd y gwynt i'w anterth tua hanner awr wedi pump, ac yn ôl adroddiad yn *Yr Herald Cymraeg*, 'ni welwyd dim byd tebyg ers 1910'. Adroddwyd hefyd bod ofn cyffredinol ymysg trigolion Porthaethwy ynghylch diogelwch y bont. Roedd y bont yn cael ei siglo gan yr elfennau ac am 6 yr hwyr, bu'n rhaid cau'r llidiardau bob pen iddi. Fel yn 1903, codwyd y gwely dur a oedd yn cario'r ffordd ac yn rhychwantu'r gagendor rhwng y ddau biler, a'i daflu o'i le. Yn anffodus, roedd bws yn croesi'r bont ar yr union amser pan ddigwyddodd hynny, a gorfu i'r gyrrwr aros ei gyfle nes i'r gwely dur gael ei chwythu'n ôl i'w safle gwreiddiol er mwyn mentro yn ei flaen, gan na allai droi yn ei ôl. Cymaint oedd rhyddhad y teithwyr o gael cyrraedd tir Arfon yn ddiogel fel iddynt wneud casgliad i'r gyrrwr mentrus. Gwaharddwyd unrhyw draffig rhag croesi'r bont y noson honno, ond caniatawyd i gerddwyr groesi ar eu liwt eu hunain. Collwyd pob cysylltiad teleffon rhwng Môn a'r tir mawr y noson honno hefyd. Pwysleisiodd y wasg leol y dylai'r Llywodraeth ofalu fod y bont yn cael ei hatgyfnerthu – a hynny'n fuan – ac na ddylid gadael y sir mewn cyflwr heb ei ddatblygu!

Mae'n amlwg i hon fod yn storm a hanner, ac i'r papurau Saesneg sôn amdani, ond nid oedd y disgrifiad a gafwyd ganddynt yn plesio Cyngor Tref Porthaethwy. Yn rhifyn 21 Ionawr 1936 o'r *Herald Cymraeg*, cyhoeddwyd adroddiad yn mynegi teimladau'r aelodau;

Teimla rhai o aelodau'r Cyngor yn ddig iawn wrth rai papurau Saesneg am gyhoeddi y fath anwireddau yn ddiweddar ynghylch y Bont Grog. Dywedai un o'r papurau fod y bont yn hongian wrth edau wan, ar ôl y storm arw. Ni fu erioed y fath anwiredd. Ychydig iawn oedd y difrod a wnaed drwy ryw drugaredd.

Dechreuwyd ar y gwaith o'i hadnewyddu a'i hatgyfnerthu yn 1939 ac er gwaethaf yr Ail Ryfel Byd, fe'i hailagorwyd yn swyddogol ar 31 Rhagfyr 1940.

Ailadeiladu

Un o swyddogaethau'r Wasg yw cynhyrfu'r dyfroedd. Cafwyd esiampl dda o hynny yn y *Manchester Evening News* ddydd Llun, 9 Mehefin 1890. Dan bennawd digon cyffredin ('*Menai Suspension Bridge*') cafwyd erthygl yn dechrau gyda brawddeg gynhyrfus iawn oedd yn ddigon i ddychryn trigolion Môn, mae'n siŵr: '*Alarming reports have been circulated occasionally with regard to the condition of Menai Bridge*'. Aeth y gohebydd dienw ymlaen i roi tipyn o gefndir y bont cyn bwrw iddi go iawn i ddweud bod y bont erbyn hynny yn drigain a phedair mlwydd oed. Yna, taflodd amheuaeth ynglŷn â chyflwr y bont gan ddweud, '*In those days little was known as to the calculation of stresses, the manufacture of suspension bridge chains or the tensile strength of iron.*' Ar ôl bwrw amheuaeth ar y defnyddiau yn ei gwneuthuriad, cyfaddefodd fod y bont wedi ei harchwilio'n ofalus gan Syr Benjamin Baker ac na allai'r gŵr bonheddig hwnnw weld yr un nam yn yr adeiladwaith! Ond cyn i'r darllenwyr ollwng ochenaid o ryddhad, fe rybuddiodd y gohebydd yr awdurdodau i fod yn ofalus, a phwysleisio y dylai'r bont gael ei harchwilio a'i phrofi yn aml ... rhag ofn! Rhag ofn beth, tybed? Rhag ofn iddi syrthio fel gwnaeth pont dros yr Ostrawitza ym mis Gorffennaf 1889, efallai. Gwta fis wedi iddi gael ei harchwilio'n ofalus, fe syrthiodd honno i'r afon islaw pan oedd criw o filwyr yn martsio drosti. Lladdwyd chwech pan dorrodd un o'r cadwyni. Y rheswm am hynny oedd bod sawl côt o baent yn cuddio diffygion a rhwd ar yr haearn.

Ymhen naw mlynedd roedd yr un math o stori wedi codi ei phen unwaith yn rhagor, ond y tro hwn yn *Y Faner* (22 Mawrth 1899). Mewn erthygl ddienw, unwaith eto, awgrymwyd yn gryf fod Cyngor Porthaethwy am gynnal math o refferendwm a chael llais y trethdalwyr ynglŷn â'r mater o brynu'r bont. Y pris a ofynnwyd amdani oedd £10,000. Awgrymodd y gohebydd 'fod rhyw amhariad wedi cymmeryd lle arni er adeg yr ystorom ddechreu y flwyddyn' ac mai gwell fyddai i'r cyngor 'ddeall pethau yn iawn' cyn mentro gwario'r fath swm o arian; ond os oedd popeth yn iawn, yna, 'yn sicr, cynghor y lle ddylai ei phrynu a hwy o bawb fedr wneud y defnydd iawn ohoni.' Ond rhag ofn nad oedd y cyngor yn ddigon hirben, mentrodd y gohebydd dysgedig syniad o'i eiddo ei hun, sef codi tâl ar ymwelwyr i gerdded dros y bont (wrth fynd ac wrth ddod yn ôl, wrth gwrs!). Un arall o'i syniadau oedd cael tram trydan i redeg i Fiwmares – ond 'gwrthwynebid boneddigion sydd a'u heiddo yn y cyffiniau.' Ni wireddwyd yr un o'i gynlluniau na'i syniadau.

Yn 1906, roedd cyflwr y bont eto yn achosi peth pryder i'r awdurdodau gan fod rhwd haearn i'w weld yn amlwg ar y rhannau hynny ohoni oedd yn cynnal pwysau'r ffordd. Yr oedd y bolltau a'r nytiau wythochrog allan o'u siâp a rhaid oedd eu torri o'u lle a churo'r bolltau allan o'r tyllau. Roedd yn amlwg i arbenigwyr fod angen sylw mawr ar y bont ac mewn cyfarfod o Gyngor Sir Caernarfon ddydd Mercher, 9 Ionawr 1907 trafodwyd cynnig gan Gomisiynydd Ffyrdd y Llywodraeth i'r cyngor dderbyn y bont yn rhad ac am ddim, ond dewis mwyafrif y cynghorwyr oedd gwrthod y cynnig, a'u neges i Mr Lewis Harcourt oedd 'diolch – ond dim diolch!' Yr Arglwydd Penrhyn oedd wedi awgrymu mai gwrthod fyddai'r penderfyniad doethaf am nad oedd y tollau a gesglid am groesi'r bont yn ddigon o bell ffordd i dalu am y gwaith cynnal a chadw yr oedd angen ei wneud arni. Credai, hefyd, fod cyflwr y bont ar y pryd mor wael fel y rhagwelai y byddai angen ei chwalu a chodi pont newydd yn ei lle yn y dyfodol agos, neu wneud llawer o waith adnewyddu. Yn sicr, ni allai'r cyngor fforddio'r gost o wneud y gwaith.

Erbyn 30au'r ugeinfed ganrif, yr oedd Pont Menai yn dechrau dangos ei hoed ac yn dioddef o'r ffaith fod trafnidiaeth fodern wedi cynyddu cymaint. Roedd y ffordd yn rhy ysgafn i gerbydau mawr, modern, a'r cadwyni yn methu cymryd y straen o gynnal y bont. Bu storm andwyol yn Ionawr 1936 a daethpwyd i'r canlyniad, wedi archwilio'r bont, y byddai'n rhaid ei hailadeiladu. Cwmni Alexander Gibbs a'i Bartneriaid baratôdd y cynlluniau, a chomisiynwyd Dorman Lang i wneud y gwaith o foderneiddio a chryfhau gwaith Telford – ond gyda'r amod y byddai'n rhaid cadw at y siâp gwreiddiol. Ar wahân i ledu'r bwâu nid oedd angen newid dim ar y gwaith cerrig, ond bu'n rhaid gosod cadwyni, rhodenni crog a llwybr troed newydd. Adeiladwyd llwybr troed a ffordd newydd o dan yr hen un fel y gellid, ar ôl clirio'r hen rai, godi'r rhai newydd i'w lle. Adnewyddwyd y cadwyni ac yn lle'r pedair gwreiddiol, defnyddiwyd dwy newydd yn pwyso 1,300 tunnell. Yn ogystal, adnewyddwyd holl waith haearn y bont gan ddefnyddio dur yn hytrach na'r haearn gwreiddiol. Gan mai'r bont oedd yr unig groesfan o Fôn i Arfon i draffig ffordd ar y pryd, campwaith ynddo'i hun oedd llwyddo i wneud llawer o'r gwaith heb darfu ar y drafnidiaeth. Yn yr un modd, ni fu'n rhaid cau'r bont i draffig wrth osod y llwybrau troed a'r ffordd newydd chwaith.

Pan dorrodd yr Ail Ryfel Byd allan yn 1939 roedd y gwaith ar ei hanner, ac er i awyrennau'r gelyn gael eu gweld yn hedfan uwchben ar eu ffordd i fomio Lerpwl a gogledd orllewin Lloegr, rhaid oedd parhau â'r gwaith. Yn ddealladwy felly, rhag gollwng yr un gath o'r cwd, digon prin oedd y sylw a roddwyd i'r gwaith gan y wasg. Soniwyd yn *Yr Herald Cymraeg* (9 Mai 1939) bod y gwaith yn mynd yn ei flaen yn gyflym ac i'r gamp o osod y cadwyni newydd yn eu lle ddechrau ers wythnos. Nodwyd hefyd y byddai'r gwaith yn llawer cyflymach pe gellid cau'r bont. Yn rhifyn 14 Tachwedd 1939, nodwyd bod y pedair cadwyn newydd yn eu lle a'r gwaith nesaf, 'y gwaith anhawsaf' o osod y ffordd newydd yn ei lle ar draws y rhychwant, ar fin dechrau. Cafwyd cwyn arall yn yr *Herald Cymraeg* fod y Llywodraeth wedi gosod milwyr i warchod Pont Britannia ond nad oedd yr un ar Bont Menai. Gweithiwyd ddydd a nos a chafodd y cyfan ei gwblhau mewn da bryd. Yn yr un cyfnod, cynhaliwyd ymgyrch i ryddhau'r bont o dollau dan arweiniad W. Jones, Llanfairpwll. Fe'i hailagorwyd yn swyddogol, a'i rhyddhau o dollau, ar 31 Rhagfyr 1940.

Erbyn canol yr ugeinfed ganrif roedd yr awdurdodau'n pryderu am gyflwr y bont unwaith yn rhagor, gan fod dwyster y traffig a'i defnyddiai yn llawer mwy na'r hyn a ddisgwyliwyd. Byddai gyrwyr bysiau'r cyfnod yn gofyn i'r teithwyr gerdded ar draws y bont a chyfarfod y bws ar yr ochr arall. I blant y 50au, yr oedd hyn yn rhan anturus iawn o unrhyw drip ysgol Sul.

Bu'r bont ar gau yn 1999 am chwe mis er mwyn ailwynebu'r ffordd a chryfhau agweddau o'r bont. Ar 28 Chwefror 2005 cafodd y bont ei dynodi yn un i'w hystyried yn Safle Treftadaeth y Byd.

Bellach, a Phont Britannia'n rhannu'r baich, nid yw trafnidiaeth drwm yn boen i'r bont – ond mae angen cynnal a chadw cyson gan gynnwys gwaith paentio (pryd y defnyddir tua 300 galwyn o baent).

Disgrifiwyd Pont Menai yn gain ei hedrychiad, yn rhagorol ei chymesuredd, yn addas tu hwnt i'w phwrpas a'i hamgylchfyd, ac iddi gael ei hadeiladu â gofal ac a'r deunyddiau gorau. Hir y parhaed felly.

Mesuriadau a Chostau Adeiladu Pont Menai

Hyd	1,265 troedfedd
Uchder y Tyrau	153 troedfedd
Prif Rychwant	580 troedfedd
Pwysau'r gwaith dur	3,200 tunnell
Cost y cerrig	6 d. y dunnell o Chwarel Penmon

Uchder y ffordd uwchlaw'r môr	100 troedfedd
Gorffennwyd	1826
Cost	£120,000
Pwysau'r cadwyni	1,300 tunnell
Rhyddhau o doll	31 Rhagfyr 1940

Ymateb beirdd i Bont dros y Fenai

Robin Ddu.
Yr oedd sawl bardd yn galw'i hun yn Robin Ddu. Yn eu mysg roedd rhai fel Robin Ddu Hiraddug (am mai brodor o gymdogaeth Hiraddug – moel uchel gerllaw Rhyl, yn Sir Ddinbych, ydoedd), Robin Ddu Ddewin a Robin Ddu o Arfon. Yr oedd, yn ôl pob sôn, o leiaf ddau o Fôn yn arddel yr un enw. Un oedd Robin Ddu ap Siencyn Bledrydd o Fôn o'r bymthegfed ganrif, a ganodd farwnad i Owain Tudur, Plas Penmynydd. Un arall oedd yn ystyried ei hun yn dipyn o brydydd ac a enillai ei fywoliaeth trwy rigymu, dewinio a brudio (proffwydo) oedd Robin Ddu o'r unfed ganrif ar bymtheg ac iddo ef y priodolid yr hen ddarogan 'Dwy flynedd cyn aflonydd / Pont ar Fenai a fydd.' Pe buasai Robin wedi dweud 'Dwy flynedd 'rôl aflonydd' buasai ei broffwydoliaeth yn berffaith, oblegid yn Awst 1815 – ym mrwydr Waterloo – y rhoddwyd terfyn ar yr ymladd a barhaodd yn Mhrydain a'r Cyfandir am ddeng mlynedd ar hugain; ac ymhen dwy flynedd, yn 1818, y dechreuwyd adeiladu pont dros y Fenai gan Thomas Telford, a'i chwblhau yn 1826.

Darogan arall o'i eiddo yw:

Codais, ymolchais yn Môn,
Boreubryd yn Nghaerlleon;
Canolbryd yn y Werddon,
Prydnawn wrth dân mawn yn Môn.

Cyflawnwyd y broffwydoliaeth pan agorwyd rheilffordd Caer a Chaergybi, a rhoi i deithwyr allu bod yn yr holl leoedd ar yr un diwrnod, yn union fel y proffwydodd Robin flynyddoedd ynghynt.

O Na Bai Pont!

Menai o Fôn mam ynys
(Myn Mair!) a'm llestair i'r llys,
Gymysg heli a gwymon
A gwregys am ystlys Môn ...
On'd oedd dost, er a gostiont
Na bai arni sarn neu bont?

> Gwilym ap Sefnyn
> 'Cywydd i Afon Menai ac Afon Ogwen
> am ei rwystro rhag mynd i Gochwillan'

Pont y Cariadon

Sôn am godi pont o sglodion
O Sir Fôn i Sir Gaernarfon:
Gwallt fy mhen ro'n ganllaw iddi
Er mwyn y ferch sy'n tramwy drosti.

> Hen Bennill

Pont Menai

I Fam Gymru bu o'r bôn – hen fythol
    Hynafiaethau mawrion;
  Pont Aethwy, y pwynt weithion,
  Mwy myrdd na mawreddau Môn.

Uchelgaer uwch y weilgi – gyr y byd
    Ei gerbydau drosti:
  Chwithau holl longau y lli,
  Ewch o dan ei chadwyni.

Awr o Fawrth, oer ryferthwy – caf fynd o'n
   Cyfandir i dramwy;
  A theithiaf uwch Porthaethwy,
  Safnau'r môr nis ofnir mwy.
          David Owen (Dewi Wyn o Eifion)

Môn ac Arfon mewn cerfwaith – cadwynog
   Gydunwyd yn berffaith,
  A'r dibin mawr diobaith
  Yn llwybr teg, lle be arw taith.
          Eryron Gwyllt Walia

Tir arian to Eryri – a manaur
   Eithin Môn sydd eiddi:
  Wynned yw ei chadwyni:
  Onid hardd ei henaint hi?
          Ellis Aethwy Jones
          (o *Hyfrydwch pob rhyw frodir*. Gol. G. Aled Williams.
          Pwyllgor Llên Eisteddfod Genedlaethol Ynys Môn, 1983)

Pont a'i llawr uwch pant y lli' – yw'r grogbont
   Ar greigbyst a thresi,
  Adail hard a'u deil yw hi,
  Ar ganllaw uwch y genlli.
          Anad
          (O'r *Traethodydd* 1927)

Oesol adail seiliedig – ar waelod
   Yr heli chwyddedig,
  Niweidio'i mur unedig
  Ni all y don a'i dull dig.

Pen tir Môn, pa antur mwy – ei gyrraedd
   Dros gerrynt Porthaethwy?
Nid Bad, y Bont safadwy,
A ddaw a glan yn ddi-glwy'.
        Ebenezer Thomas (Eben Fardd)
        Buddugol yn Eisteddfod Frenhinol Biwmares 1832

O dani hwylia dynion – eu llongau,
   Yn llengoedd dros eigion;
Ac arni, uwch dyfrlli'r don,
E lunwyd ffyrdd olwynion.
        Griffith Edwards (Gutyn Padarn)
        Eisteddfod Frenhinol Biwmares 1832

The Menai Bridge

Fairest of rocky England's channel-gates!
With what a blessed calm to the main ocean
The ebbing tide with silent under-motion
Upward is drawn along thy weedy Straits!
The glossy water, shot with blue and green,
Throws off the sunlight like the restless throat
Of some vain dove; and ships, methinks, might float,
Trusting the deep in places so serene.
Thus wreathed in folds of summer billow, who
Would deem old tales of wreck and tempest true,
Where yon vast marvel, like an albatross
Still springing upward, as it seems, in air,
Spreads in light grandeur his huge wings across,
Self-poised in momentary balance there?
        Frederick Faber (1814–1863)

Y Bont Vawr o Vôn i Arvon Tros Ddŵr Menai

The Grand Suspension Bridge, over the Fretum of Menai.
(*Chester Chronicle*, 17 Awst 1827)

See on the rock th' Enchanter Telford stand,
And bid an Empire's wealth obey the wand;
Surpris'd the Tritons, in their floating shells,
See modern magic, by her happier spells,
Raise the tall pier – extend the massy chain –
And lead the million o'er the subject main;
Alike serenely when the tempest roars,
As when the placid waters greet the shores.

Llwyd

Pont Menai (Pan fygythid ei chwalu)

Pen pont pynt, tremynt tramawr – rhwng deulan
    Dwy wlad Anian, yn delaid unawr,
Hongiai, lanw a thrai, lun uthr wawr; – eithr ffaelai
Ei mynor waliau mhen yr eilawr!

Mal cwmwl nifwl yn nen, – gwyn grogai
    A gwych y byddai acw, uwchben;
A mal rhith wamal, wen – y diflannodd
Wyrth fferf hoywfodd oddi wrth ffurfafen.

Wil Ifan o Fôn

I ddathlu trydydd Jiwbilî Pont Menai yn 150 mlwydd oed yn 1976, trefnodd Cymdeithas Gelfyddydau Gogledd Cymru gystadleuaeth i lunio cerdd ar y testun Pont Menai. Dyma ddetholiad o'r tair cerdd fuddugol.

A hon yn gant a hanner
Eleni ei hoed, boed yn bêr
Ei moliant; caned miloedd

Tair ynys werdd gerdd ar goedd;
Mynner bardd, mae'n awr o bwys,
I brydu i'n pont baradwys.

Molawd Telford gyd-gordiwn,
Pob geirda a haedda hwn;
Bendigeidfran, peiriannydd
Eirian ei ddawn; Wren ei ddydd.
Ei glod fo fyth-gofiadwy
Uwch llanw a thrai Menai mwy.

Cadeirlan goruwch llannau
Yw'r bont sy'n addurn i'r bau;
Nid tŷ unnos y twyni
Ond plas, bro fras, syber fri;
Nid telyneg fach egwan
Ond awdl fawr mewn didol fan ...
... A'i dwyres wych o dyrau
Tyn y byd dan ei bwáu;
Llif ei dirif foduron
O'r Tir Mawr yw Siarter Môn ...

... Hardd gyntedd, diwedd y daith
I Gaergybi, drws gobaith.

W. D. Williams, Y Bermo

Pont Borth

(Rhigwm gan y bardd gwlad Morus Bryn)

Pâr o gadarn golofna',
Pedair rhes o heyrn gadwyna',
Celfyddyd a chyflymdra
Ardderchog ddull o groesi Mena'.

165

Yng Ngolau'r Lleuad (Detholiad)

Pont y Borth dan leuad Hydref, dyna un arall o'r golygfeydd prin nas anghofir byth. Ac un o olygfeydd mawr fy mywyd innau hyd yn hyn oedd yr olygfa gyfriniol honno un noson o Hydref lawer blwyddyn yn ôl, – noson gannaid olau lleuad. Yr oedd y lleuad lawn ar yr awyr, a'r awyr yn ddulas o'r tu ôl iddi, a'r sêr yn fflachio'n welw a swil yn ysblander y lloergan. Oddi tanaf yr oedd Afon Fenai, yn llawn llanw, yn llonydd â'r llonyddwch hwnnw pan fo'r llanw ar ei lawnaf, heb osgo at dreio. A'r Bont ei hun fel gwe dros y gwagle, a minnau'n bryfyn diymadferth wedi fy nal ynddi. A thros y cwbl gaddug ysgafn, hudolus fel mantell o wawn.'

Gyda'r Hwyr, E. Tegla Davies

Three Bridges Over Menai

(Cerdd a ymddangosodd yn y *Caernarvon & Denbigh Herald*
3 Awst 1917)

The Menai 'neath an Autumn Sun
    One morn, becalmed, at rest
Lay shining like a silver cord
    Upon Fair Cambria's breast.

Three bridges spanned the Strait that day,
    The 'Tubular' was one,
'Suspension' was up on the right,
    The other now has gone.

I heard the locomotive's roar –
    They madly tore along
The lines within the Tube's great frame,
    On massive columns strong.

The other hub-like bridge, in white,
    Which man and beast cross o'er,
Was charming to behold – sun bathed
    From Môn to Arvon's shore ...

William J. Jones, Caernarvon

Pont Menai

Cadarn bont haiarn yw hi,– a muriau
    Y môr yn sail iddi;
  Nid ymchwel gwynt uchel hi,
  Na môr tonawg mawr tani.

Ail i ardd grog hardd yw hon, a lliwus
    Ganllawiau'n erchwynion
  Heol deg uwch hwyl y don;
  Ie, dair heol dirion.

Caead-ddor yw sy'n cyd-ddal, – a gwythi
    Y gwaith yn cywreinddal:
  Tyrau main cain yn cynnal,
  A thidau dros dyrau'n dal.

Mewn harddwch y mae'n urddol,– gu deyrnbont,
    Gadarnbau ryfeddol
  Mwn a main yn ymunol:
  Dyna hi heb ede'n ôl.
              Huw Tegai

Gwyliwr Pont Menai

Huw a alwyd i wylio – minion
    Menai ddydd y cyffro;
  Heddwch ga'r bont tra byddo
  Ei loew arf yn ei law o
             Croesfryn

Pont Menai

Pont asiwyd uwch pant oesol, – pont haiarn
    Gadarn, pont hir-gydiol;
  Pont ar ddwy sedd, pont urddasol,
  Pont a ad bob pont o'i hôl
           Glandulais

I Bont Menai

Pont Haiarn Gadarn Dros Geudod – Pont Menai
    Pont Menai, mae'n hynod, –
  Un a fydd yn rhyfeddod
  Oesoedd, tra bydoedd yn bod ...

... Coronwyd y cywreinwaith – yn gelfydd
    Dros gulfor llydanfaith;
  Bydd pob darn o'r haiarnwaith
  Yn gadarn hyd y farn faith ...

... Hynod ryfeddod a fu – i gannoedd,
    Prif ogoniant Cymru;
  Ar fyrder daw llawer llu
  Yn foddus i'w rhyfeddu.

Uwch Ceris yn awch corwynt – gwelir
    Trigolion mewn helynt;
  Mewn cerbydau'n gwau'n y gwynt
  A di-nych longau danynt.
           Gwilym Ilid

Englynion i Bont Menai

... Y bont hon i bwynt enwog – arweinia
    I'r Ynys odidog;
    Deil â grym fel adail grog
    Drwy y cynhwrf drycinog.

Heria ŵg y tramawr eigion – ni chryn
    Mwy na chraig o'i sylfon;
    Asiad ddeil tra tyrfiad ton,
    A gwaethaf ei bygythion.

Annatodol yw'r tidau – a'i daliant
    Uwch dylif ruthriadau,
    Gafeulynt fel gefeiliau – yn nghreig Môn,
    Lle ymryson y lli am hir oesau.

I fyn'd i Fôn trwy fyneddfäu – heiyrn,
    Yn ëon heb fadau;
    Heolydd lle' bu hwyliau
    Tani gynt yn tonog wau ...

... Ni bu rhodfa mor brydferth – uwch y don
    A'i chadwyni'n gydnerth;
    Ac mwy enwog yw mewn gwerth
    Na cholofn aur uchelwerth.

A neshau mae ynys Môn – i wyddfod
    Y Wyddfa yn Arfon:
    Coronwaith y cywreinion
    Ydyw y ferth rodfa hon.

Enwogion, doethion deithiant – o wledydd
    Goludog prysurant,
    I Walia dawel deuant – wlad-uchel,
    I wel'd medr hywel diau ymdroant ...

... Rhaid yw rhoi i Telford yr hawl – a chlod
  Uwchlaw pawb presenawl;
  Tynhau fyth wna tannau'i fawl,
  A chyson ca' barch oesawl.
                    Dewi Glanffrydlas

Pont Britannia

(Ar lafar – Pont Llanfair, neu 'yr hen beth hir, hyll, haearn 'na' yn ôl rhai o yrwyr y Goets fawr.)

Os mai mab i ŵr cyffredin oedd Telford, ni ellir dweud hynny am Robert Stephenson gan fod George, ei dad, wedi dod i amlygrwydd fel peiriannydd o'i flaen – er bod rhai haneswyr o'r farn y byddai Robert wedi bod yn llawer mwy amlwg ac enwog oni bai am ei dad. Ganwyd Robert yn unig blentyn ar 16 Hydref 1803. Yn fuan wedi ei eni, symudodd y teulu i fyw yn Killingworth lle gweithiai George yn y pwll glo lleol. Bu farw mam Robert pan oedd ei mab ond tair blwydd oed.

Addysgwyd Robert yn ysgol y pentref yn Long Benton ac mewn ysgol breifat – Academi Bruce yn Newcastle – rhwng 1814 a 1819. Datblygodd i fod yn siaradwr a meddyliwr praff a daeth yn aelod o Gymdeithas Athronyddol a Llenyddol Newcastle. Wedi cwblhau ei gyfnod yno, fe'i prentisiwyd gyda Nicholas Wood, rheolwr pwll glo Killingworth, ac ymhen tair blynedd roedd yn gweithio fel tirfesurydd ochr yn ochr â'i dad ar y rheilffordd o Stockton i Darlington. Wedyn, am chwe mis, bu'n fyfyriwr ym

Pont Britannia

170

Mhrifysgol Caeredin lle cyfarfu â'r peiriannydd rhyfeddol George Bidder (13 Mehefin, 1806 – 20 Medi, 1878). Datblygodd cyfeillgarwch oes rhwng y ddau a buont yn cydweithio ar sawl cynllun rheilffordd yn ystod y pum mlynedd ar hugain nesaf. Yr oedd Robert, fel ei dad, yn flaengar iawn yn natblygiadau newydd y byd rheilffordd; a gyda'i dad ac Edward Pease, ffurfiodd gwmni i adeiladu trenau stêm. Ac yntau ond yn bedair ar bymtheg oed, fe'i penodwyd yn rheolwr y cwmni. Yr oedd Robert Stephenson a'i Gwmni y cyntaf o'i fath yn y byd, ac yn 1824, er mwyn magu profiad – ac er budd y cwmni – aeth Robert i weithio i weithfeydd aur ac arian Columbia yn Ne America. Dychwelodd adref ymhen tair blynedd i gydweithio ar y peiriant stêm Rocket oedd yn tynnu'r trên yn Nhreialon Rainhill – cystadleuaeth a drefnwyd gan gyfarwyddwyr cwmni rheilffordd Liverpool & Manchester i weld sut fath o beiriant stêm fyddai fwyaf addas i'r cwmni, ym mis Hydref 1829. Yn y flwyddyn honno hefyd priododd â Fanny Sanderson, ac ar ôl byw am gyfnod yn Newcastle, symudodd y ddau i fyw yn Haverstock Hill, Llundain, yn 1833. Bu Fanny farw o gancr yn 1842, yn ddi-blant.

Bu George a Robert yn brysur yn cynhyrchu peiriannau stêm ar gyfer sawl cwmni rheilffordd, yn cynnwys Rheilffordd Bolton & Leigh a rheilffyrdd Lerpwl a Manceinion. Yn 1833, penodwyd Robert Stephenson yn brif beiriannydd Rheilffordd Llundain a Birmingham a bu'n llwyddiannus yn datrys sawl problem beirianyddol yn ystod cyfnod adeiladu'r brif reilffordd gyntaf i Lundain. Cwblhawyd y gwaith yn 1838, ac wedi hynny bu Robert yn crwydro'r byd yn arolygu adeiladu rheilffyrdd a phontydd. Dadleuai yn frwd yn erbyn rheilffordd lydan saith troedfedd o led, ac er eu gwahaniaethau barn, bu Isambard Kingdom Brunel ac yntau'n gyfeillion agos (ffafriai Brunel y mesur llydan i'w reilffordd, y Great Western Railway – neu God's Wonderful Railway yn ôl ambell un). Roedd Brunel ysgwydd wrth ysgwydd ag ef pan arnofiwyd tiwb cyntaf Pont Britannia i'w le ym Mehefin 1849. Defnyddiodd Brunel yr un dull tra oedd yn codi pont yn Saltash yn 1859 – ac roedd Stephenson yno i'w gefnogi yntau. Ymysg campweithiau eraill Stephenson sy'n dal i sefyll mae pontydd i groesi'r Tyne yn Newcastle (y gyntaf yn y byd i gario trafnidiaeth ffordd a rheilffordd, 1849), afon Conwy, afon Tweed yn Berwick (pont o wyth bwa ar hugain, 1850), ac afon St Lawrence ym Montreal, Canada a oedd, pan godwyd hi, y bont hiraf yn y byd.

Er i Robert Stephenson gael ei ethol yn ddiwrthwynebiad yn aelod seneddol Ceidwadol dros Whitby yn Etholiad Cyffredinol 1847, prin fu ei gyfraniad yn Nhŷ'r Cyffredin, efallai oherwydd afiechyd. Cafodd ei ethol yn gymrawd y Gymdeithas Frenhinol ond gwrthododd y cynnig i'w urddo'n farchog. Ymddeolodd o fyd gwleidyddiaeth a masnach yn 1859. Ar daith hwylio i Norwy, dirywiodd ei iechyd ac fe'i rhuthrwyd yn ôl i Lowestoft ar 13 Medi y flwyddyn honno. Bu farw yn ei gartref 34 Gloucester Square, Llundain, ar 12 Hydref a'i gladdu yng nghorff Abaty Westminster ochr yn ochr â Thomas Telford. Rhoddodd y frenhines Fictoria ganiatâd arbennig i'w orymdaith angladdol deithio drwy Hyde Park, a chynhaliwyd ail wasanaeth angladdol yn Newcastle, ym mhresenoldeb 1,500 o bobl, ar yr un pryd â'r un yn Westminster. Ar y diwrnod hwnnw roedd siopau Llundain a Newcastle ar gau fel arwydd o barch tuag ato.

Talwyd teyrnged iddo gan lywydd Sefydliad y Peirianwyr Dinesig, Joseph Locke:

Robert Stephenson achieved some of the greatest works of art which have been witnessed in our day and an eminence in the scientific world rarely reached by any practical professional man.

Cynlluniwyd plât pres i roi ar ei fedd gan Syr Gilbert Scott (1811–1878). Arno mae'r arysgrif 'Sacred to the memory of Robert Stephenson MP. D.C.L. F.R.S. Etc. Late president of the institution of civil engineers who died 12th October A.D. 1859 aged 56 years.'

Symudwyd ffenestr liw a arferai fod ger ei fedd i safle newydd yn y Côr gogleddol. Mae'r ffenestr yn portreadu, ymysg eraill, Robert a'i dad, George, Thomas Telford, John Smeaton, James Watt a John Rennie. Darlunnir yn ogystal rai o'i gampweithiau gan gynnwys Pont Britannia, rhai golygfeydd Beiblaidd a phortreadau bychan o adeiladwyr hanesyddol eraill e.e. Noah, Cheops, Hiram, Euclid, Archimedes, Michaelangelo a Christopher Wren. Yn 1948 ychwanegwyd darlun o'r Rocket, a newidiwyd yr arysgrif ar waelod y ffenestr i gynnwys enw ei dad: 'Robert Stephenson MP, DCL, FRS 1803–1859 President of the Institution of Civil Engineers son of George Stephenson 1781–1848 Father of Railways.'

Adeiladu'r Bont

Cyfres o broblemau i'w datrys fu bywyd i bawb erioed, ac un a lwyddodd i ddatrys sawl problem oedd Robert Stephenson. O wneud hynny, llwyddodd i wneud datblygiadau mawr ym myd technoleg. Un o'r problemau mwyaf a osodwyd o'i flaen oedd sut i gynllunio pont i groesi'r Fenai.

I un a arferai deithio ar y trên o Fôn i Fangor (gyda thocyn rhad ac am ddim gan fod fy nhad yn un o weithwyr y Rheilffyrdd Prydeinig), roedd croesi'r Fenai yn uchafbwynt i'r daith. Er hynny, gallai'r daith drwy'r tiwb fod yn ddychryn oherwydd tywyllwch y twnnel ac yn syndod am y gallwn weld gweddillion llong ryfel ar y creigiau islaw. Ar y llaw arall, byddwn bob amser yn chwilio am y llewod wrth ochr y lein, oedd yn rhybudd fod y daith bron ar ben. Ychydig wyddwn i bryd hynny mai croesi'r Fenai drwy'r tiwb wnaeth Robert Stephenson hefyd am y tro cyntaf – ef ei hun oedd yn gyrru'r injan o Arfon i Fôn ar 5 Mawrth 1850 i arwyddo fod Pont Britannia (Pont y Tiwb) ar agor, ac am hanner dydd ar y diwrnod hwnnw gosododd yr olaf o dros 500,000 o rybedau'r bont yn ei lle.

Yr oedd bwriad Robert Stephenson i ddefnyddio tiwbiau wedi eu gwneud o haearn gyr o biler i bost i groesi'r Fenai yn un gwreiddiol, ac yn un a ddefnyddiwyd ganddo yng ngwneuthuriad dwy o bontydd rheilffordd amlycaf/enwocaf gogledd Cymru: un dros afon Conwy a'r llall dros y Fenai. Gan fod ffordd a phont Telford wedi croesi'r Fenai i Gaergybi yn barod, a chan fod y llynges wedi dynodi porthladd Caergybi yn hafan i'w llongau, rhaid oedd bodloni datblygiadau'r oes a chysylltu'r cyfan i'r rhwydwaith rheilffyrdd. Cynigiodd C. B. Vignoles (ymwelydd â Mynydd Parys) lwybr rheilffordd yn cychwyn o'r Amwythig i Langollen, drwy'r Bala, Dolgellau, Porthmadog ac i Borthdinllaen yn Llŷn. Cynigiodd George Stephenson, tad Robert, lwybr ar hyd arfordir y gogledd gan y byddai hynny'n rhatach i'w gyflawni. Cefnogwyd y cynllun hwn gan Faer Caer, John Uniacke, oedd am i'r ddinas gadw'i statws fel prif gyffordd ar y daith o Lundain i Ddulyn.

Er mor hwylus fyddai cael rheilffordd, roedd y llwybr arfaethedig yn un llawn problemau. Yr oedd *Rhan o'r tiwb gwreiddiol*

yr 84½ milltir o lein y Chester and Holyhead Railway Company yn cychwyn o Gaer drwy dwnnel cyn croesi afon Dyfrdwy dros draphont ac iddi bedwar deg pum bwa. I groesi afon Conwy roedd angen pont arall bedwar can troedfedd o rychwant, a chroesi corsydd Conwy cyn wynebu Penmaenbach a Phenmaenmawr a thwnelu drwy graig a basalt. Wrth ddynesu at Fangor, byddai angen croesi dyfroedd gwyllt afon Ogwen dros draphont 264 llath o hyd, ac afon Cegin gyda phont arall 132 llath o hyd, a chroesi crib o dir uchel yn amrywio o 1,320 i 2,760 troedfedd o uchder. Wedi datrys y broblem o groesi'r Fenai, roedd angen ystyried sut i groesi corsydd Cefni a thyllu ar gyfer twnnel 550 llath o hyd ym Môn cyn cymryd y cam olaf dros y Cob yn Fali ac i Gaergybi.

Roedd George Stephenson am i'r rheilffordd groesi'r Fenai dros bont Telford, gyda cheffylau'n tynnu'r cerbydau o un ochr i'r llall! Nid oedd hynny yn bosibl, gan na ellid sicrhau fod y bont yn hollol anhyblyg. Felly, derbyniwyd cynnig George gydag un gwelliant, sef codi pont arall – pont reilffordd newydd – dros y Fenai. Mynnodd y Llynges fod rhychwant y bont yn 450 troedfedd a'i huchder 105 troedfedd uwchben y dŵr ar lanw uchel er rhwydd hynt i'w llongau. Roedd y Llynges hefyd yn gobeithio y byddai'r cwmnïau rheilffyrdd yn cyfrannu tuag at y £700,000 o gost addasu a datblygu'r harbwr yng Nghaergybi ar gyfer y llongau mwy o faint fyddai'n ei defnyddio ar gyfer cario teithwyr a nwyddau a.y.b. i Iwerddon ac ymhellach.

Bu hwn yn gyfnod cyffrous a phryderus gan fod ansicrwydd mai Caergybi fyddai y dewis borthladd ar gyfer cwblhau'r cyswllt trafnidiol rhwng Prydain ac Iwerddon. Yr oedd enw Porthdinllaen yn amlwg yn y ffrâm hefyd. Unwaith y derbyniwyd y Cadarnhad Brenhinol o'r Senedd yn 1844 a 1845 fod arian ar gael i godi'r bont apwyntiwyd Robert Stephenson yn brif beiriannydd y gwaith.

Roedd Robert Stephenson yn beiriannydd profiadol iawn ym myd rheilffyrdd a chodi pontydd ond er mai ei enw ef a welir wedi ei ysgythru ar y bont, rhaid cydnabod bod eraill wedi rhannu yn y gwaith ond na chanwyd eu clodydd hwy hanner cymaint. Yn eu mysg roedd y diwydiannwr William Fairbairn, ac ato ef a'r Athro Eaton Hodgkinson y trodd Stephenson am gyngor ar ddechrau'r prosiect yn Ebrill 1845. Cynhaliwyd arbrofion yn iard longau Fairbairn ym Millwall i ddarganfod y siâp mwyaf addas ar gyfer y tiwb y bwriedid ei ddefnyddio yng ngwneuthuriad y bont. Credai Hodgkinson y byddai angen cadwynau i gynnal y tiwbiau ond roedd Fairbairn yn erbyn y syniad. Adeiladodd Fairbairn fodel 1:6 o'r bont i arbrofi arno. Ym mis Mai 1845, cyflwynodd Stephenson ei gynlluniau i Bwyllgor Seneddol, gan egluro'i fwriad i ddefnyddio tiwb eliptaidd ei siâp, 25 troedfedd o uchder ac 13 troedfedd o led, o blât haearn ⅞ modfedd ar y top a'r gwaelod a ½ modfedd yn ei ochrau, wedi eu rhybedu at ei gilydd. Tu mewn i'r tiwb bwriadai osod ffrâm bren i gynnal y rheilffordd. Ar 30 Mehefin 1845, pasiwyd deddf seneddol a chytundeb brenhinol yn caniatáu'r gwaith. Erbyn 1846, roedd Fairbairn wedi perswadio Stephenson mai tiwbiau siâp petryal fyddai'r gorau, ac na fyddai angen cadwynau i gynnal eu pwysau gan y byddent yn gorffwys ar bileri o gerrig ac fel trawst o un piler i'r llall ar draws y gagendor. O Ebrill 1846, oherwydd pwysau gwaith a diffyg arbenigedd Stephenson, apwyntiwyd Fairbairn yn swyddogol, '*to superintend the construction and erection of the Britannia and Conway Bridges, in conjunction with Mr. Stephenson,*' ar gyflog o £1,250 y flwyddyn. Er i Stephenson gydnabod Fairbairn '*as acting with me in every department of the proceedings*' mewn llythyr yn Awst y flwyddyn honno, iddo'i hun y dymunai Stephenson y clod, a chyndyn iawn fu, wedi hynny, i gydnabod ei ddyled i'r llall.

Gosodwyd carreg sylfaen Pont Britannia gan Frank Fester, y peiriannydd preswyl, ar ddydd Gwener y Groglith, 10 Ebrill 1846, a'r cytundeb am y gwaith codi yn nwylo cwmni Nowell, Hemingway & Pearson. Defnyddiwyd tywodfaen coch o Runcorn ar gyfer tu mewn y pileri, oedd â gwedd Eifftaidd iddynt, a charreg galch o chwareli Penmon ar gyfer y tu allan. Rywbryd ym Mawrth 1846 ymwelodd Edwin Clark â Stephenson, a chymaint oedd perswâd y gŵr hwnnw fel y cafodd swydd Cymhorthydd Personol i Robert Stephenson ac yn ddiweddarach yn Beiriannydd Preswyl ar y ddwy bont, 'the most remarkable appointment in the history of engineering,' yn ôl rhai o'i gyfoeswyr. O gofio nad oedd gan Edwin Clark gymwysterau perthnasol ar gyfer y gwaith, hawdd y gellir cytuno â'r datganiad – ond rhaid cofio bod ffydd Stephenson ynddo'i hun ac yn ei ddewis o ddynion i'w gynorthwyo yn ddi-syfl. Er tegwch â Clark, fe'i profodd ei hun yn weithiwr cymwys iawn yn ystod codi Pont Britannia ac yn ddiweddarach yn ei yrfa.

Wrth i'r gwaith fynd rhagddo, rhoddwyd straen ar berthynas Stephenson a Fairbairn. Cwblhawyd y cynlluniau terfynol ar gyfer y tiwbiau yn absenoldeb Stephenson, a honnodd Clark mai ef a'u cwblhaodd. Gwaith Fairbairn oedd trefnu cyflenwi'r gwaith haearn. Rhaid oedd cael cyfanswm o 12,000 tunnell ar gyfer y gwaith felly gosodwyd archebion amodol gyda

MESURIADAU A CHOSTAU ADEILADU PONT BRITANNIA.	
Ategwaith ar ochr Môn ac Arfon.	352 troedfedd.
Pellter o'r Ategwaith i'r Twr Ochr (Môn ac Arfon).	460 troedfedd.
Pellter o'r Ategwaith i'r Twr Canol.	920 troedfedd.
Lled y Twr Ochr	32 troedfedd.
Lled y Twr Canol.	45 tr.5mod.
LLEWOD.	
Hyd.	25tr.6mod.
Lled.	9 troedfedd.
Uchder.	12tr.9mod.
Cyfaint.	8000 troedfedd giwbig o gerrig.
Pwysau.	80 tunnell.
TIWBIAU.	
Nifer.	8
Tiwbiau Hir.	
Uchder yn y canol.	31 troedfedd.
Uchder bob pen.	23 troedfedd.
Lled.	14tr.8mod.
Hyd.	488tr.8mod.
Pwysau.	700 tunnell.
Trwch metal y tiwb.	3/4 modfedd.
Uchder uwchben llanw isel.	121tr.6mod.
COSTAU.	
Ategwaith ochr Arfon.	£17,459
Twr Caernarfon.	£28,626
Twr Britannia.	£38,761
Twr Môn.	£30,430
Ategwaith ochr Môn.	£40,470
Llewod.	£2,048
Tiwbiau.	£375,703
Ychwanegol.	
Rhaffau, Paent a.y.y.b.	£28,097
Codi'r Tiwbiau.	£9,782
Gwaith Coed.	£25,498
Arbrofion.	£3,986
Cyfanswm Costau Adeiladu'r Bont.	£601,363 0s. 0d.

nifer o weithfeydd, ond gan fod y dechnoleg yn gymharol newydd, bu'n rhaid gohirio dechrau'r gwaith ar Bont Britannia gan i 10 tunnell o haearn o ffwrneisi Coalbrookdale brofi'n ddiffygiol. Rhoddwyd y cytundeb ar gyfer tiwb cyntaf y bont i gwmni Garforth o Dukinfield ac am y saith tiwb arall i Ditchburn & Mare o Blackwall.

Gwelwyd prysurdeb anghyffredin ar hyd arfordir gogledd Cymru ac ar draws Ynys Môn – cafodd nifer fawr o bobl eu cyflogi i osod y rheilffordd o Gaer i gyfeiriad y gorllewin. Agorwyd y rheilffordd o Gaer i Fangor ar Galan Mai 1848, a'r darn rhwng Llanfairpwll a Chaergybi ar y cyntaf o Awst yr un flwyddyn. Ar yr un pryd, roedd y gwaith o baratoi'r pileri cynnal ac adeiladu'r tiwbiau ar gyfer y bont yn mynd rhagddo ar lannau'r Fenai ym Môn ac Arfon. O boptu'r culfor yr oedd dau safle gwaith enfawr wedi datblygu, a chymaint o weithwyr wedi symud yno i fyw fel yr agorwyd ysgoldy Wesleaidd bychan ar lan Arfon o'r Fenai ar eu cyfer yn fuan cyn Nadolig 1848. Dechreuwyd yr achos gyda phum aelod a dau arall ar brawf, ac erbyn dechrau Gwanwyn 1850 yr oedd tri arall ar brawf. Yn anffodus, pan gwblhawyd y gwaith, symudodd llawer o'r gweithwyr i lefydd eraill er mwyn cael swyddi newydd ac ni ellid cynnal yr achos mwyach.

Wedi iddynt gyrraedd y safle, roedd y platiau o haearn gyr yn cael eu curo a'u gwastatáu gyda gordd 40 pwys a'u rhybedu i'w gilydd i lunio'r tiwbiau. Fel y tyfai pob tiwb, yr oeddynt yn cael eu cynnal ar sgaffaldau pren, a chymaint oedd y perygl o dân o'r rhybedau chwilboeth a ddefnyddiwyd fel y trefnwyd bod dau beiriant tân a thanciau dŵr yn dal 8,000 galwyn ar gael ymhob safle, a phibellau dŵr i bob rhan o'r gwaith. Atgyfnerthwyd pen a gwaelod y tiwbiau â rhwydwaith o focsys 20 modfedd wrth 21 modfedd oedd yn ddigon o faint i fachgen 10 oed neu ddyn eiddil fynd i mewn iddynt i ddal y platiau yn eu lle tra oeddynt yn cael eu rhybedu. Defnyddiwyd hyd at 900 tunnell o rybedau, pob un wedi eu cario'n boeth o'r efail a'u taflu i dderbynnydd oedd yn barod amdanynt ar y tiwb.

There are eight cells at the top of the tubes, each one foot nine inches square, and six at the bottom, of the same depth but wider. The rivets are rather more than an inch in diameter and are placed in rows, and put in the holes, (formed by a machine), red hot and beaten with heavy hammers; in cooling they contracted strongly, and drew the plates together so powerfully, that it required a force of from four to six tons to each rivet to cause the plates to slide over each other.

(*The Triumph of Science,*
An Account of the Grand Floatation of one of the Monster Tubes over
the Menai Straits;
James Rees, Caernarvon 1849)

Pwysau pob tiwb oedd 1,500 tunnell yr un. Roedd sgaffaldau'n gwegian o dan eu pwysau a bu'n rhaid defnyddio lletemau i ddal pob dim efo'i gilydd. Pan gwblhawyd y tiwb cyntaf, cynhaliwyd cyngerdd cerddorol mawreddog tu mewn iddo ar nos Wener, 18 Mai 1849. Gosodwyd coed bob pen iddo er mwyn rhoi awgrym o gelli goediog, a seddau bob ochr i'r gynulleidfa. Goleuwyd y tiwb gan bedair rhes o ganhwyllau – tua pum cant mewn nifer. Cafwyd gwledd i'r glust a'r llygad. Eisteddai tua chwe chant o wahoddedigion, a safai'r gweithwyr a'u teuluoedd i wrando ar gôr o ddeugain o leisiau a swniai yn debycach i 800 pan oeddynt yn canu tu mewn i'r tiwb. Trefnwyd cerddorfa i gyfeilio i'r côr, a chlywyd eitemau lleisiol, cerddorol ac offerynnol eraill yn y 'theatr' 157 llath o hyd, pum llath o led a deg llath o uchder. Er gwaetha'r gwres a'r ffaith ei fod yn lle cyfyng, bu i bawb fwynhau cyngerdd pleserus iawn.

Ar ôl cwblhau'r gwaith o gynhyrchu'r tiwb cyntaf ar 19 Mehefin 1849, roedd yn rhaid datrys y broblem o sut i'w godi i'w le. Y gobaith oedd arnofio'r tiwbiau ar rafft at y safle a'u codi gyda chymorth erfyn gwasgu hydrolig. Gan fod y gwaith o godi Pont Conwy yn digwydd tua'r un pryd, hawdd credu fod problemau wedi amlygu eu hunain ac i'r pwysau gwaith fod bron yn ormodol i bawb. Ymhen pythefnos wedi agor Pont Conwy, anfonodd William Fairbairn lythyr at Robert Stephenson yn awgrymu'n gryf ei fod yn bwriadu ymddiswyddo. Pan ddarllenodd Fairbairn sylwadau canmoliaethus Stephenson am waith ac ymdrech Edwin Clark yn y wasg yn dilyn cinio dathlu yng Nghonwy ('... *but the audience was left in no doubt as to who deserved the lion's share of the credit – Stephenson himself* ...) teimlai Fairbairn iddo gael ei iselhau a'i sarhau, ac ymddiswyddodd yn syth. Achosodd hyn ffrae gyhoeddus drwy lythyrau yn y wasg rhwng Thomas, mab Fairbairn, a Syr Francis Head, cyn-filwr o'r Royal Engineers. Bu fflamau'r ffrae yn llosgi am flynyddoedd a Samuel Smiles, awdur a diwygiwr Albanaidd, yn nodi:

There is no reason to doubt that by far the largest share of the merit of working out the practical details of these structures, and thus realising Robert Stephenson's magnificent idea of the tubular bridge, belong to Mr. Fairbairn.

Gweithio ar y tiwb

Meddai G. Drysdale Dempsey, i geisio cadw'r ddysgl yn wastad:

that these great works owe their design and construction to their joint labours is clearly evident.

Wedi i Fairbairn adael, syrthiodd y cyfrifoldeb i gyd ar ysgwyddau Edwin Clark, a bu'n rhaid iddo ef ddelio â'r trafferthion ariannol. Diolch i rai fel Capten Constantine Richard Moorsom, a fu'n fodlon gweithio am hanner ei gyflog, llwyddwyd i oresgyn y problemau a pharhau â'r gwaith er y bu'n rhaid cwtogi'n sylweddol ar y gwariant arfaethedig. Un o'r cynlluniau a aeth i'r gwellt oedd y bwriad o godi cerflun enfawr o Britannia ar ben y piler canol.

Gwahoddwyd Isambard Kingdom Brunel i wylio'r tiwb yn cael ei godi i'w le – ac i fod yn gefn i Stephenson pe bai angen hynny, mae'n siŵr. Adeiladwyd y tiwb ar bontŵn yn arnofio ger safle'r bont a chafodd hwnnw ei arnofio allan i'r Fenai at y pileri er mwyn ei godi, yn raddol fesul modfedd, i'w le gyda chymorth pympiau hydrolig. Am chwech o'r gloch yr hwyr ar 19 Mehefin 1849, gollyngwyd y pontŵn yn rhydd a dechreuwyd droi'r capstan, ond oherwydd cyflwr y llanw a chryfder y gwynt, gohiriwyd y gwaith tan hanner awr wedi saith y noson ganlynol. Roedd 450 labrwr, 65 llongwr a 12 saer coed yn gweithio ar y capstan; roedd 105 o ddynion ar bob pontŵn a chwe chwch â rhaffau sbâr, yn ogystal â dwy stemar, ar y Fenai rhag ofn y codai unrhyw broblem. Ar y nos Fercher, cipiwyd y pontŵn gan y gwynt a'r llanw nes ei fod bron allan o reolaeth. Torrwyd rhaff wyth modfedd o drwch fel petai'n ddim

179

ond edau! Rywsut, sicrhawyd rhaff am Biler Môn a gwyrdroi'r pontŵn i'w le. Galwodd Charles Rolfe ar i bawb oedd ar y lan ym Môn dorchi eu llewys a thynnu â'u holl nerth ar y rhaffau i dynnu'r pontŵn i'w le yng ngwaelod y bont. Taniwyd gwn i arwyddo fod y pontŵn yn ei le cywir. Chwalwyd un o'r pympiau hydrolig yn yfflon yn ystod y gwaith – damwain a gostiodd £5,000 – ond, diolch i'r drefn, ni wnaed difrod mawr. Ysgrifennodd Edwin Clark, oedd a'i fryd ar godi'r tiwb i'w le yn syth ar ôl sefydlu'r pontŵn, at Stephenson:

> Thank God you have been so obstinate. If this accident had occurred without a bed for the end of the tube to fall on, the whole would now have been lying across the bottom of the Straits.

Roedd pawb a fu ynghlwm â chodi'r bont yn siŵr o fod wedi profi rhyw gymaint o straen, ac fel y tynnwyd y gŵys tua'r dalar roedd y gweithwyr, mae'n debyg, yn ystyried eu dyfodol. Wrth i'r gwaith dynnu tua'r terfyn rhaid oedd iddynt ystyried a fyddent yn aros yn yr ardal neu'n symud i safle newydd – ac yn achos rhai gweithwyr, byddai symud yn golygu chwalu perthynas oedd wedi datblygu dros nifer o flynyddoedd. Roedd bywyd cymdeithasol yn y pentref bach dros dro a adeiladwyd i'r gweithwyr ar lan y Fenai ar fin terfynu, a chymdogion ar fin colli cwmnïaeth y naill a'r llall. Yn ystod cyfnod y gwaith mawr, chwalwyd ambell briodas gan farwolaeth neu garwriaeth odinebus. Anodd, mae'n rhaid, oedd ymwrthod â themtasiwn yng nghanol y fath fwrlwm o bobl. Ym mis Mehefin 1849, gwelwyd gŵr a gwraig yn cael eu cosbi am anffyddlondeb a godineb ac yn cael eu cario at lan y Fenai a'u rhoi ar stôl drochi. Rhyddhawyd y wraig o'i chosb pan oedd wedi blino'n llwyr ac yn ymladd am ei gwynt a'i heinioes. Llwyddodd hi i ddianc, ond bu'n rhaid i'w phartner ymladd ei ffordd drwy'r dorf cyn profi ei ryddid.

Y mae unrhyw waith 'mawr' yn siŵr o ddenu sylw'r cyhoedd, hyd yn oed heddiw, ond mwy fyth yn 19eg ganrif pan oedd y fath olygfeydd yn brin a dieithr. Ni fu codi Pont Britannia ddim gwahanol. Yn 1849, cyhoeddodd James Rees o Gaernarfon bamffledyn yn disgrifio'r gwaith o arnofio a chodi'r tiwbiau i'w lle, a'i werthu yn siopau llyfrau'r dref, ym Mangor ac yn siop Mrs Fisher ym Mhorthaethwy.

Ar flaenddalen y pamffledyn defnyddir ansoddeiriau a disgrifiadau i gyfleu maint a rhyfeddod y gwaith, megis '*The Triumph of Science*', '*grand floatation', 'monster tubes'* a *'the stupendous tubular bridge'*. Os nad oedd hynny'n ddigon i ennyn diddordeb y darllenydd, mae'r paragraff cyntaf yn ein sicrhau, *'we doubt not but it will present a theme of admiration and astonishment.'* Yn y bennod gyntaf mae'r awdur yn atgoffa'r darllenydd ei fod yn byw mewn canrif sydd wedi magu cewri ym myd gwyddoniaeth. Credai fod codi pont fel Pont Britannia yn llawer mwy o gampwaith nag adeiladu pyramidiau'r Aifft ac y byddai'r Eifftwyr (a'u caethweision) yn rhyfeddu at gamp na allent hwy fod wedi ei chyflawni. Yr oedd camp o'r fath, meddai, yn *'monster piece of human skill, and wonder of the nineteenth century.'*

Mae'n sicr i drigolion Môn ac Arfon (a darllenwyr y pamffled) ryfeddu, os nad dychryn, o ddarllen a dysgu fod hyd un tiwb yn 472 troedfedd, a phe byddai'n cael ei osod wrth ochr cadeirlan St Paul yn Llundain byddai'n sefyll 107 troedfedd yn uwch na'r groes ar ben y gromen. A rhag ofn nad oedd hynny wedi gwneud digon o argraff ar y darllenwyr, mae'r awdur yn eu hatgoffa:

It is impossible to conceive anything so wonderful as the work of this large pile of iron – this masterpiece of engineering constructiveness and mathematical adjustment; while gazing upon it, the spectator shrinks into himself, and all his faculties are absorbed in wonder and astonishment; he will find it difficult to believe that a structure of such magnitude is before him.

Gafodd unrhyw ddigwyddiad gystal hysbyseb, tybed? I un sy'n cofio'r sylw a gafodd y daith gyntaf i'r gofod, y daith gyntaf i'r lleuad a thaith gyntaf y Wennol Ofod, i enwi dim ond tri o ddigwyddiadau cyffrous yr ugeinfed ganrif, hawdd deall pam i un gŵr bonheddig gynnig y sylw y byddai'n werth teithio o bellafoedd byd i weld y tiwb yn cael ei godi i'w le.

Nid James Rees oedd yr unig un i golli'i ben â'r gwaith. Defnyddiodd H. Humphreys, argraffydd a chyhoeddwr arall o Gaernarfon, yr un math o iaith i ddisgrifio dwy bont Menai

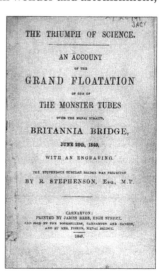

Pamffledyn James Rees

181

yn rhifyn Rhagfyr 1862 o *Golud yr Oes*. Ceir ganddo yntau yr un iaith flodeuog wrth gymharu'r pontydd i byramidiau'r Aifft, cofgolofnau Pompei a Thrajan.

Codwyd Tiwb Rhif 3 ym Mehefin 1849, Tiwb Rhif 2 ar 7 Ionawr 1850 a'r olaf ohonynt ar 25 Gorffennaf 1850.

Cyn agor y bont yn swyddogol ar 5 Mawrth 1850 gwnaed tri arbrawf:

i. Cychwynnodd tri thrên stêm o orsaf Bangor i gyfeiriad y bont am hanner awr wedi chwech y bore, a Stephenson ar fwrdd un ohonynt. Credir mai ef oedd yn ei gyrru. Roedd pob un o'r tri pheiriant yn pwyso hyd at 100 tunnell ac yn cynhyrchu 50/60 marchnerth. Am saith o'r gloch y bore, aeth y tri thrên i mewn i'r tiwb ac aros yn y canol. Welwyd dim effaith ar y gwaith haearn.

ii. Dilynwyd y tri thrên gan un arall yn tynnu pedair ar hugain o wagenni glo Brymbo yn cynnwys 300 tunnell o lo. Arhosodd hon hefyd yng nghanol y tiwb am ddwy awr a gwyrodd y tiwb hanner modfedd, oedd yn cymharu'n ffafriol â beth fyddai'n digwydd i'r haearn yng ngwres yr haul.

iii. Cynhaliwyd y trydydd arbrawf i brofi diogelwch y tiwb am hanner dydd pan groesodd y tri thrên cyntaf, trên glo Brymbo a phedair wagen ar hugain arall yn cario golosg – ynghyd â bron i ddeugain o wagenni yn cario hyd at 800 o deithwyr – y bont ar gyflymdra o 35 milltir yr awr. (Roedd y teithwyr a'u trên yn unig yn pwyso bron i 503 tunnell). Croeswyd yn ddiogel ac er yr holl bwysau oedd arni, dim ond 4/10 o fodfedd o symudiad a fesurwyd ym mhlygiad y tiwb. Wrth i'r trên aros ar ganol y bont, gosodwyd y rhybed olaf un yn ei le gan Stephenson a Charles Mare. Yn anffodus, cafodd Stephenson drafferth i gwblhau'r gorchwyl cymharol syml hwn a bu'n rhaid iddo ofyn am gymorth Mare. Ni allai yntau chwaith guro'r rhybed i'w lle, a galwyd ar Edwin Clark. Yn rhyfeddol, bu'n rhaid iddo yntau gydnabod na allai wneud y gwaith ac yn y diwedd rhaid oedd galw ar rybedwr profiadol o'r enw Jack Clincher i roi'r rhybed dan yr ordd a chwblhau'r gwaith ar y bont yn swyddogol. Dyfynnwyd Jack yn y wasg Seisnig, '*Get out of the way, you lubbers. Pretty fellows indeed, to set about making an iron bridge when they cannot even clench a nail, which any real craftsman could do in two minutes!*'

Roedd nifer fawr o bobl yn gwylio'r trên cyntaf yn croesi'r bont ac yn eu mysg roedd criw o fechgyn ifanc, oedd yn rhedeg ar draws y cledrau o'r naill ochr i'r llall. Gwelodd Stephenson fod yr ieuengaf ohonynt wedi blino'n llwyr yn y fath gyffro a phrin y gallai gyrraedd yr ochr arall cyn y byddai'r trên wedi ei daro. Gafaelodd Stephenson yn ei law a'i godi o'r perygl i ddiogelwch caban y gyrrwr. Rhagfynegwyd dyfodol disglair i'r bychan ac addawodd yntau y byddai'n beiriannydd cyn ei fod yn ddeuddeg mlwydd oed!

Bu'n rhaid aros hyd at 18 Mawrth i drafnidiaeth gyhoeddus gael croesi, er mwyn i'r Bwrdd Masnach allu cadarnhau canlyniadau'r profion diogelwch. Gyda hynny, goresgynnwyd un o brif broblemau teithio cyhoeddus y cyfnod. Rhoddwyd sêl bendith y teulu brenhinol ar y cynllun pan ymwelodd Fictoria, y Tywysog Albert a Thywysog Cymru â gogledd Cymru yn ystod Hydref 1852. Croesodd y criw i Fôn dros Bont y Borth a chyrraedd Llanfairpwll. Mentrodd Albert a Thywysog Cymru gerdded ar ben un o'r tiwbiau i groesi i Arfon yng nghwmni Robert Stephenson, ond cafodd Fictoria daith yn un o gerbydau'r trên brenhinol, oedd yn cael ei dynnu gan griw o weithwyr.

Gwta fis wedi'r ymweliad brenhinol, cafodd trigolion de Môn ac ardal Bangor eu deffro a'u dychryn gan ddaeargryn. Ym mis Tachwedd 1852, teimlwyd y ddaear yn crynu am chwe eiliad a muriau gorsaf reilffordd Bangor yn cracio, a'r rheini'n graciau digon llydan i allu gwthio bysedd drwy'r agennau. Syrthiodd simne tŷ yn Hirael, Bangor. Efallai mai'r un a gafodd y dychryn mwyaf oedd un o weithwyr Pont Britannia – oedd yn un o'r tiwbiau ar y pryd! Yno, yn y tywyllwch, credai fod y bont yn mynd i gael ei thaflu oddi ar ei sylfeini ac mai yn y Fenai y byddai ef a'r tiwb yn cael eu darganfod.

Yn fuan wedyn daeth Miss Augusta Pearson o Swydd Buckingham i weld y bont. Ddydd Gwener, 19 Awst 1853, cerddodd o'r Borth i gyfeiriad Llanfair a rhyfeddu at faint anhygoel y bont. Yr oedd ei huchder a'i rhychwant yn anferthol a theimlai ei hun yn eithriadol ddi-nod wrth sefyll yn ei hymyl! Gwrthododd y cynnig i gerdded drwy un o'r tiwbiau a da oedd hynny gan i drên rhuthro allan ohono. Chlywodd ei chlustiau erioed y fath sŵn! Yn wahanol iawn i bron bawb arall a'u gwelodd, wnaeth y llewod ddim argraff ffafriol arni a chredai y gallai'r awdurdodau fod wedi gwario'r £2,000 mewn amgenach ffordd.

Wedi i'r bont fod yn ei lle am wyth mlynedd ar hugain, roedd rhai yn parhau i wrthwynebu ei phresenoldeb ac yn cecru am ei chyflwr yn y wasg genedlaethol. Anfonwyd llythyrau i'r wasg yn disgrifio cyflwr y bont ac yn

Trên yn croesi'r bont

amau ei diogelwch. Mewn cynhadledd i benseiri a gynhaliwyd ym Mehefin 1878, mentrodd rhyw Mr Carroll y sylwadau canlynol am ei chyflwr:

There is no doubt a process of rusting going on, which must eventually, unless checked, have the effect of making the Bridge come down with a crash.

Tons upon tons of rust were extracted from the Bridge every month.

Yn yr un gynhadledd, dywedodd dyn o'r enw Mr Skidmore y gallai yntau dystio fod pentwr mawr o rwd haearn yn cael ei glirio o'r bont bob mis. Atebwyd yr honiadau a'u diystyru gan William Baker, prif beiriannydd y London and North Western Railway Company yn Llundain, gan ddatgan iddo ef a Mr Ramsbottom, cyn-beiriannydd y cwmni, archwilio'r bont – a phont Conwy – yn fanwl:

The ironwork was found practically free from rust, the cells or chambers comprising the top and bottom members of the tubes perfectly clean, and the edges of the plates as sharp as when first placed in position.

Aeth ymlaen i sicrhau defnyddwyr y rheilffordd a'r bont y byddai y ddwy, o dderbyn sylw a gofal, yn sefyll yn gadarn a bod '... *no practical limit to their endurance*'.

Un o fwriadau'r cwmni rheilffordd oedd codi 'rhesau o balasau prydferth' rhwng y ddwy bont ar ochr Arfon o'r Fenai pan fyddai cyllid yn caniatáu. Yr oeddynt yn berchen y tir a phlannwyd coed a llwyni i 'ychwanegu at brydferthwch yr olygfa' (o lythyr i'r Wasg gan William Baker, 19 Mehefin 1878) ond welwyd erioed mohonynt.

Cyd-weithwyr ... ac eraill

Fel yn hanes codi Pont Menai, gellid yn hawdd meddwl mai Stephenson ei hun oedd yn gyfrifol am holl agweddau'r gwaith o godi Pont Britannia. Ei enw ef sy'n amlwg i'w weld wrth ei chroesi, ond yr oedd eraill yr un mor flaengar ag ef – ynghyd â channoedd, os nad miloedd, o weithwyr dienw. Bu i rai ohonynt farw yn ystod y gwaith adeiladu ac fe'u henwir ar y gofadail ym Mynwent y Plwyf, Llanfairpwll, ond ni chofnodwyd enwau'r mwyafrif o'r gweddill. Hwy oedd yn parhau â'r gwaith pan oedd eraill amlycach ac enwocach yn brysur anghydweld.

Capten Claxton (1790–1868)
Capten llong yn y Llynges Frenhinol a chyfaill i Isambard Kingdom Brunel. Capten cyntaf y llong *Great Western* yn 1838. Bu'n gyfrifol am y 210 o longwyr oedd yn gweithio ar y cychod a'r pontŵn yn cario'r tiwbiau o'r Felinheli i safle'r bont.

Edwin Clark (1814–1894)
Mab i wneuthurwr les cefnog o swydd Buckingham. Cafodd addysg ffurfiol a threulio cyfnod yn Ffrainc. Gobaith y teulu oedd y byddai'n troi at y gyfraith, ond roedd ganddo ddiddordeb mawr mewn gwyddoniaeth. Am gyfnod byr, bu'n gweithio fel cynorthwywr i lawfeddyg. Ystyriodd swydd fel seismon a bu'n athro cyn mynd i Brifysgol Caergrawnt yn 1834, ond gadawodd heb radd.

Cyflwynodd ei hun i Robert Stephenson drwy guro ar ddrws ei swyddfa yn 24 Great George Street, Llundain, yn 1846. Yr oedd yn enwog fel mathemategydd – a rhaid ei fod yn siaradwr huawdl gan iddo gael ei apwyntio i adrodd yn ôl i Stephenson ar arbrofion William Fairbairn (gweler isod) ar y tiwb ym Millwall.

Tra oedd yn eistedd ar blatfform gorsaf reilffordd Crewe, gwelodd Clark danc dŵr yn cael ei godi efo *screw jacks*, a dyna roddodd iddo'r syniad o sut y gellid codi tiwbiau Pont Britannia i'w lle. Fel yr agorwyd y bont yn swyddogol, yr oedd adroddiad/disgrifiad o'r gwaith gan Clark (tair cyfrol) yn dod allan o'r wasg.

Gwnaeth enw da iddo'i hun gyda'i ddyfais i godi cychod o un gamlas i'r llall.

Joshua Latimer Clark

Brawd ieuengaf Edwin (uchod) a gafodd swydd, yn ei sgil, fel cynorthwywr yn y gwaith o godi Pont Britannia. Fe'i dyrchafwyd yn beiriannydd preswyl yn dilyn ymddiswyddiad William Fairbairn.

Griffith Ellis

Rheolwr Chwarel Dinorwig. Ei ferch ddwyflwydd oed oedd y gyntaf i groesi'r bont yn llaw ei thad a Stephenson.

William Fairbairn (19 Chwefror 1789–18 Awst 1874)

Oherwydd ei allu mewn amrywiol feysydd, fe'i disgrifiwyd gan Brian James-Strong fel y *'greatest unsung engineer of the 19th century'*, ond mae'n debyg mai am ei ffrae â Stephenson y cofir y peiriannydd William Fairbairn yn bennaf. Llyncodd ful am na chafodd, yn ei farn ei hun, sylw dyladwy am ei gyfraniad.

Cafodd ei eni yn fab fferm yn Kelso, swydd Roxburgh, yr Alban. Hyfforddodd yn gyfrifydd ond fe'i prentisiwyd yn saer melin yn Newcastle-upon-Tyne. Roedd yn ddarllenwr brwd drwy gydol ei oes. Erbyn 1813, symudodd i fyw a gweithio ym Manceinion a phedair blynedd yn ddiweddarach mentrodd i bartneriaeth efo James Lillie, i gynhyrchu peiriannau ar gyfer y diwydiant cotwm. Datblygodd fusnes adeiladu llongau ym Millwall. Dyfeisiodd beiriant rhybedu, ond yn fwy na dim, cofir amdano fel codwr pontydd – dros gant yn ystod ei oes. Credai'n gryf mewn arbrofi er mwyn profi a gwireddu damcaniaethau a syniadau.

Ei ddyfais enwocaf oedd craen stêm a alwyd yn Graen Fairbairn, a adeiladwyd yn 1878 i godi llwythi trymion o howld llongau. Yr oedd iddo siâp anghyffredin iawn – fel banana! Er hynny, roedd yn llawer mwy effeithiol na chraeniau eraill. Fe'i gwnaed o blatiau o haearn gyr wedi eu rhybedu i'w gilydd i siâp tiwb, a gallai godi pwysau o 35 tunnell. Yn anffodus, ni ellid gwneud y jib yn hir iawn ac fel y tyfodd maint llongau, yr oedd craen Fairbairn yn llai effeithiol i gyrraedd i waelodion yr howld; a chyda dyfodiad peiriannau hydrolig a thrydan aeth ei graen yn ddiwerth.

Yr oedd iddo enw da fel adeiladwr llongau, diwydiannwr, gwyddonydd arbrofol a meistr haearn, ond ffraeo wnaeth Stephenson ac yntau – tybed a oedd *ego*'r ddau yn rhy fawr? Efallai fod Stephenson yn gyndyn o gydnabod cyfraniad y llall, ond ni fu hwnnw'n swil o roi ei feddyliau ar bapur. Meddai am y bont:

... it seems to have been got up for the praise of Stephenson and his school; – claiming the merit of a great discovery, to which they have not a shadow of a title, beyond a very crude idea of wrought iron suspended cylinder, which I afterwards proved to be useless.

Yr oedd wedi cynhyrchu model ⅙ o faint y tiwb ym Millwall, a bu'n cynnal arbrofion arno.

Thomas Fleet
Y fforman mwyaf profiadol ar y gwaith o godi'r bont.

Frank Forster (1800–1852)
Peiriannydd rheilffordd a adawodd y gwaith o adeiladu rheilffordd rhwng Llundain a Birmingham i weithio i Robert Stephenson yn 1830. Peiriannydd preswyl Pont Britannia, yn gyfrifol am y gwaith o adeiladu'r rheilffordd rhwng Caer a Chaergybi. Forster a osododd y garreg sylfaen i'r bont ar 14 Ebrill 1849. Wedi i'r bont gael ei chwblhau, symudodd i Unol Daleithiau America i weithio yn y diwydiant glo cyn symud yn ôl i Lundain i weithio ar adeiladu carthffosydd Llundain. Bu farw wedi cyfnod helbulus iawn yn y gwaith hwnnw.

Ann Hodgkinson
Tad Ann, clerc y gwaith a chefnder i'r Athro Eaton Hodgkinson, mathemategydd, gweler isod) oedd yn gweithio ar y bont. Symudodd gyda'i

Pont Britannia

deulu i Fôn o ardal Manceinion dros gyfnod y gwaith. Yn anffodus, does dim cofnod o'i gyfraniad i'r gwaith ac mae'n siŵr na chofiai Ann iddi weld y bont o gwbl. Mewn adroddiad yn y *Liverpool Mercury* (16 Hydref 1849) cyfeirir at ei bedydd anghyffredin:

Curious Christening
A short time ago, Mr Hodgkinson, who is employed at the works in connexion with the Britannia bridge, had the ceremony of christening performed on one of his children in the following singular manner. The child, a female, was taken to the Britannia-rock, in the middle of the straits, where the ceremony was performed by the Rev. Mr Jackson. She was named Britannia Ann Stephenson Hodgkinson, in compliment to the great work and great engineer.

Terfynwyd y gwasanaeth â gweddi nerthol: 'Boed i'r graig hon sefyll yn gadarn fel gair Duw.'

Cafodd ei chwaer hithau ei henwi yn Anne Stephenson Hodgkinson. Beth, tybed, ddaeth o'r ddwy fach?

Eaton Hodgkinson (26 Chwefror 1789–18 Mehefin 1861)
Mathemategydd a pheiriannydd. Cafodd ei eni yn Anderton, ger Great Budworth, sir Gaer. Breuddwyd ei fam oedd ei weld yn offeiriad ond nid felly y bu, a phrofodd ei ddiddordeb mewn mathemateg yn rhwystr iddo yn y byd diwinyddol. Aeth adref i amaethu. Yn 1811, agorodd siop yn Salford ac yn ei amser rhydd darllenai lyfrau gwyddonol a mathemategol. Cyfarfu â William Fairbairn a John Dalton a bu'n ddisgybl i'r ddau yn ddiweddarach.

Cydweithiodd â Fairbairn ym Manceinion ar gynllunio trawstiau haearn a dur – gan ganolbwyntio ar Bont Water Street i gwmni Rheilffordd Lerpwl a Manceinion yn 1828–30.

Awgrymodd Fairbairn y dylai Stephenson ei gyflogi, a chytunodd yntau. Daeth yn unswydd o Waith Dur Blaenafon i Millwall. Fe'i hystyriwyd yn ddigon o arbenigwr i'w wahodd i weithio ar gynlluniau Pont Britannia gyda Fairbairn a chynnal arbrofion ar gryfder tiwbiau haearn yng ngweithdy Fairbairn yn Millwall. Efallai mai syniad Hodgkinson oedd defnyddio celloedd yng ngwneuthuriad y tiwb a cheisiodd fynnu'r syniad iddo'i hun yn hytrach na rhoi'r clod i gyd i Stephenson. Hefyd awgrymodd y dylid defnyddio cadwynau i gynnal y tiwbiau pan oeddynt yn eu lle. Fe'i disgrifiwyd yn weithiwr pwyllog a gofalus gyda'i arbrofion, a chododd cost y gwaith arbrofi i £6,000 – dwywaith yr hyn yr argymhellwyd ei wario. Mynnodd rhai o'i elynion ei fod wedi arbrofi cyhyd er mwyn bodloni ei chwilfrydedd ei hun yn hytrach nag er unrhyw fudd i'r gwaith o godi'r bont. Yr oedd Stephenson am ruthro ymlaen er mwyn tawelu pryderon cyfarwyddwyr cwmni Rheilffordd Caer a Chaergybi, oedd yn talu'r gost ac am weld cwblhau'r gwaith o godi'r bont mor fuan ag oedd bosibl.

Cafodd ei ethol i'r Gymdeithas Frenhinol yn 1841 ac yn 1847 fe'i apwyntiwyd yn athro peirianneg yng Ngholeg Prifysgol Llundain.

Bu farw yn Higher Broughton, Salford, ar ôl dioddef o salwch meddwl.

Charles Mare

Cyfreithiwr o swydd Derby a arallgyfeiriodd i fod yn adeiladydd llongau efo Mr. Ditchburn. Gan fod costau cludo haearn o ogledd Lloegr i'r gwaith ar lan afon Tafwys yn ddrud, aeth Mare ati i godi gwaith dur ar ochr West Ham i afon Lea. Ni fentrodd Ditchburn, a thorrwyd y bartneriaeth. Bu Mare yn gweithio ar osod y tiwbiau yn ei gilydd. Prynodd Mare fwy o dir yn Canning Town a datblygu Gwaith Dur Tafwys a iard longau iddo'i hun yn adeiladu llongau i'r llynges. Yn ei iard longau yr adeiladwyd y llong ryfel haearn gyntaf, *HMS Warrior*.

Felix Mendelssohn (Cyfansoddwr)

Dywedir iddo ymweld â'r safle yn 1846, flwyddyn cyn ei farwolaeth. Yr oedd yn arlunydd medrus ac ar ymweliad arall ag Ynys Môn yn Awst 1829, tynnodd lun o Bont Menai sydd i'w weld yn Llyfrgell Bodleian, Rhydychen.

Capten Constantine Richard Moorsom (1792–1861)

Capten llong o'r Llynges Frenhinol. Un a ddisgrifiwyd fel *troubleshooter* yn y gwaith. Yn ddiweddarach, cafodd ei apwyntio yn gadeirydd Cwmni Rheilffordd Caer a Chaergybi a Chwmni Rheilffordd Llundain a'r Gogledd-orllewin, ac yn ddiweddarach, ei ddyrchafu yn Is-lyngesydd.

Richard Roberts (22 Ebrill 1789–11 Mawrth 1864)

Dechreuad digon cyffredin gafodd Richard Roberts. Yn ystod ei fywyd, daeth i amlygrwydd fel peiriannydd a phrofodd ei hun yn ddyfeisydd medrus.

Cafodd ei eni yn fab i grydd o'r enw William Roberts yn Llanymynech. Yr offeiriad lleol fu'n gyfrifol am addysg Richard, a bu'n gweithio fel cychwr ar gamlas Ellesmere ac fel chwarelwr yn trin y garreg galch. Derbyniodd beth hyfforddiant fel dyluniwr gan Robert Bough, un o gyd-weithwyr Thomas Telford.

Symudodd i weithio yng ngwaith haearn Bradley yn swydd Stafford, ac yn 1813 fe'i dyrchafwyd yn oruchwyliwr yng ngwaith Horsley, Tipton. Gan ei fod mewn oed i orfod gwasanaethu yn y fyddin, symudodd yma ac acw i chwilio am waith a datblygu sgiliau newydd. Treuliodd gyfnodau yn Lerpwl, Manceinion a Salford cyn cerdded yr holl ffordd i Lundain i weithio efo Henry Maudslay. Fel Maudslay, credai Richard yn gryf mewn cael mesuriadau cywir ar gyfer unrhyw waith.

Dychwelodd i Fanceinion yn 1816 a gweithio fel turniwr haearn yn 15 Deansgate. Gosododd beiriant turnio yn ei lofft a pherswadio'i wraig i droi'r olwyn yrru yn y seler. Symudodd y busnes i adeiladau New Market yn Pool Fold a galw'i hun yn *Lathe and Tool Maker*. Yr oedd yn ddyfeisydd medrus a gallai addasu llawer o beiriannau i'w ddefnydd ei hun. Bu galw mawr am ei waith yn y diwydiant nyddu, a sefydlodd sawl cwmni i adeiladu a masnachu ei ddyfeisiadau. Yr oedd ei beiriannau yn diddymu gwaith y crefftwr medrus, a gellid hyfforddi fwy neu lai unrhyw un i'w gweithio. Profodd hyn yn fanteisiol iawn i gwmnïau oedd yn dioddef o effaith streiciau gan eu gweithwyr.

Un o'i ddyfeisiadau mwyaf defnyddiol oedd peiriant i dorri tyllau i rybedau mewn metel. Gwnaed cais am batent i'r peiriant Jaquard ar 5 Mawrth 1847 pan oedd Roberts yn 58 mlwydd oed. Yr oedd tyllu y peiriant mor gywir, a'r mesuriadau mor fanwl, fel y gellid ei ddefnyddio i wneud twll drwy ugain haen o fetel, a byddai gwialen o'r un tryfesur â'r tyllau yn ffitio drwyddynt yn berffaith. Profodd peiriant o'r fath ei werth pan y'i treialwyd ar Bont Conwy a'i ddefnyddio ar Bont Britannia gan Stephenson.

Wrth ddefnyddio'r peiriant tyllu, gellid tyllu plât o haearn 12 troedfedd o hyd a 2 droedfedd 8 modfedd o led mewn pedwar munud. Yr oedd y platiau ar gyfer gwaelod y tiwbiau yn hanner modfedd o drwch a rhaid oedd gwneud 144 twll 1⅜ modfedd ar draws ym mhob un. Tyllwyd 22 plât mewn awr – roedd tîm o dri gŵr yn eu cario a'u symud ac un bachgen yn rhoi olew ar y pwnsh.

Ond diwedd digon helbulus fu i'w yrfa gan nad oedd yn ŵr busnes llwyddiannus. Aeth yr hwch drwy'r siop a bu'n rhaid cau ei gwmni masnachol, Sharp, Roberts & Co., ym Mehefin 1852. Er hynny, parhaodd Roberts i ddyfeisio a gwnaeth geisiadau i gofrestru deunaw patent ar gyfer gwahanol beiriannau pan oedd dros ei ddeg a thrigain oed. Bu farw yng nghartref ei ferch, Eliza Mary, yn Llundain a'i gladdu ym Mynwent Kensal Green.

Disgrifiwyd Richard Roberts fel peiriannydd mecanyddol pwysicaf y 19eg ganrif ym Mhrydain ond yn anffodus aeth ei hanes, ei gyfraniad a'i enw da bron yn angof llwyr.

Charles Rolffe

Arolygydd y gwaith haearn, oedd yn gyfrifol am y dirwynydd (*capstan*) ar ddiwrnod codi'r tiwb cyntaf. Oni bai am ei feddwl effro yn galw am gymorth y cyhoedd i afael yn y rhaffau pan dorrodd y pwli, byddai'r tiwb wedi syrthio i'r Fenai.

Rhybedwyr

Y criw pwysicaf un o weithwyr y bont oedd y rhybedwyr. Cynhwysai pob criw dri dyn a dau fachgen, a heb eu gwaith hwy fyddai'r tiwbiau ddim wedi cael eu gosod at ei gilydd nac wedi para cyhyd.

Amcangyfrifwyd bod 1,996,000 rhybed wedi eu defnyddio i osod y tiwbiau at ei gilydd ac i bob un gael ugain cnoc â morthwyl cyn bod yn ddiogel yn ei le. Golygai hynny fod sŵn morthwyl wedi ei glywed o leiaf 39,992,000 o weithiau yn ystod y gwaith gosod!

I osod un rhybed yn ei le, byddai bachgen yn ei chodi o'r tân efo gefail a'i thaflu o leiaf 45 troedfedd i'r awyr. Byddai un arall yn ei dal, eto efo gefail, tra oedd yn sefyll ar ben y tiwb, yna yn rhedeg neu gropian drwy'r tiwb a'i gosod yn y twll pwrpasol. Byddai'r 'Daliwr Fyny' (*Holder Up*) yn ei dal yn ei lle efo gordd tra byddai dau arall y tu allan yn ei gwastatáu efo ddeuddeng ergyd morthwyl ac wyth ergyd arall i ffurfio'r pen crwn efo morthwyl siâp cwpan. Cafwyd disgrifiad o un o'r bechgyn gan Syr Francis Head:

a tiny rivet boy – we observed one little mite only ten years of age – in clothes professionally worn into holes at the knees and elbows – crawling heel foremost into one of those flues as a yellow ferret trots into a rabbit hole, is slowly followed by his huge Lord and master the Holder-up, who exactly fits the flue, for the plain and excellent reason that by Mr.

Stephenson the flue was purposely predestined to be exactly big enough to fit him; and as, buried alive in this receptacle, he can move but very slowly, he requires some time, advancing head foremost, to reach a point at which he is to continue his work.

Francis Thompson (1808–1895)

Pensaer i Gwmni Rheilffordd Caer a Chaergybi a fu'n gyfrifol am baratoi'r cynlluniau cychwynnol i'r tyrau cerrig ar Bont Britannia.

Un o ddarluniau enwog yr Oriel Bortreadau Genedlaethol yw gwaith James Scott yn arddull John Lucas (1807–1874): '*Conference of Engineers at the Menai Straits Preparatory to Floating one of the Tubes of the Britannia Bridge*'. Dengys y llun dychmygol, a gomisiynwyd gan Sefydliad y Peirianwyr yn 1851–53, Robert Stephenson a chriw o beirianwyr a gweithwyr o amgylch y bwrdd yn trafod codi'r tiwbiau ar Bont Britannia. Yn eu mysg mae Capten Moorsom, Latimer Clark, Edwin Clark, Frank Forster, Capten Claxton ac Isambard Kingdom Brunel. Yn absennol mae Fairbairn a Hodgkinson.

Croesi i'r Ochr Draw

Yn ystod cyfnod adeiladu'r bont bu farw deunaw o weithwyr, sy'n cael eu coffáu ym mynwent Eglwys y Santes Fair, Llanfairpwll. Codwyd cofeb iddynt gan rai o'r seiri maen oedd yn gweithio ar y bont. Ymysg y rhai a fu farw roedd William Brook o Dewsbury, swydd Efrog, fu farw o'r teiffws ar 11 Hydref 1847. Roedd William yn gyfrifydd i gwmni Nowell Hemingways & Pearson – contractwyr y gwaith cerrig ar y bont. Ymysg y meirw hefyd roedd William Howard, bachgen deg oed a gollwyd yn 1848 ac Emma Greave, merch bum mlwydd oed o Lake Lock, ger Wakefield, fu farw yn 1849. Cofir hefyd ar y gofeb am y tri a gollodd eu bywydau pan atgyweiriwyd y bont yn dilyn tân yn 1970.

Saif Eglwys y Plwyf, Llanfairpwll ar lan y Fenai ac o fewn tafliad carreg i Bont Britannia. Yn y fynwent hon hefyd mae cofeb i'r rhai a gollwyd yn ystod cyfnod adeiladu'r bont a'r ddau a gollwyd yn ystod y gwaith o'i hadnewyddu.

Mae'r gofeb ei hun wedi ei gwneud o dywodfaen ar siâp obelisg wedi ei osod ar waelod wythochrog. Yn y gwaelod mae paneli llechi wedi eu gosod ac arnynt fanylion am y rhai a gollwyd.

Ar banel gogleddol y gofeb mae'r geiriau canlynol:

Sacred to the memory of men who died from injuries received during the erection of the Britannia bridge. William Blayloc December 1847. William Jones 1848. Owen Parry August 1849. John Thompson November 1849.[1] John Williams November 1849.[2] William Lewis March 1850.[3] David Hughes October 1850.[4] and of Graham Parry February 1972. William Owen February 1973. Died in the reconstruction of the bridge.

Cofeb i weithwyr Pont Britannia

[1] – Bu farw John Thompson, gŵr deugain mlwydd oed, yn dilyn damwain pan gafodd ei daro yn ei ben gan drawst dur a syrthio 150 troedfedd o Dŵr Britannia a'i daflu ar graig islaw lle dioddefodd ragor o anafiadau difrifol i'w ben. Cynhaliwyd ei angladd y Sul canlynol ym Mynwent Llandysilio. Dilynwyd ei arch i lan y bedd gan ei gydweithwyr. Gwnaed casgliad o 50/- i'w weddw a'i blant amddifad.

(o'r *Carnarvon & Denbigh Herald*, 17 Tachwedd 1849)

[2] – Ym mhrysurdeb adeiladu Pont Britannia, profodd dydd Mawrth, 20 Tachwedd 1849 yn ddiwrnod cofiadwy ond nid yn un fyddai yn dod ag atgofion melys i unrhyw un oedd yn gweithio ar y bont neu'n gwylio'r hyn oedd yn digwydd. Dyma ddiwrnod pan fu farw un o'r gweithwyr drwy ddamwain ac anafwyd sawl un arall.

Tasg fawr y diwrnod oedd symud y peirianwaith hydrolig a ddefnyddiwyd i godi un o diwbiau'r bont gan droedfedd uwch y dŵr ar lanw uchel o ochr Ynys Môn o'r bont i'r culfor i ochr Arfon, er mwyn codi tiwb ar yr ochr honno i'r bont. Pwysai'r peirianwaith rhwng 100 a 200 tunnell a digwyddodd y ddamwain fel yr oedd y cyfan yn cael ei ostwng i lawr i lefel y dŵr er mwyn eu gosod ar ysgraff. Roedd yr holl beirianwaith yn crogi ar raffau a reolwyd gan bwli a blociau a dirwynydd i'w gostwng yn araf. Wrth i hanner cant o longwyr ollwng un silindr enfawr, yn pwyso pymtheg tunnell, i lawr Tŵr Britannia yn araf, torrodd un o'r rhaffau a dechreuodd y dirwynydd chwyrlïo rownd a rownd yn gyflym gan fygwth taflu'r llongwyr i'r dŵr. Neidiodd pob un i ddiogelwch a gweddïo y byddai'r rhaff yn dal pwysau'r silindr. Llithrodd hwnnw i lawr ochr y tŵr a thaflu darn o'r gwaith cerrig o'i le, ond heb daro neb oedd yn gweithio ar y tŵr, diolch i'r drefn, cyn syrthio i ddeuddeg troedfedd o ddŵr dwfn. Ar y dydd Iau, codwyd y silindr o'r dŵr a'i arnofio ar draws y culfor yn barod i'w osod yn ei le.

Cynhaliwyd cwest yng Nghaernarfon drannoeth i farwolaeth John Williams, un o'r llongwyr oedd yn gweithio ar y dirwynydd, a laddwyd fel syrthiodd y silindr. Dyfarniad y rheithgor oedd marwolaeth drwy ddamwain.

[3] – Bu farw William Lewis, labrwr 30 mlwydd oed oedd yn gweithio i'r Chester & Holyhead Company, yn dilyn damwain tra oedd yn codi haearn â chraen o fol llong a ddefnyddiwyd i gario haearn o ochr Arfon o Gulfor Menai i Ynys Môn. Llithrodd ei droed ar yr eira ar lawr a syrthiodd bum troedfedd ar hugain o'r lan, gan daro dec y llong a phlymio i'r dŵr. Dioddefodd anafiadau difrifol i'w ben. Er i'w gyd-weithwyr ei gario i'w dŷ ger Capel Graig, ni allai Dr Florance wneud dim i leddfu ei boen nac achub ei fywyd. Bu farw y diwrnod canlynol.

(o'r *Carnarvon and Denbigh Herald*, 6 Ebrill 1850)

[4] – Bu farw David Hughes, labrwr a gyflogwyd gan y Chester & Holyhead Railway Company, wedi iddo gael ei daro gan ddarn mawr o bren tra oedd yn gweithio oddi tan un o dwibiau Pont Britannia. Wedi iddo gael ei daro, syrthiodd 47 troedfedd yn erbyn sgaffaldau. Yr oedd yn anadlu a chariwyd ef i'w westy ar ystyllen o bren lle cafodd ei archwilio gan lawfeddyg o'r enw Mr. Florance, ond yn ôl y llawfeddyg nid oedd gobaith iddo am fod sawl asen wedi torri ar ei ddwy ystlys a'i galon a'i ysgyfaint wedi eu hanafu'n ddifrifol. Bu farw yr un noson gan adael gweddw i alaru ei farwolaeth cynamserol.

(o'r *Carnarvon and Denbigh Herald*, 12 Hydref 1850)

Ar y banel deheuol y gofeb mae'r canlynol:

In memory of Emma youngest daughter of James Greaves of Lake Lock near Wakefield Yorkshire. She died at Britannia bridge. On the 16th day of December 1849. In the 5th year of her age.

Ar y panel gorllewinol, mae'r geiriau:

Sacred to the memory of men who died from injuries received during the erection of the Britannia bridge. George Moore December 1846.[1] Robert Parry November 1847. Samuel Davies December 1847. Richard Edwards February 1848.[2] William Howard Boy March 1848.[3] George Hughes March 1848.[4] Henry Jones July 1848. John Williams June 1849.[5]

[1] –On Monday, Dec. 7th, at Britannia Rock, near Menai Bridge, North Wales, George Moore, wheelwright, son of Mrs Moore, of Siddals-lane, in this town, aged 34 years, much and deservedly respected.

Derby Mercury, 16 Rhagfyr 1846

[2] – Mewn storm o wynt cryf, ar ddydd Gwener, 18 Chwefror 1848 chwythwyd Richard Edwards (gynt o Fron-bach, Llandysilio) oddi ar brif sgaffaldau ochr Ynys Môn o Bont Britannia. Bu farw'n syth chwarter awr ar ôl darganfod ei gorff. Gadawodd weddw a phump o blant i alaru ar ei ôl.

(o'r *Carnarvon and Denbigh Herald*, 26 Chwefror 1848)

[3] – Mab chwe mlwydd oed Arnot ac Elizabeth Howard oedd William, a gafodd ei daro gan un o'r lorïau a ddefnyddiwyd i gario cerrig i safle adeiladu Pont Britannia ar hyd y dramffordd ar ochr y tir mawr. Ni ellid gweld bai ar unrhyw un o'r dynion oedd yn gyrru'r lorri gan i William ymddangos ar y dramffordd mor sydyn fel na ellid ei osgoi. Wedi tystiolaeth gan Andrew Bissett, saer maen a weithiai ar y safle, pwysleisiodd y Crwner bwysigrwydd gwahardd plant rhag chwarae yn y cyffiniau. Ei obaith oedd y byddai'r ddamwain anffodus yn rhybudd a gwers i blant a rhieni eraill. Dedfryd o farwolaeth drwy ddamwain a gafwyd.

[4] – Ar ochr Môn o Bont Britannia, o flaen y Crwner William Jones, Ysw., cynhaliwyd cwest ar gorff George Hughes, 25 mlwydd oed, o Gaer. Ar y 23ain o'r mis yr oedd Hughes yn gweithio ar sicrhau ystyllen o bren ar sgaffaldau

pan dorrodd y styllen yn ddau a syrthiodd Hughes i'w farwolaeth o uchder o saith deg troedfedd. Bu farw yn y fan a'r lle. Bu cyd-weithiwr iddo yn llawer mwy ffodus gan iddo yntau syrthio ond llwyddodd i ddal gafael mewn rhan o'r sgaffaldau.

Dedfryd: marwolaeth drwy ddamwain.

(o'r *Carnarvon & Denbigh Herald*, 1 Ebrill 1848)

5 – Mae'n bosibl mai John Williams, mab Jane neu Sian Seion, Y Bryn, Llanddeiniolen, oedd y John a fu farw ar 16 Medi 1849.

Ar y panel dwyreiniol, mae'r geiriau:

Sacred to the memory of William Brook of Dewsbury Yorkshire. Who died of typhus fever on the 11th of October 1847 in the 27th year of his age. He was principal accountant to Messrs Nowell Hemingways & Pearson the contractors for the masonry of the Britannia bridge. He was universally respected & regreted not only by his employers but by the large body of workmen engaged in the construction of the bridge and who erected this monument to his memory by voluntary subscription.[a] Sacred to the memory of Isaac Garforth of Mirfield Yorkshire. Brickmaker. Who died on the 18th day of March 1850 in the 62nd year of his age.

[a] – On the 11th inst, of fever, aged 26, Mr William Brook, Clerk to Mesers. Nowell & Co., Britannia Bridge. The deceased was much respected by all connected with the Works, and his early fate is much lamented.

North Wales Chronicle, 19 Hydref 1847

Rhai nad ydynt wedi eu cofnodi ar y Gofeb

Gan fod nifer sylweddol o deuluoedd wedi symud i'r ardal yn ystod cyfnod adeiladu'r bont, nid rhyfedd yw fod sawl un wedi marw yn y pentref a godwyd ar eu cyfer, sef Britannia Bridge Village. Mae ambell enw a man geni yn awgrymu'n gryf ble roedd gwreiddiau'r teulu. Bu rhai farw o achosion naturiol ac eraill wedi cyfnod o salwch.

FATAL ACCIDENT.—Last Wednesday morning, Robert Jones, son of Henry Jones, of Ty-coch, Llaneugrad, Anglesey, fell from the main scaffolding on the Anglesey side of the Britannia Bridge, survived the accident only for about twenty minutes, as his head was much bruised. He was about 23 years of age, and was a steady and good workman. An inquest was held on the remains the following night, when a verdict of 'accidental death' was returned.

Carnarvon and Denbigh Herald, 6 Tachwedd 1847

1848

3 Chwefror – John Pearson, llongwr 19 mlwydd oed. Yn wreiddiol o Lerpwl, bu farw wedi dioddef dirdyniadau (*convulsions*) am bum niwrnod.

14 Mehefin – Alice, 8 mlwydd oed, plentyn hynaf John Shaw, gof.

12 Awst – wedi salwch hir, yn 37 mlwydd oed, Mary, gwraig y Parchedig Thomas Jackson.

1849

5 Ionawr – Anne, unig blentyn John Rowlands, cychwr.

21 Ionawr – Andrew a James, meibion Andrew Briscett. Bu'r ddau farw o'r pas (*whooping cough*).

3 Mawrth – Elizabeth, 2 flwydd a chwe mis oed, merch Mr Thomas, saer maen. Bu farw o'r pas.

13 Mawrth – Colin, baban bach Alexander Gordon o Banff.

20 Mawrth – Sarah Ann, saith mis oed fu farw o'r pas. Merch Mr Thomas, gweithiwr rheilffordd (*plate layer*).

22 Mawrth – Thomas, deg wythnos oed, mab Thomas Fleet, fforman yn y gwaith. Bu farw o ddirdyniadau.

1 Ebrill – Mary, 19 mis oed, plentyn hynaf William Edwell, gof.

9 Awst – Mary, 4 mlwydd oed, merch ieuengaf Edward Jones, peiriannydd.

2 Hydref – Richard, blwydd a saith mis oed, mab James Wareham.

9 Hydref – Mary Maria Holland, 26 mlwydd oed, gwraig un o uwch-swyddogion y gwaith haearn.

11 Hydref – William, mab bychan Robert Dalton.

13 Hydref – Thomas, blwydd oed, mab Henry James o Ddoc Penfro yn wreiddiol. Bu farw o'r dwymyn goch (*scarlet fever*).

1857

17 Mehefin – William Jones, 59 mlwydd oed.

Tân yn y Tiwb

Dydd Iau, 13 Mehefin 1946: heb i neb sylweddoli hynny ar y pryd, dyma ddyddiad a roddodd ragrybudd o'r trafferthion oedd i ddod yn hanes Pont Britannia. Tua dau o'r gloch y prynhawn dechreuodd tân tu mewn i un o'r tiwbiau. Lamp llosgi paent gan un oedd yn gweithio ar y bont oedd yn gyfrifol, a bu'n rhaid cau'r bont am chwe awr tra ceisiwyd diffodd y tân, a chau un ochr ohoni am bedwar diwrnod i'w thrin. Roedd storfa baent y tu mewn i Biler Britannia am fod 28 erw o haearn i'w baentio yn rheolaidd.

Pont Ar Dân
Digwyddiad ger Porthaethwy
Dydd Iau diwethaf aeth rhan o Bont y Rheilffordd dros Menai ar dân. Llwyddodd y rhan gyntaf o'r 'Irish Mail' o Gaergybi i Lundain i groesi'r bont trwy'r mwg a'r tân, ond methodd yr ail ran o'r trên a ddilynai oddeutu hanner awr yn ddiweddarach a chroesi. Dywedodd y gyrrwr, Mr O. E. Owen, wrth ohebydd, 'Yr oeddwn yn nesu at y bont pan roddwyd arwydd i mi stopio gan ddyn. Braciais a gwelais fwg yn dod allan o'r fynedfa. Ar ôl ymgynghori gyda'r taniwr, penderfynais fynd ymlaen ond gorchfygwyd y taniwr gan fwg a sylweddolais nad allwn fynd ymlaen. Aethum â'r trên yn ôl i Lanfair P.G.'

Aed â'r teithwyr o Lanfair P.G. i Fangor mewn bws. Yn y cyfamser ymladdwyd y tân gan frigadau tân Caergybi, Bangor, Porthaethwy, Caernarfon a Llangefni. Ni ellid pwmpio dŵr o'r Fenai oherwydd uchter y bont, a bu raid i'r gwŷr tân gario'r pibellau am bellter o chwarter milltir cyn y gallent gael dŵr.

Yr Herald Cymraeg, dydd Mawrth 18 Mehefin 1946

Gwreichion yn tasgu o'r bont

Ymhen pedair blynedd ar hugain, ar nos Sadwrn, 23 Mai 1970, llosgwyd y bont a'i difrodi tu hwnt i'w thrwsio. Gan fod gwyntoedd cryf o'r dwyrain yn chwythu ar y Fenai y noson honno, llosgwyd y tiwbiau a difethwyd y bont gan ei gwneud yn amhosibl i'w defnyddio gan drenau. Criw o fechgyn ifanc yn chwilio am nythod adar ac ystlumod oedd yn gyfrifol am y tân. Wedi iddynt fethu cyrraedd y nythod, taniodd y bechgyn bapur newydd er mwyn gallu gweld tipyn gwell yn nhywyllwch y tiwb. Clywsant lais yn galw a gollyngwyd y papur i'r llawr. Unwaith roedd y fflamau wedi cydio yn y pŷg (pitsh) oedd tu mewn i'r tiwbiau, llosgodd y bont o un pen i'r llall, gyda thafodau hir o dân yn syrthio i'r môr islaw. Gafaelodd y tân mewn byr amser gan fod gorchudd wedi ei roi tros y tiwbiau gwreiddiol i'w hamddiffyn rhag heli'r môr. Fframwaith o haearn oedd y gorchudd a awgrymwyd gan Edwin Clark, ond o dipyn i beth ychwanegwyd coed, paent, papur a phitsh. Y defnydd ymfflamychol hwn oedd wedi cipio gan wneud y bont yn wenfflam.

Mewn llys arbennig a gyfarfu ym Mangor ddechrau Awst 1970, cafodd pump o fechgyn eu dirwyo am dresmasu ar eiddo oedd yn perthyn i'r Rheilffyrdd Prydeinig. Yr oedd un yn 17 mlwydd oed a chafodd ddirwy o £5 (dros £50 erbyn heddiw) a gorchymyn i dalu costau o 6 gini (tua £65 heddiw). Yr un oedd dirwy'r lleill – £5 yr un i un bachgen 15 mlwydd oed a thri bachgen 16 mlwydd oed, gyda chostau o 2 gini.

Bu'r bont yn llosgi am naw awr, ac ar un adeg roedd dros gant o ddiffoddwyr tân yn ymladd y fflamau hyd oriau mân y bore, ond fe'u gorfodwyd i encilio. Yn ôl un adroddiad papur newydd, *'The iron roof was red-hot in places and it was like an inferno inside. We were nearly gassed and the hose nozzles were almost red-hot.'*

Yn ffodus, ni chafodd neb ei anafu er mai cael a chael fu hi i drên teithwyr oedd ar ei ffordd i Gaergybi. Fe'i hataliwyd gan un o'r arwyddion yng ngheg y bont. Yr oedd cymaint o wres wedi ei gynhyrchu gan y tân fel bod rhai rhannau o'r bont yn rhy boeth i ddynion fynd i mewn iddi y bore canlynol.

Gwnaed difrod gwerth tua £2 filiwn i'r bont, a cholledion mwy fyth i'r economi leol gyda channoedd yn colli eu gwaith ym mhorthladd Caergybi a thri o brif gyflogwyr yr ynys – gwaith sinc Rio Tinto yng Nghaergybi, gwaith Octel yn Amlwch a gorsaf niwclear yr Wylfa – oedd mor ddibynnol ar y gwasanaeth rheilffordd. Bu'r ddamwain yn destun trafod yn 10 Stryd Downing, ar lawr San Steffan ac yn lleol ym Môn. Clywyd si fod pont newydd i'w chodi ond pan sylweddolwyd y byddai'r gost yn £5,000,000 a'r gwaith yn cymryd o leiaf dair blynedd i'w gwblhau, aethpwyd ati i atgyweirio'r hen bont. Anfonwyd cant a hanner o beirianwyr Brenhinol i godi pileri yn null pont 'Bailey' – math arbennig o bont dros dro a ddyfeisiwyd yn 1940 gan Sir Donald Coleman Bailey (15 Medi 1901– 5 Mai 1985), y gellir ei chodi'n weddol gyflym ac sy'n gallu dal pwysau trwm – i atgyfnerthu a chynnal y bont rhag iddi gwympo i'r Fenai, gan fod y tiwbiau yn gwegian rhwng 4.7 modfedd i 27.9 modfedd yn y canol. Trefnwyd gwasanaeth bysiau dros bont y Borth i'r cyhoedd allu mynd a dod o Fôn i Arfon. Gwaharddwyd llwythi o fwy na 25 tunnell rhag croesi honno heb ganiatâd, ac achosodd hynny hefyd drafferthion i ddiwydiannau trwm yr ynys.

Cynhaliwyd cyfarfod yng ngorsaf reilffordd Bangor ar 9 Mehefin 1970 i drafod yr hyn yr oedd angen ei wneud. Cytunwyd y gellid cadw'r tyrau cerrig fel ag yr oeddynt ond fod yn rhaid clirio'r hen diwbiau a chodi pont newydd.

Difrod yn dilyn y tân

Y broblem gyntaf a wynebwyd oedd sut i dynnu'r hen diwbiau, oedd wedi hollti yn y gwres, i lawr. Pe gwneid hynny oddi ar y Fenai, byddai angen y ddau graen arnofiol mwyaf yn y byd! Dewis arall oedd dilyn cyfarwyddiadau gwreiddiol Stephenson ar sut i'w codi yn y lle cyntaf a gwneud y gwaith hwnnw o chwith. Dewiswyd codi gwaith dur i gynnal y tiwbiau a'u torri'n ddarnau bychain cyn eu cludo ymaith. Byddai'r gwaith yma wedyn yn sylfaen i'r bwâu newydd a fyddai'n cynnal y rheilffordd a'r ffordd i drafnidiaeth.

Gwariwyd £4,250,000 ar ailgodi'r bont. Wedi tynnu'r tiwbiau oddi arni canolbwyntiwyd ar un trac rheilffordd i'w chroesi ar yr ochr ogleddol. Rhaid oedd iddo fod ar union yr un lefel â'r rheilffordd o boptu'r bont neu byddai'n rhaid gwario mwy ar unioni'r cyfan. Rhoddwyd y cytundeb i wneud y gwaith i gwmni Cleveland Bridge & Engineering Co. Ltd, a roddodd is-gytundeb i

Cementation Construction Ltd. Gwnaed y gwaith dur gan gwmnïau Braithwaite & Co. Structural Ltd. ac Alexander Findlay Co. Ltd.

Er mwyn gosod rhannau o'r gwaith dur efo'i gilydd, defnyddiwyd harbwr y Felinheli wedi i wely'r môr yno gael ei lefelu. I gludo'r rhannau hyn o'r Felinheli i'r bont, defnyddiwyd dau o dynfadau cryfaf y byd a allai, pe byddai angen, weithio mewn gwynt Gradd 9 ar Raddfa Beaufort. (Gwynt o Radd 7 oedd y cryfaf y bu'n rhaid iddynt ei wynebu ar y Fenai.) Nid oedd safon y dur yn foddhaol, fodd bynnag, ac anfonwyd llawer ohono'n ôl i'r gwneuthurwr. Canlyniad hyn oedd bod y gwaith o godi'r bwâu newydd dros un wythnos ar ddeg yn hwyr yn dechrau.

Codwyd llwybr i drafnidiaeth ffordd, ac i gynnal y tri philer cerrig codwyd bwâu delltwaith haearn. Yr oedd hwn yn atgyfnerthu holl waith Stephenson a'i griw. Cafodd y bont ei hailagor i drenau ar 30 Ionawr 1972 ond cyn hynny, ar nos Sul 23 Ionawr, croesodd dau drên y bont yn llawn o deithwyr hamdden yn cario tocyn arbennig i gofio'r achlysur. Yn ôl *Herald Môn* ar 1 Chwefror 1972:

Roedd hi rêl Ffair Borth ym Mhorthaethwy nos Sul o ran pobl, hwyl a miri. Fe ddaeth cannoedd lawer o bobl i weld y *pull away* mwyaf gogoneddus pan oedd y trên-cario-pobl cyntaf ers 20 mis yn tynnu'n araf dros Bont Menai [efallai i'r gohebydd fod yn or-gyffrous a chyfeirio at bont Telford yn hytrach nag un Stephenson. Yr un camgymeriad wnaeth Islwyn Ffowc Elis yn ei ysgrif 'Cyn Mynd' yn *Cyn Oeri'r Gwaed* pan fynegodd ei ddymuniad i gael mynd 'mewn trên dros Bont y Borth rhwng y pedwar llew tew'] am wyth o'r gloch. Yr oedd cannoedd o bobl yn sefyll wrth y trac ar ochr Môn ac ar ochr Arfon, a'u hwre yn diasbedain, a'u baneri yn chwifio yn nhawelwch rhewllyd y noson wrth i'r trên fynd i mewn ac allan wedyn o'r twnnel haearn a'i res o oleuadau.

Tua'r un amser roedd cadeirydd Cyngor Tref Caergybi yn croesawu'r llong hamdden *Cambria* a'i llwyth o deithwyr cyntaf ar ôl y tân yn ôl i borthladd y dref ac yn clymu'r rhaff gyntaf i'w diogelu wrth y cei.

Bu'r gwaith o godi'r llwybr i drafnidiaeth ar Bont Britannia yn waith a gymerodd lawer mwy o amser. Rhoddwyd cytundeb i gonsortiwm cwmnïau Fairclough i osod y gwaith haearn, ac un i Fairfield-Mabey i fod yn gyfrifol am y ffordd dros y bont a'r ffyrdd yn arwain ati. Cyn dim arall, bu'n rhaid symud

25,000 m³ o bridd a cherrig cleiog cyn codi ffordd gysylltiol newydd ar ochr y tir mawr – ffordd ddeuol 14 metr o led. Ar Ynys Môn, symudwyd 12,000 m³ o fawn a phridd meddal cyn dechrau ar y gwaith o godi arglawdd i gario traffig at y bont ac oddi arni i'r A5. Defnyddiwyd 100,000 tunnell o gerrig ar gyfer y clawdd.

Oni bai i aeaf 1978–79 fod yn un eithriadol o galed, byddai'r gwaith wedi ei gwblhau yn llawer cynt. Arafwyd y gwaith gan broblemau eraill hefyd – yr oedd yr oriau i osod y gwaith haearn wedi cael eu cyfyngu i rhwng 2.30 a.m. a 12.30 p.m. ar ddyddiau Sul o Fedi 1978 hyd Gorffennaf 1979 gan fod yn rhaid caniatáu i drenau groesi'n ddi-rwystr. Dyma'r cyfnod tawelaf i drafnidiaeth rheilffordd ar y bont. Llwyddwyd i gario ymlaen ag agweddau eraill o'r gwaith yn iawn yn ystod oriau gwaith cyffredin.

Gwariwyd £1,000,000 ar y gwaith o baratoi'r safle, ei ddiogelu, mynedfeydd a gwaith gweinyddol. Cydgordiwyd llawer o'r gwaith yma gan ddau o beirianwyr rheilffordd y London Midland Region – W. F. Beatty, prif beiriannydd sifil, ac M. C. Purbrick.

Cyn agoriad swyddogol y bont newydd, cynigiwyd cyfle i'r cyhoedd gerdded drosti. Roedd hwn yn gynnig unigryw gan na chaniateid cerdded ar y ffordd unwaith y byddai bysus, lorïau a moduron yn ei defnyddio. Ar 26 Mai 1980 roedd modd i'r cyhoedd dalu am y profiad o gerdded ar draws Pont Britannia a'r arian (£6,000) yn cael ei gyflwyno i Ysbyty Mamolaeth Dewi Sant, Bangor, ar gyfer offer ocsigen i fabanod newydd-anedig.

Profodd y ddamwain mai annoeth yw bod mor ddibynnol ar ddwy groesfan gymharol fregus dros gulfor mor beryglus. Er nad oes perygl i Ynys Môn ddatgysylltu ei hun o'r tir mawr, dylid ystyried yn ofalus beth allai ddigwydd – yn arbennig felly mewn oes o ddamweiniau erchyll a thrychinebau yn dilyn anfadwaith terfysgwyr. Felly, er hwylustod pont fel Pont Britannia, mae iddi, yn anffodus, ei ffaeleddau. Nid ystyriodd fawr neb, pan gafodd ei hailadeiladu a'i hadnewyddu yn 1972, y byddai'r fath ddwysedd o draffig yn ei defnyddio erbyn hyn. Achosa hyn broblemau i deithwyr o bob cyfeiriad. Heddiw mae'r A55, sy'n croesi'r bont, yn rhan o'r E22 – un o rwydwaith o ffyrdd traws-Ewropeaidd yn ymestyn o Iwerddon i gysylltu Môn, Lloegr a'r cyfandir gan ddiweddu yn Ishim, Rwsia. O holl filoedd o filltiroedd yr E22, dim ond un darn sydd heb fod yn ffordd ddeuol, a Phont Britannia yw hwnnw. Mae tagfeydd yn ystod oriau prysuraf y bore a'r hwyr, yn ogystal â thraffig cyfnodau gwyliau a thraffig sy'n cyfarfod â'r fferi yng Nghaergybi, yn achosi penbleth. Mae hyd yn oed gwyntoedd cryfion yn achosi problemau y bydd yn rhaid eu datrys yn fuan.

Nid gwaith hawdd mo hynny, gan ei bod yn hanfodol cadw nifer o ystyriaethau yn y cof cyn dechrau'r gwaith. Gan fod y bont yn adeilad cofrestredig Gradd 2 nid mater hawdd fyddai cael caniatâd i addasu. Y mae hi hefyd wedi ei lleoli mewn Ardal Gadwraeth Arbennig a Safle o Ddiddordeb Gwyddonol Arbennig, a byddai deddfau a rheolau Ewropeaidd yn cyfyngu ar agweddau o'i thrin. Ond beth ddaw o hyn yn dilyn canlyniad Refferendwm 2016 i ddiddymu aelodaeth Prydain o'r Gymuned Ewropeaidd? Pwy a ŵyr. Eiddo Network Rail yw'r bont a byddai'n rhaid cael caniatâd gan y corff hwnnw cyn dechrau unrhyw waith – ac fel pob cynllun arall, diwedd y gân yw'r geiniog.

Mae sawl gwelliant wedi'i grybwyll. Yn eu mysg roedd peidio â gwneud dim. Pe dewisid gwneud hynny, byddai'n rhaid gwneud gwaith cynnal a chadw yn y dyfodol agos, a dim ond Pont Menai, sy'n gymharol gul, fyddai ar gael fel dewis arall pe byddai'n rhaid cau Pont Britannia am gyfnodau byr. Dewis arall yw lledu'r bont bresennol neu hyd yn oed godi pont newydd ochr yn ochr â'r un sydd yno'n barod. Er bod trafodaethau'n cael eu cynnal i'r perwyl hwn, araf yw unrhyw symudiad tuag at wireddu un o'r cynlluniau i hwyluso'r broblem.

Bu trydydd croesfan dros y Fenai yn bwnc trafod yn y Cynulliad Cenedlaethol ers nifer o flynyddoedd a nawr, yn 2017, mae Ysgrifennydd

Amlen goffa Pont Britannia

Economi'r Cynulliad, Ken Skates, wedi cytuno i apwyntio arbenigwyr i gynghori ar becyn ariannol posibl i ariannu'r gwaith, os cytunir arno. Mae llefarydd ar ran y Cynulliad wedi mynegi fod y broses o drafod croesfan newydd ar fin dechrau, ac yn hyderus y bydd y gwaith adeiladu yn cychwyn yn 2021.

I ddathlu 130 o flynyddoedd ers agor y bont, gwelwyd ei llun ar amlen goffa gan y Post Brenhinol ar 11 Gorffennaf 1980 wedi ei nodi â'r marc post 'Llanfairpwllgwyngyllgogerychwyrndrobwllllantysiliogogogoch, Gwynedd'. Tybed fydd hi'n dal i gario teithwyr ar draws y Fenai pan ddaw'r dau can mlwyddiant yn 2050?

Pont Britannia

Heolydd, heyrn orielau – yw'r priffyrdd
    Drwy'r preiffion bibellau,
  Ofnadwy feilch fynedfâu,
  A llewod yn ganllawiau.

                  Owen Gethin Jones (Gethin), 1816–1883

Pont Britannia

Mul Cair* sy'n malu ceyrydd; â'i deirw dur
    Daw hwn dros y dolydd
  I'r Bont. Ar ei thyrau bydd
  Rhyfeddol heol newydd.

          Elis Aethwy   (* cwmni o beirianwyr sifil)

Pont Britannia

Canllaw y trên uwch cenlli – y Fenai
    Ddifwynwyd o'i llosgi.
  Yn sgîl her ei hadfer hi
  Ceir gobaith tref Caergybi.

            Edward Jones, Llain Delyn

Pont Britannia

Dwy heol ydyw o haiarn – praffwaith,
    Prif-ffordd hardd a chadarn;
   Gwiw orsaf ac awyr-sarn;
   Safed fyth – sef hyd y farn!

                    David Owen (Dewi Wyn o Eifion)

Tân yn y Tiwb (Detholiad)

Fel hen Farcwis hynodol yr Ynys
A gaf yn awr chwarae teg
I ail fyw am ennyd benwythnos
Ym Mai mil naw saith deg:
'Roedd honno'n nos Sadwrn arbennig
I mi, yma ar ben fy nhŵr,
Fy mron oedd yn boenus ddigon
A'm llygaid yn llawn o ddŵr ...
... Cefais gip ar Now bach y porter
Yn pasio heibio'n ddi-wên,
A chlywais o'n gweiddi yn uchel –
'Hei gancr, pa le mae y trên?'
'Now bach,' meddai rhywun o rywle,
'Beth gebyst ddaeth trostat ddyn glân?
Ni weli 'run trên am flynyddoedd,
Mae y tiwb, 'rhen gyfaill, ar dân' ...

... Tros Menai ymsaethai y fflamau
Fel tafodau llathr i'r nen,
Gan lyfu y platiau poethion,
A gwneud pryd o bob darn o bren,
Ac er dyfod byddin arfog
I ymladd y ffwrnais â dŵr ,
'Roedd tynged y Tiwb yn y fantol,
A'i ramant ar ben yn reit siŵr ...

... Gydol y Sul y bu sawl cloch,
A minnau a dagrau hallt ar fy moch,
A dyfalwn ai gwir, – wedi gwrando ar rai,
Mai ar lanciau ifanc y gorffwysai y bai.
Heblaw yr alanas, 'roedd un peth yn glir,
Fe dorrwyd y gadwyn a gysylltai ddau dir,
Sawl stori hir gynffon oedd wedi ei dweud,
Heb fys ar y dolur, na be' ellid wneud...

Morris J. Roberts,
o *Cyfansoddiadau a Beirniadaethau*
Eisteddfod Môn Llangefni
Gol. Dewi Jones, 1977

Llewod Pont Britannia

Un o ddarnau barddoniaeth gwaelaf yr iaith Gymraeg erioed ond, eto, un o'r rhai mwyaf cofiadwy yw un o eiddo John Evans, y Bardd Cocos.

Pedwar llew tew
Heb ddim blew;
Dau 'rochr yma
A dau 'rochr drew

Teyrnged Gocosaidd sydd yma i bedwar addurn ar fynedfeydd Pont Britannia – pedwar llew o waith John Evan Thomas, cerflunydd a drafftsmon pensaernïol, a gomisiynwyd i warchod y bont. Cafodd y bardd lawer mwy o sylw yng Nghymru na'r cerflunydd, ac erys John Thomas yn ffigwr gweddol di-nod er ei gyfraniad i gelfyddyd yn gyffredinol ac i Bont Britannia yn arbennig.

Roedd John Thomas (1813–1862) yn gerflunydd o fri a gwelir ei waith ym Mhalasau Buckingham a Westminster, Llundain. Ganwyd ef yn Chalford, swydd Gaerloyw. Fe'i gadawyd yn amddifad a chafodd waith fel prentis saer maen. Wedi cwblhau ei brentisiaeth, aeth i Birmingham i gydweithio gyda'i frawd mawr, William Thomas (pensaer). Yno, daeth i sylw Charles Barry a'i cyflogodd yn syth fel cerflunydd coed a maen yn Ysgol Ramadeg Birmingham, lle bu'n cydweithio ag Augustus Welby Northmore Pugin. Cafodd John ei ddyrchafu gan Barry i swydd Arolygydd Cerfluniau Palas Westminster gyda chyfrifoldeb arbennig am y cerfluniau o frenhinoedd a breninesau Lloegr.

Dangoswyd ei waith 'Charity' yn Arddangosfa Fawr 1851, ac fe'i haddaswyd ar gyfer ei osod fel cofeb i'w frawd Richard (m.1852) yn Eglwys Crist, Chalford. Yr oedd cerflun mawr (30 troedfedd o uchder a 40 troedfedd ar draws) arall o'i waith i'w arddangos yn yr Arddangosfa Ryngwladol – 'Majolica Fountain'. Wedi'r arddangosfa, fe'i symudwyd y tu allan i Amgueddfa Plentyndod Victoria ac Albert hyd nes ei dymchwel yn 1926.

Golwg drist ar un o'r llewod

Ymysg ei weithiau eraill mae:

- Copi o Groes Fawr Bryste a godwyd yn 1851.
- Wyth cerflun alegorïaidd yn cynrychioli wyth dinas y rhedai rheilffyrdd o Euston iddynt, a godwyd yng Ngorsaf Reilffordd Euston, Llundain yn 1847.
- Cerflun o Hugh Myddelton yn Islington Green, Llundain.
- Cerflun o Godiva yn Amgueddfa ac Oriel Gelf Maidstone, Caint.
- Ffynnon ddŵr Atlas yn Castle Howard, swydd Efrog.
- Cerfluniau ar gyfer Banc Lloyds ym Mryste.
- Cerfluniau a gwaith cerfio ar Neuadd y Dref, Halifax.
- Cerflun plastr ac un mewn pres o Stephen Langton, oedd yn dyst i arwyddo'r Magna Carta.
- Cerflun o Buddug (1855) i Amgueddfa Brycheiniog.
- Cofeb Joseph Sturge yn Mirmingham.

Bu'n gweithio ar gestyll Balmoral a Windsor a Banc Cenedlaethol yr Alban yn Glasgow, a derbyniai nawdd gan John Houldsworth, o Cranstonhill, Glasgow. Gweithiai John Thomas hefyd fel pensaer, a chynlluniodd Headington House, Rhydychen, Neuadd Somerleyton ac estyniad i Gastell Windsor. Cafodd ei waith ei arddangos yn yr Academi Frenhinol rhwng 1842 ac 1861, gan y Gymdeithas Brydeinig yn 1850 ac yn Arddangosfa Fawr 1851 a gynhaliwyd yn y Palas Grisial, Llundain. Hon oedd yr arddangosfa ryngwladol gyntaf i'w chynnal ym Mhrydain.

Cerflun enwocaf John Thomas oedd yr un anferth (dros ugain troedfedd o uchder) er cof am William Shakespeare, a gafodd ei arddangos yn Arddangosfa Ryngwladol 1862. Galwyd yr arddangosfa yn 'Ffair y Byd' a chynhaliwyd hi rhwng 1 Mai a 1Tachwedd 1862, yn ne Kensington, Llundain, lle saif yr Amgueddfa Wyddoniaeth. Dangosa'r cerflun Shakespeare yn eistedd ar gefn dau alarch a llawysgrif yn ei law. Credir bod anghydweld a fu rhwng swyddogion yr arddangosfa a Thomas wedi creu pryder mawr iddo, a bu farw yn Ebrill 1862. Cafodd ei gladdu ym Mynwent Kensal Green, Kensington, Llundain.

Yma yng Nghymru, y cerfluniau o'r pedwar llew o boptu Pont Britannia yw gwaith mwyaf adnabyddus John Thomas.

These noble animals, which are of the antique, knocker nosed, pimple faced Egyptian instead of the real Numidian form, although sitting, are 12 ft. high, 25 ft. long, and weigh 30 tons.

Dyna eiriau Syr Francis Head – er i'r awdur lleol Robin Richards anghytuno â'r mesuriadau – yn ôl ei gyfrifon ef, mae'r llewod yn pwyso 80 tunnell yr un o ganlyniad i'r un darn ar ddeg o garreg a aeth i'w hadeiladu. Daeth Charles

Cartref newydd un o'r llewod

Bracegirdle, saer maen o'r Alban, yn unswydd i'r safle i roi cymorth i John Thomas gyda'r gwaith o godi'r llewod.

Defnyddiwyd pedestal y llewod i angori'r gwaith haearn pan adeiladwyd y bwâu newydd ar y bont. Yn anffodus, gan mai teithwyr ffordd yw'r mwyafrif sy'n defnyddio'r bont bellach, ni allant weld y llewod o'r dec uchaf. Soniwyd fwy nag unwaith am eu codi neu eu symud i olwg y cyhoedd ond hyd yma, maent wedi eu hangori yn ddi-syfl yn eu safle gwreiddiol.

Dwy Orsaf Reilffordd Anghofiedig

Yn saith mlwydd oed, ni allwn ddeall pam fod gorsaf reilffordd tref Porthaethwy wedi ei hadeiladu yn Sir Gaernarfon. Mae bellach wedi llwyr ddiflannu, fel gorsaf reilffordd Pont Britannia, ac ni wŷr neb union safle'r orsaf honno bellach.

Y trên oedd cyfrwng cyrchu ein teulu ni i bobman, bron, ym mhumdegau a chwedegau'r ugeinfed ganrif, ac un o'r teithiau mwyaf pleserus oedd honno fyddai'n mynd â ni o Rosgoch am wyliau ym mhellafoedd gwlad Llŷn. Byddai angen dal y trên cynnar i'r Gaerwen a, gan amlaf, newid yno i gael ein cario i stesion y Borth. Wedi cael cip ar y llong *Conway* yn y culfor islaw, byddai angen newid eto i ddal trên i gyfeiriad Caernarfon a thraws gwlad i orsaf wyntog a rhynllyd (hyd yn oed ar ddyddiau braf o haf) Afonwen cyn newid am y trydydd tro ar gyfer y cymal olaf i Bwllheli. Cymharol ddiniwed fyddai'r daith ar y bws o'r dref honno i Forfa Nefyn wedyn.

Holais lawer gwaith pam fod gorsaf y Borth yn Arfon ond ni chefais yr un ateb boddhaol. Mae'n siŵr fod rheswm eithaf syml am y peth. Petai gorsaf wedi ei chodi yng ngheg Pont Britannia ym Môn, byddai wedi bod yn agos iawn i orsaf Llanfairpwll ac felly yr oedd yn llawer mwy rhesymol i'w chodi yn Arfon – yng ngheg Pont Menai bron.

Agorwyd gorsaf Porthaethwy ar 1 Medi 1858 gan gwmni rheilffordd Caer a Chaergybi i gysylltu â'r lein o Fangor i Gaernarfon. Pedwar platfform oedd yno – dau ar gyfer lein Caernarfon a dau i wasanaethu lein Caergybi. Roedd prif adeilad yr orsaf ar yr ochr ddwyreiniol ar blatfform lein Caergybi. Codwyd cysgodfa syml ar blatfform Caernarfon er mwyn i'r teithwyr allu cysgodi rhag y tywydd garw yn y gaeaf, ac roedd adran nwyddau ym mhen dwyreiniol yr orsaf. Cafodd yr orsaf ei chau i drenau teithwyr ar 14 Chwefror 1966. Yn yr un flwyddyn, gwnaed y rheilffordd i Gaernarfon yn llwybr un trac, ac ar 4 Awst y flwyddyn honno, diddymwyd y gwasanaeth nwyddau. Ar 5 Ionawr 1970, cafodd ei chau i deithwyr hefyd ond ymhen pedwar mis bu'n rhaid ei hailagor i nwyddau yn dilyn y 'tân yn y tiwb'. Wedi ailagor Pont Britannia, cafodd yr orsaf ei chau a chodwyd y cledrau ar lein Caernarfon. Heddiw, does dim hyd yn oed 'arogl mwg lle bu'.

Yr un fu ffawd gorsaf Pont Britannia ym mhen deheuol y bont, ar safle rhwng Pont Menai a Phont Britannia. Rhan o reilffordd Cwmni'r Chester and Holyhead Railway oedd hon, ac agorwyd ar y lein i Fangor ar 1 Mai 1848. Yn ddiweddarach yn y flwyddyn, ar Awst 1, y cafodd ei hagor fel rhan o'r lein i Gaergybi.

Byddai teithwyr yn disgyn o'r trên wedi cyrraedd yno a chymryd coets fawr dros Bont Menai i Lanfairpwll, lle byddent yn ailymuno â'r trên i Gaergybi yn y cyfnod cyn i bont Stephenson gael ei chwblhau. Unwaith i honno gael ei hagor yn swyddogol nid oedd pwrpas i'r orsaf ac fe'i caewyd yn 1858 a chodi gorsaf newydd sbon yn ei lle fymryn o bellter i lawr y lein. Erbyn heddiw, does neb yn cofio ei hunion safle.

Yn 1904 cynhyrchwyd ffilm ddistaw, ddu a gwyn, o'r enw *Phantom Ride: Menai Straits* yn dangos taith trên drwy Gymru wedi ei ffilmio o flaen trên

Croesi'r bont heddiw

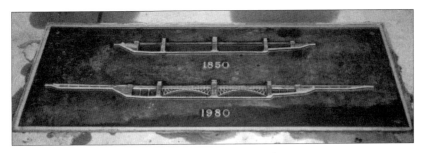

Plac i gofnodi'r ailadeiladu

symudol. Dengys dirwedd Cymru a'r trên yn mynd i mewn i dwnnel cyn dod allan y pen arall mewn gorsaf reilffordd. Mae enw'r ffilm yn awgrymu'n gryf mai Pont Britannia yw'r bont ac efallai mai gorsaf Bangor oedd diwedd y daith. Ond petai unrhyw un yn ddigon ffodus i weld y ffilm 110 mlwydd oed, siom fyddai yn eu disgwyl gan fod pensaernïaeth 'gastellog' y bont yn dangos mai croesi Afon Conwy roedd y bont a'r trên!

Tafarndai a gwestai glannau'r Fenai

Wedi taith hir i gyrraedd gogledd Cymru, ac wrth wynebu'r her beryglus o groesi'r Fenai, byddai unrhyw deithiwr yn falch o gael cyrraedd y lan yn ddiogel. Manteisiai llawer un ar y cyfle i gael pryd o fwyd a noson gyffyrddus o gwsg cyn cam nesaf y siwrne ar draws Ynys Môn a chroesi i Iwerddon. I ddiwallu eu hanghenion, yr oedd gwestai a thafarndai mewn sawl lle.

Gwesty'r Bulkeley, Biwmares

Adeiladwyd y Bulkeley yn yr arddull Sioraidd yn 1832, ac yn ogystal â bod yn gyrchfan i deithwyr blinedig roedd yn noddfa i sawl un arall hefyd. Byddai'n arfer gan fyddigion lleol sefyll ar ben y cyntedd allanol a thaflu ceiniogau wedi eu poethi i blant yn y stryd islaw.

Yma bu'r Dywysoges Fictoria a'i mam yn aros am dair wythnos yn 1832. Adeiladwyd y gwesty gan Syr Richard Bulkeley oedd, yn bedair ar ddeg oed, yn *midshipman* ar *HMS Victory*. Ef oedd yr olaf i siarad â'r Llyngesydd Nelson ar fwrdd y llong yn ystod Brwydr Trafalgar. Dywedodd Syr Richard wrth Nelson fod y *Victory* wedi ei difrodi. 'Pwy wyt ti felly?' gofynnodd y

Llynghesydd. Atebodd Richard ef, ond bu Nelson farw ymhen eiliadau.

Yn 1829 cafodd Syr Richard gais o Balas Buckingham yn holi a oedd ganddo le i'r dywysoges Fictoria aros yn ystod ei thaith i Fiwmares. Dywedodd yntau y byddai wrth ei fodd yn ei chroesawu i'r dref ac y byddai'n codi tŷ newydd ar y ffrynt ar ei chyfer. Yr oedd yr ymweliad i ddigwydd yn 1832 felly rhaid oedd torchi llewys a throi at waith yn syth.

Gan mai ef oedd tirfeddiannwr mwyaf Biwmares, dymchwelodd bedwar cant a hanner o dai er mwyn clirio safle delfrydol ar y Green i godi'r gwesty a gynlluniwyd gan Joseph Hansom. Defnyddiwyd cerrig o chwareli Penmon. Gosodwyd y garreg sylfaen yn ei lle yn 1830 ac agorwyd y gwesty yn 1831. Gofynnwyd i Hansom gynllunio ystafelloedd ychwanegol a swyddfeydd y drws nesaf i'r gwesty gan roi iddynt edrychiad mor agos a phosibl i Balas Buckingham. Mae'r rhain yn dal i sefyll hyd heddiw.

Cynhaliwyd Eisteddfod Frenhinol ym Miwmares yn 1832 ac ar noswaith 8 Awst y flwyddyn honno, bu disgwyl eiddgar am y dywysoges. Trefnwyd ei bod hi a'i chriw o gyd-deithwyr yn cyrraedd Caernarfon ar y trên lle byddai car a phedwar ceffyl yn aros amdanynt er mwyn cwblhau'r daith i Stryd y Castell, Biwmares. Roedd y dywysoges wedyn i gerdded i mewn i Westy'r Bulkeley drwy'r drws ffrynt a dringo i fyny'r grisiau i ystafell 104. Cynlluniwyd coridorau'r gwesty yn ddigon llydan fel na fyddai gwisgoedd crinolin y merched yn crafu yn erbyn y papur wal drudfawr. Mae tair ffenestr yn ystafell 104 yn rhoi golygfeydd o Fangor i Landudno gan ddangos Mynyddoedd Eryri yn eu gogoniant, ac ystafell fechan wrth ei hymyl ar gyfer y gwragedd oedd yn gweini arni (*ladies in waiting*) a'r holl gesys a ddefnyddiwyd ar gyfer y daith.

Wedi noson dda o gwsg, y bwriad oedd i'r criw brenhinol godi, cael brecwast a cherdded ar draws y coridor o dan y bwa i'r neuadd ddawnsio lle byddai pwysigion y dref yn aros amdanynt. Ar ddiwedd y diwrnod, yr oeddynt wedi bwriadu gadael y dref yn ôl i gyfeiriad Caernarfon a dychwelyd ar y trên i Lundain.

Un na chafodd ei wahodd i gael ei gyflwyno i'r dywysoges oedd Ardalydd Môn, o Blas Newydd. Fel roedd y parti brenhinol yn agosáu tuag at Biwmares, marchogodd yr ardalydd atynt a'i wynt yn ei ddwrn. Dywedodd wrthynt fod achos o'r frech wen wedi torri allan yn Miwmares, ac awgrymodd fod y dywysoges a'i mam yn cadw draw o'r dref.

Ni chafodd y dywysoges gyfle i boeni ynglŷn â darganfod llety arall ar y fath fyr-rybudd – estynnodd yr ardalydd groeso iddynt i Blas Newydd, ei gartref ei hun, lle byddent yn ddiogel.

Ymlaen â hwy felly am Blas Newydd! Wrth gwrs, doedd dim hanes o'r frech wen ym Miwmares, ac yn ôl pob sôn, ni fu fawr o Gymraeg (na Saesneg!) rhwng teuluoedd Bulkeley, Baron Hill, a Phlas Newydd am genedlaethau wedi hynny.

Erbyn 1852 roedd y dywysoges ifanc yn frenhines, ac ar ei hail ymweliad ag Ynys Môn – a chafodd, o'r diwedd, aros yn ystafell 104 yng Ngwesty'r Bulkeley, Biwmares. Broliodd y gwesty eu bod hwy wedi lletya brenhines, ac mai dim ond tywysoges a gysgodd ym Mhlas Newydd. Mae'n anodd rhoi coel ar bob agwedd o'r stori hon gan fod ambell fersiwn yn awgrymu mai pwrpas yr ymweliad cyntaf oedd i agor Pont Britannia – ond nid agorwyd y bont honno am bymtheng mlynedd arall. Gwyddom i eisteddfod gael ei chynnal yn y dref yn ystod ei harhosiad, ac er nad aeth yno oherwydd tywydd mawr, cafodd yr awdures Angharad Llwyd (awdur y traethawd arobryn *A History of the Island of Mona*) ei chyflwyno iddi yn Baron Hill, cartref y Bwlcleaid, a chyflwynwyd gwobr iddi yno am ei gwaith.

Credir bod ysbryd neu ddau yn y gwesty. Un ohonynt, yn ôl pob sôn, yw ysbryd gŵr o'r enw George a welir, ambell dro, o gwmpas ystafell 211 (yr hen rif 23). Gellir ei glywed yn galw enw'i gariad ond fe'i gwrthodwyd ganddi. Un arall yw merch ifanc sy'n crwydro'r nos (nos Sadwrn, bron bob tro) gan chwerthin iddi'i hun – wrth feddwl am ryw gariad, efallai, neu'r ffaith ei bod yn rhydd o'i dyletswyddau ar y Sul dilynol.

Yn ddiweddarach, yn 1855, bu brenhines Ffrainc yn aros yn y Bulkeley am fis, er mwyn cael ei chefn ati yn dilyn salwch.

Gwesty Ye Olde Bull's Head, Biwmares

Adeilad rhestredig Gradd II sydd wedi bod yn rhan o stryd fawr y dref ers 1472 ac a gafodd ei ailadeiladu yn 1617. Mae'r grisiau sy'n arwain o'r cyntedd i'r llofftydd yn rhan o'r adeilad gwreiddiol a'r cwterydd yn dyddio o 1766. Y tu allan, gall y gwesty frolio mai yma mae'r drws efo'r colfach (*hinge*) syml mwyaf ym Mhrydain, yn mesur un droedfedd ar ddeg o led a thair troedfedd ar ddeg o uchder. Yma y gwersyllodd y Cadfridog Mytton, un o gadfridogion Cromwell, yn ystod Rhyfel Cartref Lloegr (1646).

Roedd yr adeilad yn un o dai cwrdd cynharaf y Crynwyr ym Môn i gael ei gofnodi'n gyfreithiol yn ystod y 18fed ganrif. Rhai o westeion enwog y gwesty oedd Charles Dickens a Samuel Johnson, a bu'r Parchedig John Elias yn cuddio yma pan oedd terfysg yn y dref. Dyma fan cyfarfod cyntaf y Beaumaris Book Club, a ail-enwyd yn ddiweddarach yn Royal Anglesey Yacht Club.

Gwesty'r George and Dragon, Biwmares

Un o hen dai'r dref a adeiladwyd yn 1410 ac a adnewyddwyd dair gwaith – yn 1595, yn ystod yr ail ganrif ar bymtheg a'r ugeinfed ganrif. Yr oedd rhan o'r tŷ gwreiddiol wedi ei adeiladu fel ei fod yn hongian dros y stryd, a rhan o wal gefn y dafarn yn rhan o furiau caerog y dref. Mae'r adeiladwaith yn nodedig am ei gynllun gwreiddiol pedrochr a chyrn simdde uchel. Tu mewn mae paneli coed o'r ail ganrif ar bymtheg a thrawstiau yn dyddio o tua 1610. Ar un mae geiriau Lladin a lluniau i'w gweld o hyd. Yn y canol gwelir calon waedlyd a'r geiriau Lladin *Pax deus vobis requie defuge deus providebit nosce te ipsum* (Tangnefedd Duw, bydd Duw yn rhoi i chwi, ac nid orffwysasant nac osgoi adnabod eu hunain.) Yn ystod gwaith atgyweirio ar y to yn chwarter olaf yr ugeinfed ganrif darganfuwyd hen ddarluniau o Sant Siôr a'r ddraig.

Gwesty'r Liverpool Arms, Biwmares

Adeiladwyd yn 1706 a manteisiwyd ar y safle cyfleus i dorri syched teithwyr y stemar o Lerpwl i Fôn.

Y Gazelle, Llandegfan

Safle fferi'r Garth o Fangor.

Tafarndai ardal y Pier, Porthaethwy

Ar un cyfnod roedd pum tafarn o fewn can llath i Bier Porthaethwy, a'r Cambria, a adeiladwyd yn 1686, yn un ohonynt. Enw arall ar y lle oedd y Three Tuns. Nid oedd enw rhy dda i'r lle fel gwesty ac un disgrifiad ohono gan deithiwr llwglyd oedd '*a starving inn*'!

Gwesty'r George, Bangor

I lawer o fyfyrwyr yr hen Goleg Normal, dyma'r neuadd fyfyrwyr fwyaf cartrefol a fu yno, ond tybed faint ohonynt gerddodd y llwybr drwy'r gerddi i lawr at y Fenai neu groesi'r bont i Borthaethwy i weld yr arwydd GEORGE HOTEL wedi ei baentio ar wal y môr? Yr oedd pethau eraill llawer mwy dyrys yn mynd â'u bryd, mae'n siŵr! Bu'r llwybr serth hwn yn rhwystr i lawer o gerbydau yn oes y fferi a blynyddoedd cyntaf y bont, ond wedi ei wneud yn llai serth, gellid croesi ar draws yn weddol rhwydd yn y cychod i Borth y Wrach ar yr ochr arall.

Hen Westy'r George ar lan y Fenai

Erbyn y bedwaredd ganrif ar bymtheg, roedd y George Hotel ymysg gwestai mwyaf moethus yr ardal ac yn dra gwahanol i'r dafarn fechan oedd yno yn 1771. Gan fod mwy nag un man croesi o Nantporth i Gadnant, o Gorad y Git i Gadnant ac o'r George i Borth y Wrach, Porthaethwy, tyfodd y gwesty yn un o'r rhai pwysicaf ar lannau'r Fenai, a phaentiwyd darlun gan yr arlunydd Julius Caesare Ibbotson o'r lle yn dangos cychod yn llawn ceffylau, cerbydau a theithwyr. Pan ddaeth y gwesty yn eiddo i deulu'r Jacksons, dim ond un fferi oedd ar waith, o'r George i Borth y Wrach. Yn dilyn y Jacksons yn 1843, daeth Ellen Roberts o Ysbyty Ifan, Sir Ddinbych yn denant ar y George a chynyddodd y busnes gyda llawer o ymwelwyr yn chwilio am le i roi eu pen i lawr yno.

Dyma ran o gerdd deyrnged i Miss Ellen Roberts, Meistres y George Hotel:

> Ni wnaeth natur ond un Homer,
>   Shakespeare, Milton, Dante – un;
> Un Ann Griffiths ac un Williams;
>   Un Hiraethog – dim ond un!
> Felly hefyd, un Miss Roberts,
>   Fel Gwestlyses gawsom ni,
> Am yr Ail, ni welwn mwyach
>   Yn ein hoes, er maint fo'n cri.

215

Y Feistres foesgar, ddyfal,
  Miss Roberts fawr ei dawn,
Oedd yr attyniad nerthol
  A wnâi y George yn llawn.
                    Gweirydd ap Rhys.
(Enillodd Gweirydd ap Rhys 10 gini ac ariandlws yn wobr am y farwnad hon i Miss Roberts o wyth bennill a thrigain mewn cyfarfod llenyddol yn Neuadd y Penrhyn, Bangor ddydd Calan 1866.)

On 27th August 1851 the George hosted a Grand Banquet to celebrate the opening of the Britannia Bridge. Two Pavilions were erected in the grounds. One for the women another for the male guests. The lavish menu was served to 300 men. It all started at 5pm after a gun salute from a steamer in the Straits. The Band played 'See the Conquering Hero Comes'. The orchestra came from Liverpool and there was a local choir. There were numerous toasts with special music after each toast. The great and good were present; Dean Cotton, Joseph Paxton, Lords Mostyn, Penrhyn, Watkins Wynne and Robert Stephenson. The next day they held a Grand Ball in the Pavilion.

The North Wales Chronicle published the weekly guest arrivals at the George. This gives some idea of the people who came to visit. The Duke of Wellington came to Bangor Station, 10 days before the banquet and stayed at the Hotel. In his 82nd year he had walked from the station to the Hotel and left at 6 am the following day to view the bridges. A private train took him back to Conwy to see the bridges there and then he went back to London.

In 1851 Ms Roberts bought the George for £3,800 and in 1858, enlarged the hotel again. By this time, the Hotel had a tap room, gas works, croquet lawn, stables and its own water supply. In 1865 she died. Shops and schools were all closed and the school children at Llandygai lined the road. She was a great benefactor to the area, giving oranges and supplies at Christmas to the people in Bangor workhouse, she gave a stained glass window to St. James's Church.

The Hotel was left to her two nieces but by the 1880's the hotel was starting to go downhill, not so many people were coming to view the sights. In 1899 the hotel was sold to a London man for £9,500; it was sold again in 1919 to the Normal College and was used by men only as their hostel ... In 1935, the George was condemned and it was decided to demolish it, but the war came and there was a reprieve. It survived a further demolition threat in 1964. The site is now part of the University and houses the Sports Science Dept. Much money has been spent in restoring the building and making the grand wrought iron staircase safe.

Jane Cherrett, Cylchlythyr Cymdeithas Ddinesig Bro Porthaethwy (adroddiad o ddarlith i'r gymdeithas gan David Price yn 2009)

Credir mai'r Esgob John Egerton, esgob Bangor yn 1768, a gododd y gwesty cyntaf ar safle Cae'r Glöwr, lle safai Gwesty'r George, ar gyfer teithwyr y fferi, ond nid oedd ganddo hawl gyfreithiol i ddefnyddio'r lanfa ym Mhorthaethwy. Er hynny, datblygodd y gwesty i fod yn dafarn y George and Dragon. Yma roedd y goets fawr yn newid ceffylau, a daeth yn gyrchfan i fyddigion yr ardal. Trefnodd William Bulkeley Hughes, Plas Coch, wledd yno i ddathlu agor Pont Britannia. Erbyn y 1860au a'r 1870au, roedd y safle wedi ymestyn i 13 erw o erddi ffurfiol. Yn y gwesty roedd ystafelloedd i'r cyhoedd, lle i yfed coffi, ystafell filiards, selerydd, tafarn a stablau ar gyfer dros ugain o geffylau; lle i gadw coetsys a throliau; beudai, tai gwair a llofft stabl. Yn wahanol i'r rhelyw o dai cyfagos, defnyddid nwy i oleuo'r lle.

Dywedodd y Parchedig Gwerfil Jones o Bont-y-pŵl am Miss Ellen Roberts, Meistres y George Hotel, 'Er ei bod yn byw mewn Tafarn gwnaeth e'n nefoedd lawer gwaith.'

Dirywiodd y gwesty o safbwynt pwysigrwydd a dechreuodd y Coleg Normal ddefnyddio'r safle yn 1919. Bellach, mae'n rhan o Goleg Prifysgol Bangor.

Moel y Don
Yr enw ar yr hen dafarn oedd y Cutter Inn. Nid oes tafarn yma heddiw ond mae Plas Coch gerllaw yn westy a chanolfan gwyliau moethus.

Gardd Fôn, Felinheli
Tafarn boblogaidd ar lan y Fenai ger safle glanio y Fferi.

Y Mermaid
Tafarn a gafodd sawl enw yn nyddiau'r fferi yn cynnwys y Menai a'r Ring.

Tal y Foel

Nid oes tafarn yma heddiw, 'dim ond arogl mwg lle bu'.

Black Boy, Caernarfon

Mae tafarn y Bachgen Du, neu'r Black Boy, yn Stryd Pedwar a Chwech, Caernarfon, yn un o'r rhai hynaf yn y dref ac yng ngogledd Cymru. Cafodd ei adeiladau â muriau metr a hanner o drwch tua 1522. Hen enwau ar y dafarn oedd y King's Arms a'r Fleur de Lys. Prynwyd dwy dafarn gan un landlord a chyfunwyd y ddwy i wneud un dafarn fawr, foethus, o'r enw King's Arms. Cyn 1828, adnabyddid y King's Arms fel y Black Boy.

Ar y muriau allanol, mae pedwar arwydd yn dangos bachgen du ar un ochr a bwi du o'r Fenai ar yr ochr arall. Un eglurhad arall am yr enw yw y byddai ei fam yn galw'r brenin Siarl II â'r llysenw 'y bachgen du' oherwydd ei groen melynfrown, ac mai yn y dafarn hon y byddai'r Brenhinwyr lleol yn arfer cyfarfod. Eglurhad arall am yr enw yw bod llongwr lleol (honedig) wedi dod â bachgen tywyll ei groen adref fel 'gwobr'.

Os yw enw'r dafarn yn codi chwilfrydedd rhywun, yna, yn sicr, mae'r ddau enw i'r stryd lle y'i lleolir yn siŵr o wneud hynny hefyd. Northgate Street yw'r enw Saesneg, yn adlewyrchu cyfnod y castell Normanaidd sydd ychydig lathenni i ffwrdd. Yr enw Cymraeg yw Stryd Pedwar a Chwech, sef, yn ôl gwybodusion lleol, y pris a delid am ystafell, potel o wirod a chwmni merch ifanc am y noson a'i chymorth i wagio'r botel!

Honnir y gellir, weithiau, weld ysbryd lleian yn pasio drwy'r dafarn i safle lleiandy oedd yn arfer bod yn y cyffiniau. Daeth archeolegwyr o hyd i sgerbwd ac eitemau o ddillad wrth gloddio ar y safle, ond ni ellid cadarnhau stori'r ysbryd. Honedig yw pob stori o'r fath mewn unrhyw dŷ tafarn!

Anglesey Arms, Caernarfon

Mae tafarn yr Anglesey Arms yng Nghaernarfon, hen dŷ'r Seismyn o'r ddeunawfed ganrif, a'i 'draed' bron yn y Fenai, nid nepell o ardal gysgodol a elwir 'South of France' dan gysgod y castell a'r Cei Llechi. Credir i'r dafarn fod wedi ei lledrithio a bod iddi ei bwgan/ysbryd ei hun.

Trwyddedai cyntaf y gwesty oedd Owen Edwards a fu'n edrych ar ôl y lle hyd 1871. Fe'i dilynwyd gan Thomas Owen, ac i'w ddilyn yntau yn 1895 daeth Mrs Anne Roberts, gweddw capten llong. Yn yr Anglesey yr arferai barnwyr aros a chael bwyd cyn cerdded yr ychydig lathenni i'r Llys Barn cyfagos.

Atodiad 1.

Marwolaeth Casglwr y Doll

PORTHAETHWY.

EI ALW O'R DOLLFA.—Ddechre'r wythnos ddiweddaf bu farw Mr Thomas Williams yn 59 mlwydd oedd wedi bod am flynyddoedd yn derbyn y tollau ar y bont. Yn y dollfa yr oedd pan y tarawyd ef gan y parlys, eithr bu fyw rai dyddiau. Bu'r angladd ddydd Mercher, a'r Parch D. Hubert yn gwasanaethu. Bu am beth amser yn ddiweddar yn gofalu am bont yn Kernbridge, Swydd Henffordd. Gwan oedd o gorffolaeth erioed.

Y Clorianydd, 29 Ionawr 1919

Atodiad 2.

Rysáit i Biclo Palod gan Margaret Wyn, Plas Boderwyd

(bu Margaret farw yn 1723)

1. Glanhau'r aderyn.
2. Ei adael mewn dŵr a halen dros nos.
3. Ail olchi'r aderyn.
4. Troi'r aderyn ar ei gefn a'i ferwi mewn dŵr a halen am hanner awr.
5. Gadael i sychu dros nos.
6. Gosod yr aderyn ar ei fol a'i sychu'n berffaith.
7. Glanhau'r aderyn efo cyllell.
8. Cadw mewn dysgl.
9. Cymysgu potelaid o win gwyn, finegr gwin gwyn, dwy botelaid o Alagar, dau mâs, sinsir wedi ei dafellu. Berwi'r gymysgfa efo digon o halen a'i adael i oeri.
10. Gosod y palod mewn dysgl a'r gymysgfa o sbeis oer rhwng yr haenau.
11. Tywallt yr hylif yn weddill i'r ddysgl fel fod faint bynnag o balod sydd ynddi wedi eu llwyr orchuddio. Dylai fod digon o hylif yn weddill i orchuddio chwe dwsin o'r adar.

Pan Ddof i Gymru'n Ôl

Caf rodio glan y Fenai fad;
   Yn sŵn ei murmur hi,
Gan edrych ar hen gwch fy nhad
   Yn croesi'i thonnog li';
Yng nghanol mawl yr adar mân,
   Yng ngwyrddlas goed y ddôl, –
Caf eistedd yno'n plethu cân
   Pan ddof i Gymru'n ôl.

Thomas Owen, Llansadwrn
Y Clorianydd, 10 Hydref 1907

Glannau Menai

Mae'n braf ar lannau Menai
   A'r haul yn gwahodd siwrnai
Dan gangau'r coed, dros ddawns y don,
   O Benmon draw i Wyrfai.

Yn heddwch Ynys Seiriol,
   Yng ngwawl yr haul plygeiniol,
Penliniodd sant yn llwyd ei wedd
   Mewn agwedd ddefosiynol ...

... Dan drem Ardalydd arfog
   Mae Moel y Don, Pwll Fanog',
A Bangor Fawr mewn hyfryd fan
   A'i hen gadeirlan enwog...

...Tra pery trai a gorllan
   Rhwng Llanddwyn a Chaer Belan
Nid â fy hiraeth fymryn llai
Am Fenai hardd a'i dwylan.

Dewi Jones

Gwyn fyd na chawn i rodio'n rhydd
Bob dydd ar lannau Menai.

Hiraeth, Tom Parry

Llyfryddiaeth

An Inventory of the Ancient Monuments in Anglesey; RCAHM in WM HMSO, 1937

A Second Walk Through Wales, Richard Warner; 1798

A Spinster's Tour through North Wales, Augusta Pearson; Gwasg Gomer, 1988

An Anglesey Anthology, Dewi Roberts; Gwasg Carreg Gwalch, 1999

Awen Fywiog, Glan y Gors ac eraill; 1858

Barddoniaeth Bangor, Sam Jones (gol.); Jarvis & Foster, 1924.

Blodeugerdd o'r 19eg ganrif, B L Jones; Cymdeithas Lyfrau Ceredigion, 1965

Bridges and Ferries, Reg Chambers Jones; Christopher Davies, 1975

Calendar of State Papers (Domestic) Henry VIII; 1524

Carnarvon and Denbigh Herald and North and South Wales Independent, 5 May 1849

Ceiriog, O. M. Edwards; Hughes a'i Fab, 1927

Celt

Cerddi Crwys, Crwys; Hughes a'i Fab, 1926

Cerddi Mathafarn, Dewi Jones; Gwasg Pantycelyn, Caernarfon, 1994

Dinesydd

Englynion Môn, Gol. Dewi Jones, Edward Jones; Gwasg Gwynedd, 1983

Enwau Lleoedd, Syr Ifor Williams; Gwasg y Brython, Lerpwl, 1962

Enwau'r Wlad, D. Geraint Lewis; Gomer, 2007

Hanes Môn yn y 19eg ganrif, E. A. Williams; Cymdeithas Eisteddfod Gadeiriol Môn, 1927

Hanes Plwyf Niwbwrch, H. Owen; Caernarfon, 1952

Hanes yr Eisteddfod ym Môn yn y 19eg ganrif, Meirion Ll. Williams; Gwasg Gomer, 2006

Herald Cymraeg

Hyfrydwch pob rhyw frodir, gol., Gruffydd Aled Williams; Pwyllgor Llên Eisteddfod Genedlaethol Ynys Môn, 1983

Llangollen Advertiser

Llanw a Thrai, Beryl Stafford Williams; Gwasg Gomer, 1999

Llwynogod Môn ac ysgrifau eraill, Dafydd Wyn Wiliam; Cyhoeddiadau Mei, 1993

Menai Bridge – A Pictorial History, J. Cowell; Menai Bridge Community Heritage Trust, 2014

North Wales Chronicle, 17 Mehefin 1853

Mona Antiqua Restaurata, Henry Rowlands; Llundain, 1776

O Fôn i Fynwy, John Davies; Gwasg Prifysgol Cymru, 1962

Papur Pawb

Principality

Reconstruction of the Britannia Bridge, H. C. Husband & R. W. Husband; Husband & Co., Sheffield

Religion and Politics in Mid-Eighteenth Century Anglesey, G. N. Evans; Gwasg Prifysgol Cymru, 1953

Rhyfeddodau Afon Menai, Gol. Roger Thomas; Yr Ymddiriedolaeth Genedlaethol, 1996

10 Days Tour through the Isle of Anglesey December 1808, John Skinner; Arch. Cambrensis, 1908

Erthyglau ar Syr Dafydd Trefor, Irene George; TAAS 1934/5/6

Tarian y Gweithiwr

The Britannia Bridge 1845 – 1850, John Rapley (The Institute of Civil Engineers); Thanet Press, 1999

The Conway and the Menai Ferries, H. R. Davies; UWP, 1966

The George-Inn Hotel-Hostel, Dr. P Ellis Jones; Transactions of the Caernarvonshire Historical Society Vol.40 (1979)

The History of the Post Road in Anglesey, R. T. Pritchard; TAAS, 1954

The King's Work in Wales 1277–1330, A. J. Taylor; HMSO, 1974

The Life and Works of Lewis Morris (1701–1765), Huw Owen, A.A.S.&F.C. 1951

The Torrington Diaries, gol. C. B. Andrews; 1936

The Revolt of Madog ap Llywelyn 1294–1295, Trans. of the Caernarfon Historical Society, John Griffiths; 1955

The Triumph of Science. An Account of the Grand Floatation of one of the Monster Tubes over the Menai Straits ..., James Rees; Caernarvon, 1849

The Welsh Port Books 1550–1603, E. A. Lewis; Cymdeithas Anrhydeddus y Cymmrodorion, 1927

Travellers in Anglesey in the 17th and 18th century, R. T. Pritchard; TAAS, 1961

Two Bridges Over Menai, Robin Richards; Gwasg Carreg Gwalch, 1996

Tyst Cymreig

Y Dydd, Llythyrau gan C.E., 12 Tachwedd & 3 Rhagfyr, 1869

Y Ford Gron, Wil Ifan o Fôn; 1934

Y Fferïau i Fôn, T Meirion Hughes; Argraffwyr Caernarfon

Y Traethodydd, 'Barddoniaeth rhyfel a heddwch', W. J. Griffith, 1915